21世纪高职高专

市场营销实训教程

孙玮琳　石　琼　主编

李　莉　副主编

营销策划实训

Yingxiao Cehua Shixun

东北财经大学出版社
Dongbei University of Finance & Economics Press
大连

图书在版编目（CIP）数据

营销策划实训 / 孙玮琳，石琼主编．—大连：东北财经大学出版社，2011.8
（21 世纪高职高专市场营销实训教程）
ISBN 978-7-5654-0457-3

Ⅰ．营…　Ⅱ．①孙…②石…　Ⅲ．营销策划－高等职业教育－教材
Ⅳ．F713.50

中国版本图书馆 CIP 数据核字（2011）第 140153 号

东北财经大学出版社出版
（大连市黑石礁尖山街 217 号　邮政编码　116025）
教学支持：（0411）84710309
营 销 部：（0411）84710711
总 编 室：（0411）84710523
网　　址：http://www.dufep.cn
读者信箱：dufep@dufe.edu.cn

大连北方博信印刷包装有限公司印刷　东北财经大学出版社发行

幅面尺寸：186mm×230mm　字数：272 千字　印张：13 1/2
2011 年 8 月第 1 版　2011 年 8 月第 1 次印刷

责任编辑：张旭凤　曲以欢　责任校对：贺　鑫
封面设计：冀贵收　版式设计：钟福建

ISBN 978-7-5654-0457-3
定价：26.00 元

“21 世纪高职高专市场营销实训教程”编委会

编写说明

职业教育从它开始大力发展的那一天起，就无时无刻地不与改革联系在一起。无论是教学改革，还是人才培养模式的改革，一次比一次彻底，需要解决的问题一次比一次关键而重大，而高等职业教育的改革更是首当其冲。

就目前正在探索的技能型创新人才培养模式的改革来说，一个有效的高等职业教育人才培养模式应该包括两个方面：其一是有利于技能型创新人才培养的办学模式；其二是有利于技能型创新人才培养的教学模式。办学模式的完善，需要政府、学校和企业三方联动，而教学模式的完善离不开教材的建设与创新。教材是教师表达教育理念、传播专业知识、指导实践活动的主要窗口，是学生了解和掌握专业知识及技能与能力的最重要的平台。

教育部职业教育与成人教育司高职与高专教育处处长范唯博士曾经强调，高职首先要强调职业化，这是第一位的。职业化是高职真正的生命力所在，没有“职”就没有高职，所以首先是“职”的特色落实和职责所在。同时，高职是要有设计、有目标、有理性地去实现职业化，而不仅仅是经验的重复，这正是高职的“高”。高职教育的职业化主要通过实践教学环节来确立和提升。教育部在2006年11月16日发布了《关于全面提高高等职业教育教学质量的若干意见》，明确提出了全面提高高等职业教育教学质量的九条意见，其中就有两条意见是和实训相关的，即“校企合作，加强实训、实习基地建设”和“大力推行工学结合，突出实践能力培养，改革人才培养模式”。在此之前，教育部也曾多次在不同的文件中提到“加大实训的力度，增加实训环节占整体教学的比例”。因此，实训教学的开展对于高等职业教育极其重要。

市场营销专业开设历史较长，专业性强，涉及面广，与企业的关联较大，其所培养的人才是跨行业的、复合性的应用型人才，适合采用灵活多样的教学方法与手段。对市场营销专业人才培养教学模式的探索，成为开设市场营销专业的高职院校教学改革的重要内容。而锻炼和提升学生的实际操作能力和综合职业能力，更是其他环节所无法替代的，因此强化实训成为该专业教学改革的重中之重。

作为高等职业教育教材领域的内容创新者和服务提供者，东北财经大学出版社在已有成果的基础上，继续加大教材的开发力度，探索全新的编写模式，勇于接受挑战，组织并编写了本套“21世纪高职高专市场营销实训教程”。我们力求本系列教材能够较深刻地理解和把握高等职业教育内涵特征、贴近实际工作、满足教学需求、助推市场营销专业课程体系的改革和教学方式的转变，从而为市场营销专业建设和教学改革的全面展开贡献一已之力。正是基于这样一种前提，本系列教材在保留了科学性、先进性等基本特征的基础上，还具有以下三大特色：品种齐全，内容丰富；体例创新，训练到位；贴近实际，普遍适用。

1. 品种齐全，内容丰富

市场营销专业在逐步的积累和完善过程中，无论是在该专业对应的职业岗位对技能和能力的要求方面，还是在实训与现有课程的有机结合方面，都已形成了比较统一的认识，因此，本系列教材包含了市场调查与分析实训、推销实训、营销策划实训、公关实训、连锁经营实训、分销渠道实训、网络营销实训、商务谈判实训、商务礼仪实训、市场营销综合实训等品种，门类齐全，内容翔实。

2. 体例创新，训练到位

为了更方便实训指导教师开展实训教学，我们将每本教材的内容分为两部分，即实训概述部分和实训任务指南部分。实训概述部分主要对实训的意义、目的、任务、考核以及课时安排和教学方法等一一作以介绍和说明，方便实训指导教师使用；实训任务指南部分则以模块为框架，逐项列明每个模块下具体包含的实训任务。

每本教材的模块都是本着锻炼和提高与该课程对应的职业岗位要求的技能和能力而设置，打破传统的以理论为线索的章节模式，在每个模块下设置具体的实训任务，一个模块由多项实训任务来支撑，而每一项实训任务以仿真或模拟的工作环境为背景，以明确的工作任务为导向，引导和帮助学生演练工作内容，从而锻炼和提高其实践操作能力和综合职业能力。当然，工作内容的背后有理论知识作支撑。实训任务中具体包括实训目的和要求、情景设计、相关知识、训练步骤、注意事项、学习天地、效果评价、实训案例分析等栏目。

3. 贴近实际，普遍适用

高职教育是在教育大众化背景下应运而生的新型教育形式，教育成分复杂，办学体制多元，具有多样性。每所院校的实际情况各不相同，表现在教学资源多寡、历史渊源有别、发展机会不等或者办学环境不同等方面，总之，在同一种人才培养目标下的具体操作存在一定的差异。我们在组织编写本系列教材的时候也考虑到了这些差异，抓住相关职业技能和能力的共性要求和内涵特征，尽量做到求大同存小异，使其具有普遍适用性。在实际的使用过程中，各院校也可按照自身的教学特点和课时安排灵活取舍。

值得欣慰的是，当前，全社会对高等职业教育的认识正日益提高，基本上形成了全社会关心、重视和支持高等职业教育发展的良好氛围。本系列教材的编写也是希望在推动各院校的市场营销专业建设与改革方面发挥一定的作用，尤其希望对市场营销专业的实训方面起到一定的促进作用，得到广大师生的认可和欢迎。

“21 世纪高职高专市场营销实训教程” 编委会

前言

全国职业教育工作会议曾明确提出，高等职业教育具有鲜明的职业教育特征，其是以培养生产、建设、管理、服务第一线需要的高技能人才为目标，这种教育区别于本科和研究生教育。这种目标定位下培养的人才，既脱胎于传统的技能型人才，又丰富和完善了传统技能型人才的内涵，其既需要对职业环境和岗位目标有较为全面的认识，又需要对技能的掌握达到熟能生巧的程度，有着明显的、更高的职业胜任能力，因而有更广泛的适用性，有更强的综合素质与创新能力。要完成这一人才培养目标，实训教学就显得举足轻重，而与之配套的实训教材建设也至关重要。目前，在高职高专教育市场营销专业，就非常缺乏实用性、针对性、规范性较强的实训教材。

营销策划是一门以培养学生营销活动策划和执行的能力为主的课程，它是对营销有关理论和知识的综合应用，与营销活动的各个环节、各个方面有着密不可分的关系。本实训教程旨在使学生在熟练掌握基本营销理论的基础上，对各种营销手段的组合和营销策划工作的落实进行实际锻炼，从而提高自身的职业胜任能力和综合素质。

本教材是围绕市场营销职业岗位群的要求与特点来确定训练内容和要求以及考核标准的。因此，在多年高职营销策划教学实践的基础上，我们将实训任务指南分为产品策划、品牌策划、价格策划、营销渠道策划、促销策划、终端促销策划、策划书写作七大模块，并且为了方便教学，我们还专门编写了实训概述，以便读者更好地了解和使用本教材。其中，孙玮琳编写第一部分，第二部分由李莉编写模块一和模块二、程燕婉编写模块三、石琼编写模块四、修文荣编写模块五、楼永俊编写模块六和模块七，吴哲参与了本书的统筹和修改。

由于作者自身的学识和实践经验有限，书中定有疏漏与不妥之处，敬请有关专家、学者及广大读者不吝赐教。

编者

2011 年 6 月

目 录

第一部分

营销策划实训概述

一、营销策划实训的意义

《营销策划实训》是市场营销专业的一门核心实训课程。该课程从职业的角度出发从根本上转换学生的思维，让学生在熟练掌握基本的市场理论的基础上通过实训练习来整合各种营销组合和营销策划，同时在实践中能创造性地提出解决方案并有计划地付诸实施。按照高技能人才培养目标和营销及营销策划岗位的任职要求，该课程对学生职业能力培养和职业素养养成起主要支撑和明显促进作用。

二、营销策划实训的目的

营销策划是一门实践性非常强的课程，也是市场营销专业的一门专业主干课，该课程的学习有助于学生提高通用能力的修炼，因此在课程教学中特别注重实训。营销策划实训的主要目的就是在掌握营销策划基本概念和基础理论的同时，加强学生对基础概念和基础理论的理解，借鉴大量已被证明的成功策划实战案例，着重掌握策划的操作程序、策划技巧、策划艺术，培养学生的分析问题能力、整体把握能力和创新思维能力，以强化高职市场营销专业学生职业核心能力之一的市场开拓能力中的商业策划能力，突出高等职业教育的特色。

三、训练目标与训练内容

（一）训练目标

1. 知识目标。

（1）掌握营销策划的基本概念、基本理论、基本过程和基本分析。

（2）熟悉新产品、现有产品和产品组合的策划的基本知识和运作流程。

（3）了解品牌对企业营销的重要性，掌握品牌策划的基本技能。

（4）理解价格策划的重要性，掌握产品价格策划的基本技能。

（5）了解渠道的重要性，掌握营销渠道策划的基本技能。

（6）理解促销在营销中的重要性，掌握促销方案策划的基本技能。

（7）了解终端促销的特殊性，分别掌握终端商品陈列策划、新店开张策划和节日策划的特点和操作技巧。

（8）掌握策划书写作的基本技能。

2. 能力目标。

（1）培养学生对市场营销基本要素的综合分析能力。

（2）培养学生在具体市场环境中的整体营销策划能力和局部营销策划能力。

（二）训练内容

1. 产品策划训练。

产品策划训练包括三个实训项目：新产品策划训练、现有产品策划训练和产品组合策划训练，通过此项训练，学生将学习产品策划的基础知识，并掌握新产品、现有产品以及产品组合策划的相关技能。

2. 品牌策划训练。

品牌策划训练主要通过品牌价值构建、品牌传播策划、品牌维护策划、品牌转型策划和品牌扩张策划五个方面展开训练。在复习相关理论知识的基础上，通过各个情景模拟训练，提升品牌策划能力。

3. 价格策划训练。

产品定价是企业营销的重要决策，价格策划训练将模拟市场供求变化、竞争对手定价情况及政府干预等诸因素影响，要求学生综合考虑生产者、经销商和消费者三方面利益，进行新产品定价、传统产品定价和产品组合定价。

4. 营销渠道策划训练。

营销渠道策划训练通过营销渠道模式策划、中间商选择策划和营销渠道调整策划三个部分的情境设计训练，使学生确实掌握渠道策划的基本技能。

5. 促销策划训练。

促销策划是市场营销策划的重要部分，需要掌握的实践技能也较多。通过训练需要学生掌握促销的创意策划，促销的媒体选择，推销活动的组织、技巧、工具选择和方案制订等几个方面的知识和操作要点。

6. 终端促销策划训练。

终端促销需要与顾客接触，在这个过程中直接将企业的品牌、营销理念传递给消费者，因此终端促销策划格外重要。此训练模块包括卖场布局与商品陈列策划训练、主题促销之新店开业促销策划训练和主题促销之节日促销策划训练三个实训项目。

7. 策划书的写作训练。

如何能够把营销策划如实地表达出来，这也是营销策划实训课程需要锻炼的技能之一，通过完整的营销策划书的写作训练，使学生能够综合运用市场营销的相关知识和策划理念、方法，从而达到系统地掌握营销策划实务操作技巧的目的。

四、课时安排表

实训模块	序号	实训任务	营销专业建议课时	非营销专业建议课时
模块一 产品策划	1	新产品策划训练	2	2
	2	现有产品优化策划训练	2	2
	3	产品组合策划训练	2	2

续表

实训模块	序号	实训任务	营销专业建议课时	非营销专业建议课时
模块二 品牌策划	1	品牌价值构建训练	2	1
	2	品牌传播策划训练	2	1
	3	品牌维护策划训练	2	1
	4	品牌转型策划训练	2	1
	5	品牌扩张策划训练	2	1
模块三 价格策划	1	新产品定价训练	2	1
	2	传统产品定价训练	2	1
	3	产品组合定价训练	2	1
模块四 营销渠道策划	1	营销渠道模式策划训练	2	1
	2	中间商选择策划训练	2	1
	3	营销渠道调整策划训练	2	1
模块五 促销策划	1	广告促销之创意策划训练	2	2
	2	广告促销之媒体选择训练	2	2
	3	人员推销之活动组织训练	2	2
	4	人员推销之推销实务训练	2	2
	5	营业推广之工具选择训练	2	2
	6	营业推广之活动方案制订训练	2	2
	7	促销组合策划训练	2	2
模块六 终端促销策划	1	卖场布局与商品陈列策划训练	2	2
	2	主题促销之新店开业促销策划训练	2	2
	3	主题促销之节日促销策划训练	2	2
模块七 策划书的写作	1	策划书写作训练	2	1
合计	—		50	38

五、实训成绩考核办法

（一）成绩分布

1. 实训表现与态度（20%）。

2. 实训操作过程和实训内容掌握程度（50%）。

3. 实训报告的内容与文字表达（30%）。

实训总成绩为以上三项的成绩之和。

（二）级别设置

实训考核分为优、良、中、及格、不及格五个等级。

（三）考核规则

1. 实训表现与态度的考核主要是实训指导教师要对学生平常实训中的出勤情况，实训时的态度、积极性，实训过程中的合作意识以及对实训教学内容的理解、掌握程度等进行评价。考核与课程同步。

优的考核标准为：

（1）无迟到；

（2）无早退；

（3）无旷课；

（4）实训预习、听讲认真；

（5）能认真填写实训登记表；

（6）实训中不大声喧哗；

（7）能爱护实验器材；

（8）能保持环境整洁；

（9）能完全遵守实训“注意事项”。

不符合“优”等标准任意一项为“良”；

不符合“优”等标准任意二项为“中”；

不符合“优”等标准任意三项为“及格”；

不符合“优”等标准任意四项及以上为“不及格”。

有旷课现象，不能评为“优”、“良”、“中”；旷课两节及以上，评为“不及格”。

2. 实训操作过程和实训内容掌握程度的考核主要是综合考察学生运用营销策划技能解决实际问题的能力。根据学生在情境设计现场实施的情况、企业项目实战中的操作能力与水平等进行评价。

优的考核标准为：

（1）实训过程全组协调良好；

(2) 操作规范、认真，安排科学；

(3) 能认真记录操作过程；

(4) 观察详尽、仔细；

(5) 成功完成所有实训内容。

不符合“优”等标准任意一项为“良”；

不符合“优”等标准任意二项为“中”；

不符合“优”等标准任意三项为“及格”；

不符合“优”等标准任意四项及以上为“不及格”。

规定时间内实训内容没有完成，评为“不及格”。

3. 实训报告的内容与文字表达主要是考察实训报告的水平和质量。根据学生对实训教学的基本知识的掌握情况、综合运用所学理论解决实际问题的能力、实训学习的感受以及意见和建议等所撰写的实训报告与小结进行评价。

优的考核标准为：

(1) 按规定时间上交；

(2) 报告格式规范；

(3) 字迹清楚；

(4) 内容详尽、完整；

(5) 实训分析总结正确；

(6) 能提出合理化建议或有创新见解；

(7) 无抄袭现象。

不符合“优”等标准任意一项为“良”；

不符合“优”等标准任意二项为“中”；

不符合“优”等标准任意三项为“及格”；

不符合“优”等标准任意四项及以上为“不及格”。

两份报告雷同部分超过90%，评为“不及格”。

六、实训注意事项

本教材主要采取的实训方法是预设情境，模拟操作，进而解决“实际问题”，在个别项目中由于营销策划实践性太强，所以必须在企业实际情境中实战。

在学习中要注意以下几个方面：

第一，尽可能设置具体周密的模拟情景，不能为了简化实训而严重失实。可利用大家都熟悉的真实情境，让学生能把握并充分利用实训指导教师给出的各种条件，真正进入模拟的企业角色。

第二，要每位学生都有参与的机会，尽可能发挥学生的特长。如营销策划书的编写训练，不是要求每位学生编制一份策划书，而是划定若干组，每组推举或指定一位负责人，在分工合作的基础上完成。

第三，要结合营销策划理论对学生的实训过程进行分析和评判，进一步加强学生对理论的认识，加强学生对实践环节与技能的理解和掌握。

第四，通过示例和实训案例分析环节的设置，使学生对所学内容进一步消化、吸收并掌握，同时促使他们进行课外阅读和学习，不断充实自我、提升自我、完善自我。

第二部分

营销策划实训任务指南

模块一　产品策划

产品是企业最直接的产物，企业提供的物质商品和服务都属于产品。没有了产品，企业也就失去了获利的途径，同时也失去了存在的意义。一家企业要生产什么商品、生产多少、产品针对的顾客群是哪些、要如何更有效率地把产品推广出去……这些问题尤为重要。因此，学生应该加强产品策划的训练。此模块主要包括三个实训项目，即新产品策划训练、现有产品策划训练和产品组合策划训练。

实训项目 1　新产品策划

一、实训目的和要求

通过本单元实训，力求使学生能在市场分析的基础上，根据目标市场内的消费者需求，进行新产品开发策划，并为其进行市场推广，从而掌握新产品策划相关技能。

二、情境设计

4~6 名学生组成一个小组，其中一名成员作为产品经理，选择某企业作为背景企业，模拟真实的市场环境，进行市场机会的分析、目标市场的选择以及新产品创意的确定。

在确立创意的基础上，对新产品进行明确的定义，并设计新产品市场推广的一系列营销策划方案。

三、相关知识

新产品策划大致分为包括新产品开发策划和新产品推广策划两个方面。

（一）新产品开发策划

企业根据企业目标和市场需求，需要制订新产品开发和具体实施计划。

（1）提出目标，创意收集。

（2）创意甄选。

（3）财务分析：详细分析新产品开发在商业上的可行性。

（4）市场分析：拟订新产品市场营销组合策略的方案。

（5）产品实体开发和试销。

（二）新产品的推广策划

（1）市场机会的选择。

（2）上市地点选择。

（3）目标顾客的选择。

（4）营销策略的选择。

四、训练步骤

（一）市场机会分析与选择

由学生以小组为单位，明确背景企业，自行收集企业信息以及所选行业的相关信息，进行市场细分并选择目标市场，决定背景企业新产品的使用者是谁。具体步骤如下：

（1）评估背景行业细分市场的规模。

（2）评估背景行业细分市场发展状况。

（3）评估背景行业细分市场结构。

（4）评估背景企业目标与资源。

（5）掌握细分市场的5种模式。

（6）分析每种选择模式的优劣。

（7）根据背景行业目标、特点，确定选择细分市场的模式。

（二）市场定位

（1）列出各项目组的背景企业想要进入的主要目标市场。

（2）列出目标市场的欲望、需求等特征。

（3）分析各主要目标市场的特征。

（4）确定背景企业在产品、服务、人员、形象等方面与竞争者的差别化。

（5）准确选择背景企业的相对竞争优势。

（6）分析背景企业在目标市场中的地位。

（7）根据背景企业在目标市场中的地位，选择市场定位策略。

（8）各项目小组根据背景企业采用的不同定位策略，进一步进行具体策略和方法的选择。

（三）营销策略规划

为新产品进行市场推广的规划，形成新产品上市的营销策划方案。

（1）建立新产品开发项目小组，接下来开发人员进行新产品构思，并对构思进行筛选和评判。

（2）用文字、图像、模型等将构思转化为新产品概念，并由项目小组共同选择最有潜力的新产品策划方案。

（3）决定背景企业产品的包装定位，即根据产品品牌形象、产品定位、企业形象等因素来决定包装设计和包装材料选择。

五、注意事项

（1）新产品的目标顾客应具备以下条件之一：产品的早期使用者；产品大量使用者；对产品有好评并且在社会上有一定影响力的消费者；用最少的促销费用可以争取到的消费者。

（2）市场定位与产品描述必须明显地体现出相对于竞争产品的优势。

（3）针对不同地区、不同市场和不同消费群体，应制定不同的营销策略组合。

六、示例

“蓝山”素肉产品开发过程

2005 年 7 月 23 日，山东蓝山集团食品公司总经理许振国先生到济南考察策划公司，为其即将上市的一个新产品做准备。7 月 24 日，世纪经纶市场研究部迅速组织了市场调查、产品测试和概念测试，策略部着手策略方向的思考，以便与客户进行深度沟通。7 月 28 日，世纪经纶项目组到蓝山集团参观考察，对产品的生产工艺进行了解。7 月 30 日，双方正式签约，共同推动蓝山集团食品公司新产品“蓝山”素肉的上市。

第一步，产品定义：“蓝山”素肉是什么？

根据市场调查和消费者测试，市场上还没有发现“素肉”产品，而绝大多数消费者也对“素肉”的概念闻所未闻。

蓝山集团是一个以大豆深加工为主业的公司，规模居全国前五位。集团的当家人许兰山先生采取了公司发展的聚焦战略，要在大豆加工领域做大做强，向深加工要效益，“蓝山”素肉正是在这种背景下投入巨资研发出来的，并要作为公司的明星产品向市场进行推广。

经过反复论证，我们对“蓝山”素肉进行了产品定义。

1. 素肉是什么。

大豆经脱脂、去糖及干燥处理后，可制成浓缩大豆蛋白；脱脂大豆经蛋白质萃取及沉淀、干燥处理后，可取得分离大豆蛋白；分离大豆蛋白及浓缩大豆蛋白经高压后，形成具有肉纤维状组织的大豆蛋白制品。

2. “蓝山”素肉是什么。

“蓝山”素肉是一种专利型大豆蛋白食品，它采用优质的大豆蛋白为原料精制而成，“蓝山”拥有先进的生产设备和专利技术，所生产的“蓝山”素肉与普通豆制品相比，外观、质感、口味更像肉，而且营养比普通的豆制品更全面、更均衡。

3. 产品功能性利益点是什么。

“蓝山”素肉的功能性利益点是“零、低、高”：零胆固醇、低脂肪、高蛋白，它采用大豆蛋白精制而成，蛋白含量是谷类的 8 倍、肉类的 2 倍，脂肪含量低，零胆固醇。营养配比更科学，更符合中国人的膳食营养平衡要求。

综上所述，我们对“蓝山”素肉产品做出了如下定位：“蓝山”素肉是一种新型大豆蛋白食品，具有零胆固醇、低脂肪、高蛋白、营养均衡的特点，是豆制品的革命性产品。

（至此，“蓝山”素肉正式确定了新产品的定义与定位，其概念开创了一个新的产品门类——专利型大豆蛋白营养食品，这将是其核心的市场竞争力）

第二步，竞争定义：对手在哪里？

1. 直接竞争对手：传统大豆制品。

据消费者调查，我们发现 90% 的消费者认为素肉是大豆制品，形态上像肉，但无法替代肉，因此它的竞争对手主要还是传统的大豆制品：豆干、油皮、腐竹、素鸡、素鱼、素肠、素火腿等。

2. 间接竞争对手：消费者传统的消费观念。

在调查中我们发现，消费者对“素肉”的概念比较陌生，品尝产品后一般会与“人造肉”联系在一起。因此，“蓝山”素肉还面临着一个重要的“竞争对手”：消费者关于“人造肉”的联想与观念。

（直接竞争对手与间接竞争对手的明确，使“蓝山”素肉市场竞争定位与策略的制定更有的放矢）

3. 竞争定位：开创并成为素肉品类的领导品牌。

由于目前素肉市场属于无品牌的品类市场，“蓝山”素肉要占据行业竞争优势，首先要在消费者心中进行占位，以“素肉市场的领导品牌”的姿态出现，赢得市场先机。

我们的目标是：在消费者心目中，素肉 =“蓝山”素肉。

第三步，消费者洞察：消费者是谁？

“蓝山”素肉的消费者主要是城市人群中注重饮食营养的人群。

1. 重度人群。

（1）重膳食平衡的家庭消费人群。此类人群家庭收入丰厚，讲究生活质量，吃腻了大鱼大肉，开始喜欢萝卜青菜的清淡。他们注重膳食营养平衡，在生活中不仅注重自我保健，还担当着家庭营养师的神圣职责。

（2）旅行者。他们经常出差公干，在车上方便面、火腿肠、花生米、酱菜等方便食品或佐餐小菜成为他们旅途的常备品。“蓝山”素肉解决了卫生、方便、美味、营养等问题，是他们很好的选择。

2. 中度人群：“三高”人群。

此类群体的最明显症状就是喜欢吃肉、运动量少，而肉类中的高热量、高脂肪、高胆固醇使他们脂肪囤积、胆固醇升高，导致身体肥胖甚至出现“高血糖、高血脂、高血压”等三高症状，但长期让他们吃清淡的萝卜青菜，他们会感到单调乏味，吃肉又担心“三高”困扰，“蓝山”素肉既使他们饱了口福，又不必担心有损健康，实为此类人群的上佳之选。

3. 边缘人群。

（1）时尚素食主义者。此类人群以年轻女性为主。她们个性张扬、我行我素，是潮流永远的追随者，她们认为素食与保护环境、保护动物一样，代表着一种“不受污染”的文化品位和现代意识。

（2）快乐的单身汉。因为单身，所以自由，生活也没有规律，一个人吃饭总是随便凑合，方便面、火腿肠、花生米、酱菜等方便食品或佐餐小菜成为他们生活的伴侣，“蓝山”素肉同样会成为他们的一个新选择。

（对目标消费群特征、需求与消费习惯的描述完整具体，有利于使市场开拓策略的设计更具指向性）

第四步，建立新产品特性：素食营养创新产品。

目前市场上的产品多是传统产品，以加工豆制品为主。“蓝山”素肉从产品风味、口感、营养等三大方面实现新的突破，是新型的大豆蛋白营养食品。目前素肉还没有形成行业领导品牌，行业基本处于多、小、散、弱的市场格局。“蓝山”素肉以“中国素肉市场化开创者”的姿态出现的基本支撑是产品的“四化”：

1. 设备专利化。蓝山通过买断素肉设备专利，为素肉的跟进者设立技术壁垒，使“蓝山”素肉生产设备处于领先地位，即使有企业要跟进也需要一个较长的过程。为“蓝山”素肉领导品牌的确立提供了技术保障。

2. 生产专业化。蓝山食品作为全国五大大豆加工企业之一，采取现代化加工工艺，保证食品生产的安全卫生，具有产业集群化优势。

3. 产品差异化。专利设备为“蓝山”素肉的产品差异化提供技术保障。口味、质感、包装风格等的差异化，能满足不同消费者的多元化需求，使产品占据不同的细分市场，为“蓝山”素肉确立了鲜明的品牌个性，使“蓝山”素肉从传统素肉中脱颖而出。

4. 服务知识化。蓝山素肉以促进国人膳食营养平衡为己任，带给人的不仅是“营养均衡、方便美味”的“蓝山”素肉，更重要的是传播营养均衡的知识，给消费者提供知识性服务。

资料来源 佚名：《“蓝山”素肉品牌创建始末》，广告人案例库，http：//www.adcase.org/html/case/pinpailei/2009/0306/1586.html，2009－03－06。

七、学习天地

面对国际市场上石油价格的上涨，请你为轿车公司新产品开发提供一些可行性创意。

参考答案：在新产品的开发中可以使用新能源，比如氢水化合物、电能、太阳能等。

八、效果评价

本小组成员共同初评出组员个人实训态度成绩，教师和各小组组长共同评出组员个人实训表现成绩（见表1—1），教师评出小组实训报告成绩（见表1—2），在此基础上给出个人最终成绩。

个人最终成绩＝个人实训态度成绩×20%＋个人实训表现成绩×50%＋小组实训报告成绩×30%

表1—1　　组员个人实训过程评价表

小组成员个人成绩 / 小组成员姓名	态度（满分为100分）	表现（满分为100分）	
		操作50%	技能50%

注：考评满分为100分，60分以下为不及格；60～69分为及格；70～79分为中等；80～89分为良好；90分以上为优秀。

表1—2　**小组实训报告评价表**

评价内容	分值（分）	评分（分）
市场机会分析与选择的合理性	20	
新产品概念的创意	20	
产品定位的市场潜力	20	
市场推广策略的可行性与创新性	40	
总分	100	

注：考评满分为100分，60分以下为不及格；60～69分为及格；70～79分为中等；80～89分为良好；90分以上为优秀。

九、实训案例分析

富味爽口片的上市

2004年的冬天不是太冷，而且除了天气预报里面天天提及的“暖冬”以外，还有一波异常强劲的热潮包围了整个汕头市。汕头大街小巷的都市男女们，相互见面的时候总会热辣辣的蹦出一句“Hi，来个深呼吸！”这句话带着些无厘头的顽皮，更洋溢着青春的洒脱气息，成为了汕头最热门的流行语。

究竟是什么可以在一夜之间刮起如此强烈的流行风气呢？究竟是什么拥有这种魔力呢？究竟又是谁创造了这次奇迹呢？答案就是由广东广旭广告公司包装推广的“富味爽口片”。

一个全新的产品究竟有什么力量，让消费者对它如此疯狂呢？就让我们一起来探究一下它的贩卖之道吧。

一、发现产品魅力

在研究它的贩卖之道之前，首先让我们来深入地了解一下产品。富味爽口片，是一种全新形态的口香糖产品，薄薄的一片就可让你瞬间提神、清新口气，而且口腔内没有任何残留物，方便、环保，确有成为新一代口香糖领导者的气势。

中国口香糖市场容量目前已达100亿元，并且以每年10%的速度增长，发展空间巨大，但是以香口胶为主要原料的口香糖虽可促进口气清新，但其残渣对环境的破坏，却引起社会的反感，甚至成为人们立法禁止售卖的“垃圾”。所以，富味爽口片以其全新的体验以及其独具的清新清爽、瞬间提神、时尚方便、环保等特点正悄悄崛起，将会成为口香糖的替代品。

二、让产品释放魅力

爽口片是种特殊的食品，它既是一种功能食品，又是一种潮流食品，特殊的食品、全新的体验，当然需要一种全新的贩卖之道。而富味的竞争对手都只是从爽口片的“瞬间提神”这个共性的功能利益进行传播诉求，低层次的贩卖产品属性，这给后来者富味爽口片提供了极好的市场机遇。

富味爽口片的核心消费群是那些15—25岁的“80”后年轻消费者。他们是都市中的潮流的代表者，勇于尝试各种新的玩意儿。他们独立自信、时刻寻求表现自我的机会，希望自己有独特的风格、个性。他们有较强的自我期许，在意社会交流中别人对自己的看法和成就感。对于这些潮流的追风者，富味爽口片能制造一种流行，引起他们的关注吗?

富味爽口片把“瞬间提神”这个产品价值属性“80”后年轻消费者的生活价值相结合，概括出自身的核心价值：释放自我。由此提炼出富味爽口片独特的传播理念“来个深呼吸，释放你自己”，与竞争对手在品牌层次上拉开了距离。

三、品牌释放张力

食品有两种贩卖之道，形而下者只叫卖食物的功能价值；形而上者贩卖食品后面的生活体验，把功能体验延伸为生活体验，为食物注入生命灵魂，从而让食物和消费者产生共鸣。富味爽口片就是通过这样的独特的传播理念把产品价值与生活价值融合为一体，赋予了产品更多的文化内涵和附加价值，以引领市场的领导者姿态和品牌远景，把竞争对手远远地抛在身后。

“来个深呼吸，释放你自己”有巨大的品牌张力和延伸度，比如：恋人之间表白爱的时候——来个深呼吸，说声“我爱你”；学生考试前、记者要采访前——来个深呼吸，思维更清晰；司机疲乏的时候——来个深呼吸，有个好精力；过新年的时候——来个深呼吸，来点好运气；在公共场合表达重要意见时——来个深呼吸，表现更出色；运动员进入赛场时候——来个深呼吸，战胜我自己；进入舞台表演的时候——来个深呼吸，展现我自己；进职场求职的时候——来个深呼吸，我行我可以；过节日、生日的时候——来个深呼吸，生活更顺意；烟民吸完烟后——来个深呼吸，口气好清新；外出旅游的时候——来个深呼吸，感受新自己……可见“来个深呼吸，释放你自己”，使富味爽口片具有鲜明的品牌个性，不流行都难。

围绕着富味爽口片的核心价值，展开了对富味爽口片的创意推广，为这个时尚的休闲食品量身定做了在网络营销和音乐营销（与音乐新星华少翌的新碟《解厦》相捆绑，制作MTV在娱乐渠道推广，让富味爽口片的品牌精神驾着歌声的翅膀进行传播，并把音乐元素纳入以后的公关促销中）。

随着富味爽口片影视广告在一些全国性卫视的播放，富味的招商工作取得良好的成绩，全国的推广也有序展开起来，富味爽口片正在成为目标消费群的新流行。

分析：本案的最大亮点在于新产品上市的营销突破了传统的叫卖食物功能价值的做法，在基于对目标消费者深层调查并与时下流行文化相融合的基础上，创造性地提出了“来个深呼吸，释放你自己”的口号。这句朗朗上口的口号，不仅是体现目标消费者个性的独特行为符号，同时强化了“释放自我”的感觉主张，在传播上很容易打动人心，从而制造了一种流行，演绎了品牌至高贩卖之道。一系列市场推广“引用新进歌手代言”、

"捆绑新歌"等亦非常有效，可圈可点。

资料来源 佚名：《"富味"爽口片的贩卖之道》，广告人案例库，http：//www.adcase.org/html/case/pinpailei/2009/0306/1565.html，2009-03-06。

实训项目2 现有产品优化策划

一、实训目的和要求

通过本单元实训，使学生能够掌握现有产品优化策划所需的技能：根据市场的需求，针对企业现有产品，进行产品优化策划，包括市场的再定位以及重新制定市场营销策略，以解决营销中存在的问题，提高产品的市场竞争力。

二、情境设计

4~6名学生为一个小组，选取其中一名作为组长，模拟以下情境：产品经理召开部门会议，基于目前产品销量减少的情况，部门人员须对市场进行分析，找出产品市场竞争力减弱的原因，提出现有产品优化的营销策划方案。

三、相关知识

当企业现有产品在市场竞争中缺乏明显的核心优势时，现有产品的改进就势在必行。

现有产品优化策划包括以下内容：

1. 对现有产品的分析。

（1）对现有产品目标市场定位及消费者适应性的分析。

（2）对现有产品各要素（定位、命名、核心卖点、诉求、包装、功效提炼等）的分析。

（3）对现有产品成本构成与销售贡献率的分析。

（4）对现有产品市场营销中存在问题的分析。

2. 现有产品的优化。

（1）现有产品目标市场定位、产品使命及销售贡献率的优化。

（2）现有产品市场差异化策略的优化（核心竞争力的重新提炼与支撑体系的优化）。

（3）现有产品各要素的优化。

（4）现有产品市场推广策略与各类营销工具组合的优化。

四、训练步骤

（1）每4~6名学生为一组，对现有产品进行深入调查，收集相关信息。

（2）对现有产品的市场营销现状进行分析，首先要明确该现有产品是否需要产品优化；如果是需要优化的，列出理由，并进行下面的步骤，如果认为是不需要优化的，同样列出理由，并重新选择现有产品优化的实训项目。

(3) 思考优化的重点以及如何进行优化，形成方案，方案要简洁可行，在讲解方案时要突出改进的地方以及优化后的预期效果。

(4) 以小组为单位展示的策划报告，全体同学点评并提问，由展示同学回答，最后由实训指导教师进行点评。

五、注意事项

(1) 准确判断现有产品需要或是否值得优化。

(2) 考虑优化后的产品可能遭遇的市场风险，以及如何最大程度地降低风险。

六、示例

“哈尼秘酒”品牌整合案

随着人们保健意识的提升，消费观念的更新，白酒消费比重在逐渐下降，市场空间逐步萎缩，保健酒成为新的市场热点。兼顾保健与酒双重功效的保健酒，在满足消费者既要喝酒又要保健的消费需求同时，占领了市场空白，成为白酒业新的发展方向。

全国保健酒业现状是供大于求（上千个品牌、上千种酒），竞争激烈。而云南保健酒现状是外地品牌统领市场，本地缺乏优秀的品牌与之抗衡。

这样的市场背景下，哈尼秘酒状况如何？

哈尼秘酒，由墨江县酒江酒业有限公司出品。依靠着企业的局部垄断优势，占据了滇西的部分市场。由于策略的局限、缺乏专业的营销操作，品牌影响力较弱，目前的销售仅限本省的二线市场。

哈尼秘酒是种什么样的酒？

1992 年获巴黎国际名优酒金奖、1994 年获巴拿马万国名酒博览会特级奖，由有着辉煌历史的紫米封缸酒为酒基，注入多种植物提取液酿制而成。

市场定位：低端保健酒。市场价：5 元/瓶。酒精度：36%。包装：150ml，便携式小酒壶。酒色外观：色泽橙黄、酒色透明。口感：入口舒适，略带药味。产品特点：多饮不伤身。核心诉求：无。

这是一种好喝的酒，它有着辉煌的出身和鲜明的特点，具备了成为一个强势产品的基本条件，可这样一种好酒，却因为策略的局限，现在只能在企业优势地区偏安一隅。

既然是好酒，为什么没有创造大市场？

要想成为一个强势产品，光有好产品是不够的，还要有专业的策略运作，一个强大的销售网络。哈尼秘酒需要对现有产品重新进行市场营销策略的部署。

一、消费群体分析

消费者的购买理由：消费者的需求是什么？

过去，人们喝“味道”，只要口感好，就足以打动消费者。后来，人们喝“品质”，由于眼界的开阔，包装、造型乃至生产厂家，什么都要讲究。而现在，人们开始喝“健康”，随着生活水准的提高，人们意识到健康才是无价之宝。

二、产品分析

好喝兼具保健功能，基本能够满足消费者的物质需求，却还存在诸多的缺陷：没有完整的核心诉求；没有与其他保健酒形成区隔的核心概念，不能让消费者得到区别于其他产品的情感满足；包装造型粗陋，缺乏品质感；产品的名称容易引起消费者误解，哈尼——发展相对滞后的少数民族，“秘”——土法、土方酿造的酒，甚至不能保证基本卫生达标。

（一种工艺不科学的酒、让人不放心的酒，保健酒市场的消费者，如何能够相信它具有保健功能，又如何敢放心购买？如何解决这些问题？如何让消费者接受“哈尼秘酒”？这将是产品优化的关键任务）

三、竞争产品 SWOT 分析

1. 42%金骨棒。

规格：125ml 的普通装和礼品装。价格：普通装 20 元/瓶，礼品装 25 元/瓶。销售卖点：性功能调节。优势：本地产品，有亲和力和信任感，在昆明市场有一定的知名度。劣势：药酒和保健酒的概念混淆，并且触犯了消费者的心理忌讳。

2. 12%宁夏红。

规格：150ml 的普通装和礼品装。包装：便携式酒壶。价格：5.8 元/瓶（普通装，超市价）。销售卖点：免疫调节，滋补低度酒。核心诉求：每天喝一点，健康多一点。优势：国内知名品牌，产品的概念较为完善，极低的酒精度数和“枸杞养颜”的功效诉求，能够兼顾到男女消费者，在保健酒品牌中独树一帜。劣势：酒精度数过低，与本地的饮酒习惯相冲突，并且对云南市场重视程度有限，铺货率不高。

3. 35%八角劲

规格：150ml、500ml。包装：便携式酒壶。价格：6 元、26 元。销售卖点：抗疲劳、免疫调节。核心诉求：药食同源，寓补于饮。优势：保健酒大品牌，影响力强，售卖渠道健全，是当前云南销售最好的保健酒，有完整独特的概念诉求点，产品名称隐喻着产品的特殊功效。劣势：入口药味较重，口感不适，包装及造型较为粗糙，无品质感，导致产品在本地销路不畅。

与它们相比，“哈尼秘酒”的最大优势在哪里？好喝。

劣势又在何处？核心诉求不完整，产品没有灵魂，市场的操作能力欠佳，知名度欠缺。

四、产品优化

以市场空白为切入点，以全新的核心概念命名、设计开发新的“秘”酒，与其他保健酒品牌形成区隔，摒弃以往的陈旧和局限，赋予“哈尼秘酒”新的市场生命力。

1. 名称优化。

“东方秘”，这不仅仅是名称的转换，更是产品概念、文化内涵翻天覆地的改变：东方——神奇的疆域，神秘的光环，是“秘”酒的出生地；秘——稀有、罕见的秘方。

概念文化：它承载着现代东方人的时代追求，开怀畅饮的同时得享健康，调身之余让人神采奕奕，从此开心、愉悦。它出生于极东之地——北回归线上太阳转身之地。它是东方的酒，更是现代的酒。

个性文化：神秘之地出产的酒，加入神奇植物精华的酒，经现代高科技秘方酿造的神秘之酒，美丽、珍贵，多饮不伤身。

“东方秘”：集神秘与尊贵于一身，好喝的酒、有益于健康的酒、与时俱进的酒。这是一种以人性为基础，通过消费需求、产品精华的提炼而形成完整灵魂的酒。

（以“秘”酒缘起，针对市场客观存在的现状，将“哈尼秘酒”固有元素进行选取提炼，最终将“秘酒”有机的概念进行强化，从而形成“脱胎换骨”的品牌核心）

2. 包装优化。

瓶身包装突出标志、设计精美，字体演绎变化颇具少数民族字体的风格，瓶身文案中多次出现如“山”字图形。

（通过少数民族字体和“山”字图形，强化神秘色彩，并使之成为其产品的独特图腾）

3. 宣传优化。

“东方秘”酒以“出类拔萃，东方新贵”作为广告语，平面广告文案的字体与瓶身文案字体一致，富有神秘的异域风情。

（神秘的异域风情，凸显产品“东方秘”的核心诉求）

资料来源　佚名：《“哈尼秘酒”品牌整合案》，广告人案例库，http：//www. adcase. org/html/case/pinpailei/2009/0306/1587. html，2009－03－06。

七、学习天地

可口可乐公司在 1985 年宣布改变产品配方，推出“新可乐”，一时引起轩然大波，顾客怨声载道，纷纷抗议，迫使公司不得不恢复原有的配方。可口可乐配方优化后的“新可乐”为什么未被顾客接受？

参考答案：其对产品是否需要优化没有做出正确的判断。尽管可口可乐对新配方进行了上万次的口感测试，但它却没有对原有品牌的公众认知进行足够的调查。

八、效果评价

本小组成员共同初评出组员个人实训态度成绩，教师和各小组组长共同评出组员个人实训表现成绩（见表 1—3），教师评出小组策划效果成绩（见表 1—4），在此基础上给出个人最终成绩。

个人最终成绩＝个人实训态度评价×20%＋个人实训表现评价×50%＋小组策划效果评价×30%

表 1—3 **组员个人实训过程评价表**

小组成员个人成绩 / 小组成员姓名	态度（满分为 100 分）	表现（满分为 100 分）	
		操作 50%	技能 50%

注：考评满分为 100 分，60 分以下为不及格；60 ~ 69 分为及格；70 ~ 79 分为中等；80 ~ 89 分为良好；90 分以上为优秀。

表 1—4 **现有产品优化策划效果评价表**

评价内容	分值	评分
对市场需求和现有产品分析的全面性和科学性	30	
现有产品优化的策划方案的实际可行性	30	
优化后的产品具备的市场竞争力	40	
总分	100	

注：考评满分为 100 分，60 分以下为不及格；60 ~ 69 分为及格；70 ~ 79 分为中等；80 ~ 89 分为良好；90 分以上为优秀。

九、实训案例分析

牛肉也休闲：棒棒娃产品的改进

成都棒棒娃实业有限公司作为牛肉粒休闲产品的首创者，经过 7 年多的发展，从零起步，到 2007 年已经达到了 2 亿元的生产规模，公司的产能在 2008 年将扩大到 10 亿元，面临一个重大转型期，从 3 亿元到 10 亿元的跨越，不仅仅是规模的扩张，更是棒棒娃从区域知名品牌向全国著名品牌跨越的良机。

产品的竞争是最有效的竞争，满足消费者需求的个性产品是获利的基础，有创意的产品才有魅力。棒棒娃现有的两大主力产品——手撕牛肉和牛肉粒产品，虽然可以满足企业的基本发展需要，但已经不足以支撑企业的扩张需要，棒棒娃急需从战略高度对产品进行改进。

一、棒棒娃牛肉粒改进策略

牛肉粒已经成为牛肉休闲食品行业最大的品种，竞争品牌众多，同质化严重，差异处主要在包装设计、包装纸的颜色、口味、产地上。价格主要按照包装大小来区隔，没有从包装的档次上体现出来；随着消费升级，人们对于牛肉休闲食品的价格敏感度开始下降，而对于品质、口味的要求开始提高。

棒棒娃是牛肉粒的原创者，可以借助品牌力量占领牛肉粒市场高端，在几乎所有牛肉粒外形都是长方形或不规则形状的时候，棒棒娃产品造型采取球体造型，形成明显的差异化，形成一个显性的记忆点；整体外包装率先采取高档包装，譬如用果盘包装，消费者买回去可以摆在茶几上，节庆日子用来招待客人有面子，从而占领该品种的高端市场；为了迎合超市人群图实惠心理，在自有品牌知名度普遍都不高的情况下，可以在相应品种上，改变包装容量，中型和小型包装都有促进销量的潜质。

二、棒棒娃手撕牛肉改进策略

棒棒娃现有的手撕牛肉采取纸质包装，容量是52克，价位在12.9元；竞争对手的容量是50克，价位在11.9元，而且，竞争对手的包装纸的观感要比棒棒娃显得高档。因为手撕牛肉是干品，许多消费者用手一掂量，轻飘飘的，让消费者感觉里面的容量很少，不值；且用纸质包装，不透明，消费者并不知道里面产品的样子，心存怀疑，是否好吃？尝试购买第一关没有打通。

为了阻击竞争对手，棒棒娃决定通过改进包装的设计提升产品的档次和情趣；为了让消费者减少首次购买的顾虑，将现有的不透明装改变成透明装；为了让消费者感觉更实惠，将干品变成湿品，用小塑料袋分装，增加其重量，也可在袋内加送礼品，使得重量模糊。

三、棒棒娃龙须牛肉和灯影牛肉改进策略

棒棒娃的灯影牛肉（52克）价位在15.9元左右，龙须牛肉（52克）价位在19.9元，但是龙须牛肉要比灯影牛肉好卖。通过现场调研我们发现，很多人首先拿起的是灯影牛肉，然后再拿起龙须牛肉，作对比，一般都选择了龙须牛肉，为何？灯影牛肉虽然给人新奇的感觉，但是整体是黑色包装，与灯影牛肉不匹配，虽然公司已经意识到这个问题，开发了一种红色包装的灯影牛肉，但显然并没有解决根本问题。龙须牛肉的外包装是全透明的，里面的东西一目了然；灯影牛肉则是采取不透明包装，只在背面下方开了一个小的透明窗口，人们购买的顾虑较大。

于是棒棒娃的灯影牛肉进行包装的改进，采取全透明包装。同时，为了增大主销产品的销量，龙须牛肉和灯影牛肉采取薄型的独立扁平包装，规格在中型以上，让人看得见，感觉很实惠。龙须牛肉和灯影牛肉都是用芝麻来加香的，芝麻给人的香味暗示较好，是促使人们尝试购买的一大诱因，为此，棒棒娃将“芝麻香”作为一种新的口味，在外包装上放大标志，加深消费者的可感知价值。

分析：做市场，不仅需要勇气，更需要高度。棒棒娃过去的成功之处，主要是基于产品的优质。随着市场竞争的不断加剧，对手的快速模仿和跟进，单一产品优势已显不足。浙江绿盛集团是棒棒娃的最大对手（在全国市场），在包装上很抢眼球，主色调是抢眼的大片红色，简洁清晰。面对如此严峻的挑战，棒棒娃必须进行产品包装优化，进行产品价值的创新。

资料来源　崔涛：《牛肉也休闲：棒棒娃产品改进和新品开发策略》，中国营销传播网，http://www.emkt.com.cn/article/354/35457.html，2008-02-26。

实训项目3　产品组合策划

一、实训目的和要求

通过本单元实训，力求使学生能在市场分析的基础上，根据细分市场中消费者需求的差异，进行产品组合策划，并为各系列产品量身定制其市场推广方案。

二、情境设计

4～6名学生组成一个小组，选取其中一名作为产品经理，模拟真实的市场环境，选择某企业作为背景企业，进行产品组合分析。在产品组合分析的基础上，进行产品组合策划，形成方案。

三、相关知识

产品组合包括四个变数：宽度、长度、深度和密度。

（1）产品组合的宽度，指一个企业所拥有的产品线（Product Line）的数量。较多的产品线，说明产品组合的宽度较宽。

（2）产品组合的长度，指企业所拥有的产品品种的平均数，即全部品种数除以全部产品线数所得的商。

（3）产品组合的深度，指每个品种的花色、规格有多少。

（4）产品组合的密度，指各产品线的产品在最终使用、生产条件、分销等方面的相关关联性。

产品组合包括产品组合分析和产品组合策划两部分。

（1）产品组合分析主要包括：现有组合产品处境分析、产品定位分析和产品项目关系及对企业的贡献分析。

（2）产品组合策划主要包括：产品品类策划、产品项目策划和产品品类相互关联性的策划。其中：产品品类策划就是产品组合的宽度策划；产品项目策划主要是对企业经营的产品项目的档次构成进行选择，确定企业在经营上的专业化程度；产品组合的相互关联性（也称密度）策划，是产品组合策划的重点，确定了企业产品组合中的各产品品类在最终用途、生产条件、目标市场、销售方式以及其他方面相互联系的程度。

三维分析图是一种分析产品组合是否健全、平衡的方法。在三维空间坐标上，x、y、z三个坐标轴分别表示市场占有率、销售成长率以及利润率，每一个坐标轴又分为高、低两部分，这样划分出8个区域。如图1—1所示。

如果企业的大多数产品项目或产品线处于1、2、3、4号位置上，就可以认为产品组合已达到最佳状态。因为任何一个产品项目或产品线的利润率、成长率和占有率都有一个由低到高又转为低的变化过程，不能要求所有的产品项目同时达到最好的状态，即使同时达到也是不能持久的。因此企业所能要求的最佳产品组合，必然包括：目前虽不能获利但

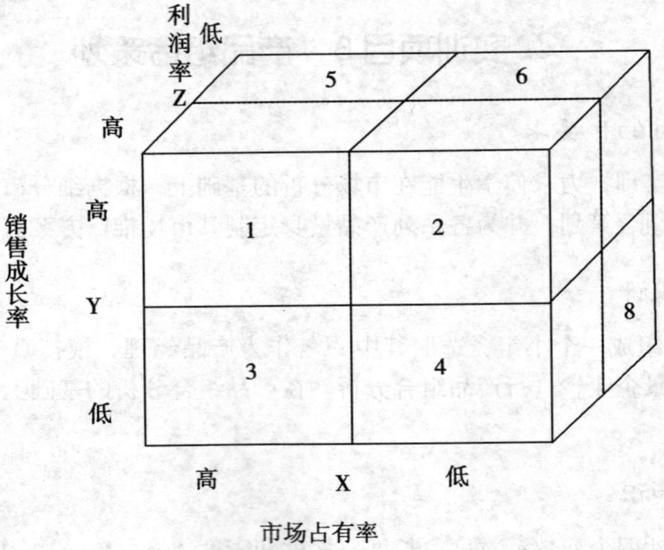

图1—1　产品组合的三维分析图

有良好发展前途、预期成为未来主要产品的新产品；目前已达到高利润率、高成长率和高占有率的主要产品；目前虽仍有较高利润率而销售成长率已趋降低的维持性产品；已决定淘汰、逐步收缩其投资以减少企业损失的衰退产品。

根据以上产品组合分析，针对市场的变化，调整现有产品结构，从而寻求和保持产品结构最优化，这就是产品组合策略，它包括：产品线扩散策略、产品线削减策略以及产品线现代化策略。

四、训练步骤

(1) 每4~6名学生为一组，选择一家企业作为研究对象，对该企业的现有产品进行初步考察，确定某现有产品优化的实训项目。

(2) 对企业的现有产品进行深入调查，收集相关信息，在此基础上对产品和产品组合的市场营销现状进行分析。

(3) 对产品组合进行策划，并形成方案，方案要简洁可行。在讲解方案时要突出改进的地方以及优化后的预期效果。

(4) 指导老师对各小组的方案进行点评，重点考察方案的可行性，前期的准备是否充实。

五、注意事项

(1) 产品组合必须有利于促进销售。

(2) 产品组合必须有利于市场竞争。

(3) 产品组合必须有利于增加企业的总利润。

六、示例

一组牙刷讲述的家庭故事——青蛙牙刷品牌活化新思路

广东雪洁日化拥有“雪洁”、“青蛙”等品牌，产品曾经畅销国内市场，但近年来，在一些跨国品牌的猛攻下，青蛙牙刷市场影响力日趋下降。青蛙品牌产品线丰富，覆盖了从儿童到成人的各个年龄段，但“洁齿用青蛙，护齿顶呱呱”的广告语，却无法清楚地传达品牌利益，面对“佳洁士”、“高露洁”等国际品牌针对不同人群推出的“电动”等品类，大而全的青蛙牙刷显得过时、粗糙。

就牙刷这种产品本身来讲，消费者的购买理由似乎都一致，就如手机为你提供沟通的便利，冰箱让你冷藏食物一样，它是用来清洁牙齿的工具，但是在竞争激烈的市场环境中，这远远不足以成为购买的理由，因为清洁牙齿的产品功能是同质化的，这种情况下，必须针对不同的人群，细分市场并进行差异化营销。

在产品同质化时，产品本身实质性的差异很难找到而且实现的难度较大，在这种情况下，提炼优秀的营销传播概念成了一种简洁有效的营销法宝，功能有限、技术突破有限，而消费者的心理感受是无限的，只有情趣、个性、时尚的品牌定位是远远不够的，必须解决不同消费者面对众多产品时的认知问题。

为了提高消费者对品牌的认知度，雪洁日化想到了一个点子，那就是用一个青蛙家族来整合所有牙刷品类，每一位家族成员均有着自己鲜明的个性，有自己的生活圈及自己的生活故事。在这一家中，快乐是主旋律，每天大家都过得非常有趣，玩得很开心，广告语“让心情跳舞”传达出青蛙的利益：青蛙保护你的牙齿，给你带来欢乐，让心情好得就像跳舞一样。

当时香港正在播放《麦兜的故事》，影响力非常大，大家都非常喜欢，并且是卡通形式，雪洁深受启发并将青蛙妈妈命名为麦太，青蛙爸爸就是麦总或麦叔——这一称呼在日常生活中再普通不过，同时也符合产品的人群定位，剩下的其他角色迎刃而解，青蛙少女叫麦当娜，青蛙小子叫麦当乐，暗恋青蛙女儿的青蛙小伙儿叫罗那耳朵。

麦叔代表着男性，具有成人特征——稳重、随和、幽默，生活上讲究品质但却不会照顾自己；麦太代表着妇女，具有柔美感——细腻能干，对新生事物很感兴趣，关注时尚但不过分跟潮流；麦当乐代表着儿童，具有可爱淘气的性格特征——生性好动，活泼，但很调皮、淘气；麦当娜代表着少女，具有青春时尚的特点——青春靓丽，有点小资，喜欢扮扮靓、跳跳舞；罗那耳朵代表着青年，具有流行、酷的特质——喜欢音乐和极限运动，有强烈的叛逆心理，喜欢流行但讲究个性。

在主体形象确定后，公司又对青蛙系列产品样品、产品宣传资料、产品终端陈列（包括常规陈列、特殊陈列、堆头、陈列架）等进行了整改、设计，强化终端整体形象，赋予产品趣味性，演绎出一段故事，塑造出个性鲜明的产品形象，让鲜活、趣味十足的产品在终端同消费者打招呼，吸引关注，收到非常显著的效果，从而达到品牌影响力和品牌指名购买率大幅提升的效果。经过将近一年的紧张作业，青蛙品牌旧貌换新颜，进入了一个崭新的历史时期。

资料来源　朱玉童、梁晓刚：《一组牙刷讲述的家庭故事——青蛙牙刷品牌活化新思路》，中国营销传播网，http：//www. emkt. com. cn/article/172/17296. html，2004－08－17。

七、学习天地

很多牙膏企业，既生产牙膏又生产牙刷，于是把牙刷与牙膏组合在一起销售，但只收牙膏的钱，消费者得到了实惠，购买者明显增多，而生产厂商的总利润非但没有减少反而大大增加，这是为什么？

参考答案：牙膏牙刷属于互补品。产品组合销售有利于促进销售和增加企业利润。

八、效果评价

本小组成员共同初评出组员个人实训态度成绩，教师和各小组组长共同评出组员个人实训表现成绩（见表1—5），教师评出小组策划效果成绩（见表1—6），在此基础上给出个人最终成绩。

个人最终成绩＝个人实训态度评价×20%＋个人实训表现评价×50%＋小组策划效果评价×30%

表1—5　**组员个人实训过程评价表**

小组成员个人成绩 / 小组成员姓名	态度（满分为100分）	表现（满分为100分）	
		操作50%	技能50%

注：考评满分为100分，60分以下为不及格；60～69分为及格；70～79分为中等；80～89分为良好；90分以上为优秀。

表1—6　**产品组合策划效果评价表**

评价内容	分值	评分
产品组合是否符合细分市场的需求、产品线的构建是否合理	30	
产品组合策略是否从企业现阶段实情出发、是否具有可行性	30	
产品组合策略是否能为企业带来现实利益、是否具有可持续发展性	40	
总分	100	

注：考评满分为100分，60分以下为不及格；60～69分为及格；70～79分为中等；80～89分为良好；90分以上为优秀。

九、实训案例分析

华龙方便面的产品组合

2003 年，在中国大陆市场上，位于河北省邢台市隆尧县的华龙集团以超过 60 亿包的方便面产销量排在方便面行业第二位，仅次于康师傅。同时与“康师傅”、“统一”形成了三足鼎立的市场格局。“华龙”真正地由一个地方方便面品牌转变为全国性品牌。

作为一个地方性品牌，华龙方便面为什么能够在“康师傅”和“统一”这两个巨头面前取得全国产销量第二的好成绩，从而成为中国方便面行业又一股强大的势力呢?

从市场角度而言，华龙的成功与它的市场定位、通路策略、产品策略、品牌战略、广告策略等都不无关系，而其中产品策略中的产品市场定位和产品组合的作用更是居功至伟。下面我们就来分析华龙是如何运用产品组合策略的。

1. 阶段产品组合策略：根据企业不同的发展阶段，适时地推出适合市场的产品。

（1）发展初期的产品市场定位：针对农村市场的高中低产品组合。

在 20 世纪 90 年代初期，大的方便面厂家大多将其目标市场定位于城市市场。如“康师傅”和“统一”的销售主要依靠城市市场的消费来实现。而广大的农村市场，则仅仅属于一些质量不稳定、无品牌可言的地方小型方便面生产厂家，并且销量极小。农村方便面市场仍然蕴藏着巨大的市场潜力。

1994 年，华龙在创业之初把产品准确定位在 8 亿农民和 3 亿工薪阶层的消费需求上，依托当地优质的小麦和廉价的劳动力资源，将一袋方便面的零售价定在 0.6 元以下，比一般名牌低 0.8 元左右，售价低廉。其主推产品有：大众面“108”、“甲一麦”、“华龙小仔”；中档面“小康家庭”、“大众三代”；高档面“红红红”、“煮着吃”。凭借这种正确的目标市场定位策略，华龙一下子在北方广大的农村打开了市场。2002 年，华龙地市级以上经销商（含地市级）销售量只占总销售量的 27%，县城乡镇占 73%，农村市场支撑了华龙的发展。

（2）发展中期的高中低产品组合。

从 2001 年开始推行区域产品战略，针对不同地域的消费者推出不同口味和不同品牌的系列新品。2002 年，华龙开发出高档面品牌“今麦郎”，并开始大力开发城市市场中的中高价位市场，此举在北京、上海等大城市大获成功。2002 年华龙销量比例数据如图 1—2 所示。

2. 区域产品组合策略：在不同区域推广不同的产品。

作为一个后起挑战者，华龙推行区域产品组合策略，研究区域市场、了解区域文化、推行区域营销、运作区域产品，例如针对回族的“清真”系列产品，针对河南的“六丁目”系列产品，针对山东的“金华龙”等等，与此同时还推行相应的区域广告策略，在当地市场获得消费者的青睐。华龙的区域产品组合策略见表 1—7。

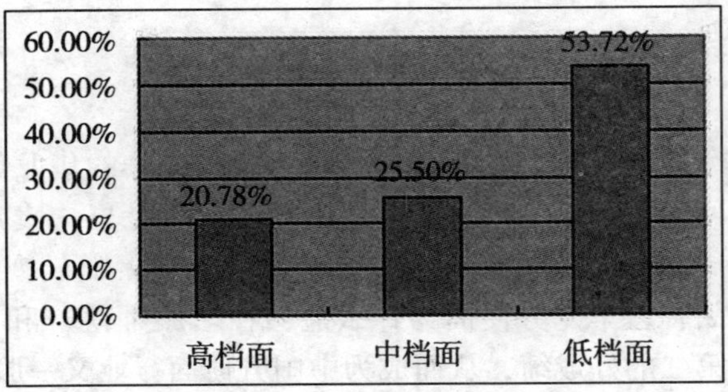

图 1—2　2002 年华龙销量比例数据

表 1—7　**华龙的区域产品组合策略**

地域	主推产品	广告诉求	系列	规格	价位	定位
河南	六丁目	演绎不跪（不贵）	六丁目	分为红烧牛肉、麻辣牛肉等 14 种规格	低价位	目前市场上最低价位、最实惠产品
			六丁目 108			
			六丁目 120			
			超级六丁目			
山东	金华龙	山东人都认同“实在”的价值观	金华龙	分为红烧牛肉、麻辣牛肉等 12 种规格	低价位	低档面
			金华龙 108		中价位	中档面
			金华龙 120		高价位	高档面
东北	东三福	核心诉求是“咱东北人的福面”	东三福	红烧牛肉等六种口味、五种规格	低价位	低档面
			东三福 120		中价位	中档面
			东三福 130		高价位	高档面
	可劲造	大家都来可劲造，你说香不香	可劲造	红烧牛肉等三种口味、三种规格	高价位	继东三福 130 之后的又一高档面
全国	今麦郎	有弹性的方便面，向“康师傅”、“统一”等强势品牌挑战，分割高端市场	煮弹面	红烧牛肉等四种口味、十六种规格	高价位	高档面系列、以城乡消费为主
			泡弹面			
			碗面			
			桶面			

华龙不断进行市场细分，尝试各种不同的细分变量或变量组合，根据年龄因素推出适合少年儿童的干脆面系列，适合中老年人的“煮着吃”系列；为感谢消费者推出的“甲一麦”系列；为回报农民兄弟推出的“农家兄弟”系列等等。

分析：至今，华龙的方便面产品组合已经非常丰富，其产品线的长度、深度和密度都达到了比较合理的水平。它共有17个产品系列，几十种产品口味，上百种产品规格。其合理的产品组合，使企业充分利用了现有资源，发掘现有生产潜力，更广泛地满足了市场的各种需求，占有了更宽的市场面。华龙丰富的产品组合有力地推动了其产品的销售，有力地促进了华龙方便面行业第二地位的形成。

资料来源　张立森：《华龙面产品组合策略分析》，中国营销传播网，http：//www. emkt. com. cn/article/176/17621. html，2004－09－09。

模块二　品牌策划

品牌在营销中有着举足轻重的作用。在今天，品牌是企业产品和形象的市场标志，品牌也已成为市场竞争的首要因素。它有利于消费者识别产品；有利于保护企业自身利益；有利于市场细分；有利于树立企业形象，培育“品牌忠诚”。因此，能否策划设计一个好品牌对企业来说是极其重要的。此模块主要从品牌价值构建、品牌传播策划、品牌维护策划、品牌转型策划和品牌扩张策划五个方面展开训练。

实训项目 1　品牌价值构建

一、实训目的和要求

品牌价值构建这一品牌策划技能的目的是将市场定位与品牌固有形象充分结合，通过持续的投入巩固、强化品牌的市场价值。它的关键点在于品牌的核心价值定位与一致的市场推广措施。在技能训练上，也应当从这两方面入手，力求使学生能在实际操作中把握好以上两个关键点，在对品牌价值构建现状进行分析的基础上，提炼品牌核心价值，并提出可行的营销方案。

二、情境设计

4 ~6 名学生组成一个小组，选取其中一名作为组长，模拟以下情境：品牌管理经理召开部门会议，讨论公司某一新品牌的核心价值构建，最终形成一份市场推广方案，并向董事会进行推荐。

三、相关知识

品牌核心价值是品牌权益的主体部分，它能够使顾客和消费者清晰地识别并记住品牌的利益点与个性，品牌核心价值的识别与确认是构建品牌的第一步，也是最为关键的一步。

品牌核心价值可以从以下三个层面进行塑造：

1. 产品价值。

以产品实用价值、完美品质、专业设计为品牌独特优势，核心价值立足于产品价值，最容易带来即时销售效应；如果产品没有明显的相对优势，则不宜使用。

2. 个性内涵。

当品牌立足于满足消费者情感和精神的需要，越独到，核心价值越能带来高附加值，越能区隔于竞争对手，赢得一个固定消费阶层的共鸣。

3. 文化制造。

文化的制造能力使品牌带动更广泛的社会阶层的消费潮流。有远见且有深厚文化内涵的品牌，不仅满足消费者个性需要，更将品牌的价值观与核心文化拓展融入消费者生活的方方面面，打造大文化产业。

品牌核心价值须符合以下几个原则：

1. 核心价值能够保持长期稳定；
2. 核心价值能够引发消费者心理激情；
3. 核心价值能够与所处社会群体的文化体系相关；
4. 核心价值能够表现品牌独特个性。

四、训练步骤

（1）指导老师帮助回顾品牌价值的知识点，并搜集知名企业的品牌核心价值，在课堂上向学生展示，并和学生一起讨论这些典型品牌价值的特点和给企业带来了什么好处。

（2）将学生分成若干小组，4～6 人为一组，在组长的带领下讨论情境中品牌的特点，同时列出该品牌营销目前面临的一系列问题，品牌现有核心价值在这些问题中所起的作用（好与不好）。

（3）目标消费群对品牌现有核心价值的态度。实训指导老师可以组织学生进行市场调研活动，即可以通过问卷调查获得第一手的资料，也可以通过网络、相关文献检索等方法获得第二手资料。

（4）由于可选择的价值主题有很多，因此首先选择其中的几个核心意义元素进行描述，可从品牌营销的理想状态和与之相对应的品牌理想核心意义元素的比较着手，也可结合竞争对手的品牌核心价值，进行评估。最后筛选出一个最佳的核心意义元素，进行完善，形成品牌核心价值。

（5）根据这一核心价值，提出可行的市场推广方案，并写成报告。

（6）各小组上台展示报告，接受其他小组的提问，最后由指导教师点评。

五、注意事项

（1）在提炼核心价值之前必须先了解市场环境，尤其是目标消费群所追求的核心利益。

（2）明确自己企业自身的强弱点与“核心”业务。

（3）品牌的核心价值必须具有长远发展的可能性。

（4）品牌的核心价值必须有效表达品牌的价值观。

（5）品牌的市场推广策略必须与核心价值保持一致。

（6）确保品牌对消费者的每个接触点都传达了一致、有效的信息。

六、示例

挑战每一刻——“美克”的品牌核心价值

运动鞋品牌，2001 年在中央电视台投播广告的有 32 家；2002 年在中央电视台投播广告的有 46 家；2003 年在中央电视台投播广告的有 26 家；2002 年—2004 年连续三年一直在中央电视台投播广告的只有15家。经过长年的大浪淘沙，中国鞋业面临大洗牌。

大多数国内运动鞋品牌对广告过分依赖，没有品牌的核心价值作支撑，不但品牌差异性小，价值也低，这已成为很多国内运动鞋企业的品牌硬伤。运动鞋企业一掷千金的结果除了让消费者加深了对明星的印象之外，对产品品牌自身的影响却小得可怜。

如今的运动鞋市场，已彻底告别了请一两个品牌代言人就可以功成名就的时代，残酷的竞争是对运动鞋企业资金、技术、渠道、产品、服务的全方位考验。那些实力雄厚的企业在这场考验中各显其能，欲求突围；而那些在某个或某些环节实力稍弱的企业则痛苦地徘徊在围城的边缘，进退两难。

“做自有品牌”是一次进步。“做有价值的品牌”更是摆在国内运动鞋企业面前的一个棘手的问题。品牌在发展中不断颠覆、不断进步，要么在颠覆中升级，要么在颠覆中沉默。

一、数数知名运动鞋品牌的软肋

1. 软肋之首——品牌价值空心化。

国内运动鞋品牌几乎不存在对品牌价值的准确定位，品牌核心价值不清晰，缺乏个性，品牌气质趋于雷同。单纯以时尚和酷自居，缺乏核心概念，难以与消费者形成心理联系；核心价值相对显得浅显而空洞，不管是标榜“动感”或是“炫”，都难以让消费者在生活中联想到它。

（市场营销学之父菲利普·科特勒说：一个品牌的成功在于发现了消费者心中认可的与他们密切相关的故事，找到了品牌和消费者之间有价值的故事，给消费者带来精神上的满足，从而让顾客乐于消费、忠诚消费）

2. 软肋之二——品牌缺乏差异性。

企业在战略上缺乏定力。广告表现的诉求主题月月新、年年新。没有自己的特色，很容易被模仿，产生跟风，无法形成自己的品牌个性文化，品牌没有真正的活力。尽管大量的广告投入也能促进产品销售，但几年下来却发现品牌资产、整体价值感与品牌威望并没有得到提升。广告一停销量就立即大幅度下滑。

（英特尔前总裁葛鲁夫认为：整个世界将会展开争夺眼球的战役，谁能吸引更多的注意力，谁就能成为世纪的主宰。能与竞争对手形成差异，才有个性，才能吸引更多的注意力。在生活多姿多彩的当今社会，消费需求越来越趋向个性化。没有一个品牌可以成为“万金油”，对所有的消费者都产生吸引力，一个品牌的核心价值如果能触动一个细分消费群就已很了不起了。缺乏个性的品牌核心价值是没有销售力量的，不能给品牌带来增值。更不能创造销售奇迹）

二、对手来了，唯有创新才能求生

有两个人在树林里过夜，突然看见一头大黑熊。其中一个人忙着穿球鞋。另一个人对他说：“你把球鞋穿上有什么用？反正我们也跑不过熊！”忙着穿球鞋的人说：“我不是要跑得快过熊。我是要跑得快过你。”说完登上球鞋就一溜烟跑了。第二个人不慌不忙，爬到树上去了。熊不会爬树，吃不着树上的人，就往前追，结果可想而知！

故事听起来有点无情，但竞争就是如此残酷。因为我们面对的市场是一个充满变数并且竞争非常激烈的市场，比跑得快不快，已经不能成为决定成功与失败的关键了。对手来了，硬拼是不行的，唯有创新才能求生。

企业面对的最可怕的挑战是停滞点，很多曾经成功的企业逐渐丧失了领导地位，而一些创新型企业，颠覆了原有的行业霸主，并取而代之。这就是创新的力量。创新能够创造新的增长。

在新挑战与新规则前，企业唯有通过创新，为客户创造新价值，才能创造属于自己的新机会。创新有可能犯错误，但不创新可能死亡。

对运动鞋行业而言，亦是如此。

近几年可以说是国内运动鞋品牌发展的战国争霸时期。各种品牌纷纷崛起。一直以来，运动鞋品牌都是耐克、阿迪达斯、李宁大行其道，在专业运动鞋领域占领着高端市场。而以安踏、特步为首的晋江品牌，占据着国内的中端市场。低端产品没有品牌竞争力，却具有价格优势。

美克身处世界级运动鞋生产基地——“中国鞋都”晋江。这里好似运动鞋的丛林，新的品牌要想立足并占有一定市场，就像在丛林中要突围的小动物，要逃离“虎口”，唯一的出路就是找到“上树”的办法。

三、品牌就是人

时下大家都在讲，品牌与人一样，必须具备独特、明确的个性，才能令人印象深刻，在众多竞争者中脱颖而出。然而，在一些特定领域，要真正做到市场区隔、品牌个性和差异化确也十分不易。尤其是运动鞋品牌，产品的消费群体重叠的成分很大，主要是十几岁到二十几岁的年轻人。

运动鞋品牌处在知名品牌向名牌的过渡时期，唯一不变的就是变。这一时期，品牌要么在超越对手，要么在被对手超越，要实现品牌突围使软肋不软。

如果美克是人，那么它将是怎样一个人？我们希望为美克找到一种独特的表达方式，与众多“晋江品牌”形成区隔。鞋不仅仅是鞋，它还是品位、气质、文化、意境，甚至立场。

（品牌个性，使产品得以与消费者建立起某种关系，顺利进入消费者的生活，并在其心中创造出某种印象和地位，使得品牌本身变成一个“有意义”的个体。在竞争日益激烈的情况下，品牌个性的塑造就变得更为重要）

四、从消费者的内心出发

美克目标消费群是年龄主要在14~22岁的年轻人，他们喜爱运动，具有崇尚新潮时尚和国际流行趋势的特点；他们有自己的思想，有积极独立的生活主张、生活态度；他们活力四射、积极进取；不愿随波逐流，渴望证明自己。

他们以自己的行为和言论创建自己的游戏规则。一切都源自他们对自由独立的渴望；他们崇尚个性，绝不是传统意义上的乖乖仔；他们希望比身边的伙伴更酷；他们喜欢流行，更希望创造流行。

他们选择品牌其实就是选择一种生活主张，表明一种生活态度。物以类聚，人以群分，人们总喜欢符合自己观念的品牌，喜欢那些与自身相似或与自己崇拜、认可的人、事、物相似的个性。

他们追求“与众不同”，并以此展现自己的个性和生活方式。然而，面对现实环境的太多规则、束缚、困难、负担，他们不能如愿。他们想要甩开包袱、全力以赴……总之，一切都充满挑战！

生活对于他们，其实就是一连串的挑战——挑战难题也挑战自我。所以，最能撩拨他们心弦的就是“挑战”！

五、美克品牌核心概念

核心概念是与消费者心理对接的暗号，是为了让消费者有感觉，所以我们不能自说自话，要说消费者的语言，说他们的心里话。仅仅触及皮毛却无法深入内心的核心概念是众多品牌徒具知名度、缺乏品牌认同、品牌忠诚度低的“病根”之一。

作为一个运动品牌，需要以体育运动内在蕴含的个性或精神力量来鼓舞和激励人们。说起耐克，就会想起那句“Just do it”；说起阿迪达斯，就会想起“Nothing is impossible”；说起李宁就会想起“一切皆有可能”……

那么，美克的核心概念又如何？是否能给人们提供足够的关于体育的鼓舞和激励？

综合以上的全面分析及一次次的碰撞与激荡，“挑战”的概念已渐渐明晰。在运动品牌的竞争战火中，“挑战”前所未有，我们要迅速抢占这个制高点，点燃挑战激情，让美克成为国内运动品牌的领头羊。

六、挑战塑造品牌

1. “挑战每一刻”是目标消费群体内心深处的强音。

挑战每一刻，正是对目标消费群心声的完美诠释。随时应对挑战，是他们蕴藏在内心的最强音。美克要做的，不只是给消费者提供最好的运动装备，更是要树立起时刻应对一切挑战的行动者形象，成为他们的“搭档”和“伙伴”，和他们一起勇敢面对困难、追逐梦想。消费者将真正看到、听到，并感受到美克品牌传达出的激情、力量和激励他们向上的生活态度。

2. “挑战每一刻”展现了美克企业拼搏进取的发展理念。

挑战每一刻，意味着在行动上把握每分每秒，抓住机遇，积极面对一切的困难与挑战，这是一个企业对瞬息万变的市场的最好回应，也是对美克人一贯秉持的“完美品质，恒久经营；超越自我，强势发展”经营理念的有力诠释——因为敢于挑战，所以不断超越；因为专注于每一刻，所以成就“完美”。

3. “挑战每一刻”把握住了时代发展的脉搏。

这是一个追求成功的时代，人人都在把握机会展示自己的力量，想要实现自我价值。“挑战每一刻”，是现代务实精神的生动体现。挑战，打破障碍，争取胜利，只有这样才可能在E时代立于不败之地。

4. “挑战每一刻”是一种运动精神。

在运动领域，随时都在上演着挑战自我潜能、挑战对手，甚至挑战世界纪录的精彩故事。挑战，是运动者永恒的雄姿，是燃烧在每一位强者心中不灭的火焰。人类就是在一次次的挑战中不断刷新运动史上的记录，创造出新的可能与新的高度。"挑战每一刻"是对每一位崇尚运动的人的精神激励。

（品牌的核心价值要形成差异化，通过与消费者的持久沟通，能够塑造出独特的、区别于其他品牌的气质和性格。优秀的核心价值必须具备3个特征：1. 能与目标消费群形成心理对接，产生共鸣；2. 积极向上是运动精神的代表；3. 具有包容性，能通过内涵上的延展，丰富品牌价值。美克品牌的核心价值具备了以上3个特征。）

资料来源 江绍雄：《创意撩人》，北京，北京传媒大学出版社，2006。

七、学习天地

针对指导教师指定的品牌，设计一份品牌核心价值分析书（格式参见表2—1），给出你的结论。（参考答案略）

表2—1 **品牌核心价值分析书参考格式**

问题	现状描述	理想状态	问题分析	建议方案
1. 2. 3. ……				
结论：				

八、效果评价

本小组成员共同初评出组员个人实训态度成绩，教师和各小组组长共同评出组员个人实训表现成绩（见表2—2），教师评出小组策划效果成绩（见表2—3），在此基础上给出个人最终成绩。

个人最终成绩 = 个人实训态度评价 ×20% + 个人实训表现评价 ×50% + 小组策划效果评价 ×30%

表2—2 **组员个人实训过程评价表**

小组成员个人成绩 / 小组成员姓名	态度（满分为100分）	表现（满分为100分）	
		操作50%	技能50%

注：考评满分为100分，60分以下为不及格；60～69分为及格；70～79分为中等；80～89分为良好；90分以上为优秀。

表 2—3　　品牌价值构建效果评价表

评价内容	分值	评分
策划是否符合目标市场核心利益	20	
策划能否有效表达品牌价值观	20	
策划是否具有一定的稳定性	15	
策划是否具有创意	15	
策划的品牌核心价值是否与市场推广策略具有一致性	30	
总分	100	

注：考评满分为 100 分，60 分以下为不及格；60～69 分为及格；70～79 分为中等；80～89 分为良好；90 分以上为优秀。

九、实训案例分析

利郎——简约而不简单

国产服装品牌面临一系列问题：为什么我们身边有那么多昙花一现的品牌？为什么广告一停，销量就马上下降？为什么人事变动，也会导致品牌贬值？为什么大多数品牌无法成为强势品牌？王杰、赵文卓、何家劲、刘德华……多数服装品牌采用“名人＋密集投放”的传播形式来提升知名度，“奋斗，成就男人”，“爱拼才会赢”这些口号的内涵挖掘和品牌关联如此生硬，品牌核心价值和个性树立显出不足。

利郎开始思考：如何做，才能跳脱国产品牌的问题怪圈？

2003 年，“周五便服日”在白领人群中日渐流行。在日常的商务洽谈场合中，越来越多的人渴望穿出自己的风格。一些比较精致的中档“非西装、非休闲”品牌大受欢迎。利郎了解并抓住大多数白领商务人士的着装需要，并探询他们的内心世界。利郎为他们提供的产品有以下特点：舒适——采用人体舒适型设计，手臂处设计宽松舒适，活动自如；时尚——与欧洲潮流并进，简约时尚，没有繁琐装饰；完美细节——上衣有侧开叉和后中叉的设计，口袋有挖袋、贴袋等多种变化；工艺精湛——高科技研制的新纤维面料，不仅抗皱免烫，而且外观挺括、随意自然。这种“非西装打扮、非休闲的着装”，体现了他们内敛中的独特之处。

试销效果是利郎的产品很快拥有一群核心使用人群：专业技术人员阶层、办事人员阶层、个体工商户阶层、商业服务人员阶层。他们是渴望被理解、渴望得到价值认同的新中坚阶层。

那么，利郎应该从哪个层面建立自己的核心价值呢？

经过市场调查，利郎发现，在服装业正装和休闲装二分天下的格局中，这种介于“商务”和“休闲”之间的新着装主张很快获得消费者认同，喜欢这类型产品的人就是喜欢产品在不张扬之处恰当地体现了自己的着装风格。由此，利郎首创“商务休闲”概念，开辟了辉煌品牌王国的疆域。

但是，继利郎提出“商务休闲”概念后，市场上的众多品牌可谓趋之若鹜，几乎所有的大小品牌都推了出类似“商务休闲”概念的产品，例如罗蒙旗下的罗冠、太平鸟的彼仕伯德、富贵鸟商务休闲才子新正装等等。利郎如何在这场概念战中独占鳌头呢？

真正的概念是建立在消费者的认同感上的。如何让这群目标消费者认同我们的品牌，让目标消费群认同利郎品牌的商务男装成为工作的重点。

服装是一个高附加值的产品，生命力在于在消费者精神层面的深深吸引。借鉴国际成熟品牌的成功模式，探寻消费者着装要求和内心世界，利郎决定在这样一个稳定的消费群中建立起自身的品牌核心价值，塑造个性内涵，与对手差异化：他们是28～40岁的商务男士，月收入3 000元以上，受过高中以上文化教育，有一定的事业基础，处于追寻成功的道路上，有一定的社会阅历和鉴赏力，对事物有自己的见解，不甘平庸，但是不标新立异，不张扬，拥有自我肯定的优越感；渴望成功，但是不盲目追从功名利禄，对自己有一定了解，知道哪种方式最适合表达自我和强调自我。

于是，利郎提出了其品牌主张：“简约不简单”，并由陈道明出任其品牌形象大使。至此，利郎品牌王国正式建立并占据了“商务休闲男装”这块领土，由陈道明代言的商务休闲男装深深地吸引着许多“内有锐气而外无锋芒的智慧男士”，“简约而不简单”成为他们的处世格言。

分析：从品牌定位—品牌文化提炼—合适的代言人，利郎的成功在于其出色的品牌定位、品牌核心价值提炼与市场推广方案，代言人陈道明的内敛儒雅气质，完美演绎了利郎品牌的核心价值，“简约而不简单”直入人心。

资料来源　佚名：《09年利郎新策略：要吃蛋糕自己做》，中华服装网，http://www.51fashion.com.cn/BusinessNews/2009-1-6/254965.html，2009-01-06。

实训项目2　品牌传播策划

一、实训目的和要求

加强品牌和消费者的关系需要进行品牌的传播，品牌传播的关键则在于以消费者的需求为导向。通过实训，使学生能根据目标消费群的需求，基于给定的品牌核心价值，提出合理可行、富有创意的品牌传播策划方案。

二、情境设计

以4～6名学生为一个小组，选取其中一名作为组长，模拟以下情境：品牌管理经理召开部门会议，基于市场需求的前提与给定的品牌核心价值，讨论并形成一份品牌传播策划方案，随后由品牌管理经理向公司高管层进行推荐。

三、相关知识

品牌的最终裁判员是消费者，而不是品牌评估机构。每个品牌旗下都一定有产品，但不是所有的产品都有资格成为品牌。如果一个产品无法在传播中和消费者建立起强韧而亲密的关系，它就不能成为品牌。

加强品牌和消费者的关系需要进行品牌的传播，企业对品牌的传播，必须注重消费者不断的发展变化，而非长久同质地对待消费者。

品牌传播当以消费者为主导，它促使企业针对品牌与消费者接触的各种层面，进行持续性的投资与强化，从广告、促销、包装到销售展示、公关及企业识别与设计等各种领域，综合各种传播工具，使消费者处于多元化、目标一致的信息包围中。

有效的品牌传播策略须遵循以下原则：

1. 将品牌价值的各种表现元素充分整合，形成整体传播策略，要使任何消费者都能接触品牌的各层面。

2. 突出品牌的核心价值及品牌的精神内涵。

3. 选择有效的传播渠道。

4. 传播的方式要多样化，突出与消费者的互动关系，做到与消费者的深度沟通。

从根本上说，品牌是属于消费者的，只有消费者才是品牌真正的主人。要在把握品牌与消费者的互动中培育品牌的价值，扩大品牌资产，只有这样，企业的产品才能有效地占领市场。

四、训练步骤

（1）此次训练可以延续品牌价值构建实训项目中的成果，上一实训中的小组成员再次组成一个小组，回顾上一实训中形成的品牌价值构建方案，明确此次品牌核心价值策划的主题，以便形成品牌传播方案。

（2）制订品牌传播方案，可从以下几个角度组织方案：

A. 品牌核心价值分析：各小组对所选品牌的核心价值进行分析。

B. 品牌传播现状分析：对该品牌的传播现状进行分析，发现品牌在传播过程中存在的问题，寻找问题的症结所在，为有针对性的改进措施提供依据。

C. 品牌传播策略优化：从传播对象、传播内容、传播渠道、传播方式等方面提出更好的品牌传播改进策略，并形成方案。

（3）方案评估：由导师对各小组的方案进行评估。

五、注意事项

（1）理解你要传播的品牌。

（2）明确你究竟要向谁进行传播。

（3）选择最合适的媒体，进行最好的组合。

（4）尽可能使传播的整个过程富有创意，从内容到方式，以及媒体的选择和组合。

六、示例

会鞠躬的银行——成都商业银行“贴心品牌”整合传播

言必称做大项目的四大国有商业银行在积累了足够经验与资本的同时也放低了曾经高傲的头颅与过高的门槛，在不停地搜索，且意欲争夺细分市场个人业务。昨天，地方性股份制银行靠拳打脚踢掘得第一桶金；而今天，光大、兴业、民生、招行依次驾临成都。

外资银行的个人理财业务、中间业务等，就在商行的传统阵地甚至眼皮底下欲分得一杯羹。充分追逐高资产、高消费、高质量的外资银行甚至获准开办人民币业务和房贷业务。德意志银行在北京、上海，东亚银行在广州，花旗银行、汇丰银行在全国针对外贸企业开展业务。世界级银行的触角已经延伸到中国的各产业、各层面、各地域。也许它们离本土的银行很远，但明天会成为我们最优质客户青睐的对象。

成都市商业银行成立不到10年，资产规模及网点数量甚至比不上建设银行最大的直属支行，是拼尽全力毕其功于一役与四大银行全面竞争，还是从不为大银行所屑的其他业务入手，“深挖洞，广积粮”，再称王？

成都商业银行高层决策聘请专业公司，由其操刀商讨营销整合。单纯的广告传播不能解决本质问题，商行必须从产品结构调整入手，重点放在治标更治本的全面解决方案设计。因此我们查阅《IMI消费行为与生活形态年鉴》，在成都各地进行银行市场调查，研究了国内外银行的成功营销案例，参观招行，感受服务，并汇集第一手资料，系统分析未来银行市场状况和发展趋势，研究5年来各银行的电视广告片和报纸广告，有针对性地研讨国有银行、外资银行和杭州市商业银行营销市场与策略。

仅仅做这些还不够。我们更加深入各银行进行比较，深度访谈储户；听取竞争对手对商行的看法；研究商行产品线，听取商行员工介绍；研讨商行营销的首要营销卖点和诉求方向；进行项目部分广告创作风格展示以及推广主题的有效性测试。

（对市场的全面调研，是制定一切策略的前提）

如何才能拽紧属于商行的生命线呢？

市场细分之下的争夺战：从对大客户的争夺到零售业务的分割。

营业任务压力之下的质量战：从客户数量到忠诚度的巩固，存款余额和卡使用率成为指标。

新领域新客户群的圈地战：信用卡、个人和机构理财、中间业务等成为新的增长点；网点数、核心业务优势和服务成为竞争关键；商行将在老四大的转变和新五大银行的强大中生存发展。

实力现状：竞争对手综合优势明显，已有稳定的客户群和营收数。

宣传现状：各银行的任务、压力与广告投放数量、阶段宣传质量成正比。

相对产品对相关人群已形成相应习惯：储蓄、中间业务——工行，房贷——建行，外汇——中行，信用卡——招行。

我们理解的客户心态：客户为什么选择××银行？

公信力：安全可靠，属于国有银行或背景强大。

网点数：网点众多，布局合理，全国通行。

利率值：具有优势，灵活实用。

产品个性化：产品线齐全，设计细分，选择多样，面对各用户群从资费、方式到产品名量身定制。

服务卓越：营业时间长，服务方式多样，现场标准化，互动质量高，优越感强，回馈政策优。

再看看我们自己，成都市商业银行现状：

形象：品牌形象老化，标志陈旧，店面小，认同度低，店内外环境较差。

产品：产品同质严重，缺乏创新。

服务：专业服务形象差，服务水平低。

网点：数量少，布局不合理。

广告：广告老旧，不能与时俱进。

（敌我对比，品牌现状一目了然）

庞然大物般的中、农、工、建依然在高端市场大客户领域独享高层空间盛景，试水成都的民生、光大、兴业和招商虽然有其体制及个人业务上灵活的优势，但本土资源还未被充分整合，一时间难以在低端层面、中小型客户层面给商行形成真正意义上的竞争压力。

在中间阶层，商行比上不足比下有余，如果专注大银行忽略的中低端领域将大有作为。只要商行愿意，事实上银行可供深度挖掘的资源还具备相当大的潜力。比如中小型企业已被大银行所“抛弃”，普通消费者的需求又因大银行的业务设计而不能被满足。机会稍纵即逝，商行必须在空白点有所作为，而基于业务和形象层面的全面提升、整合可能是适合商行的一剂良药。

对商行进行强硬的外科手术式的形象改造，对其产品结构体系施以内外兼治的中药疗法，祛病固元，守正出奇，壮其形并增其力，提升品牌核心竞争力。在一个极其重视人情味的城市里，我们认为“售卖情感”远比“售卖服务”更能真正感动人。什么是银行服务？是给一个微笑、说一声“您好”那么简单吗？这当然也是其他银行的薄弱环节。所以我们将赋予商行独特的服务理念，从人出发，以人为本地注重每一个细节的人性化服务，让商行品牌的人文精神得到一次彻底的释放，并得到消费者在情感价值上的认同。

（品牌核心价值指明传播方向）

一、贴心的银行，与顾客共同成长

商业银行于2005年4月开始启动“商行2005贴心步步高大行动”，并着力建设贴心银行形象，塑造细分市场业务产品品牌化战略形象，以形象吸引、活动拉动、服务贴心，启动商行“新商行、心推动、新形象”工程。在所有营业网点及推广媒体推出“贴心、创新的银行”新口号。

（依托“服务贴心、业务创新”形成2005年商业银行“贴心”银行品牌策略整合传播计划）

二、贴心，在顾客的每一个接触点上

全面实施店面形象改造工程，以消费者存取款方便为原则分布网点。合纵连横，抓大放小；看准“钱”景，总行样板店、CBD形象店、主力店——向大银行看齐，塑造专业、现代银行形象。

（营业网点形象改造，品牌传播细致到与顾客相交的每一个点上）

三、请顾客喝咖啡的银行

第一步：标志系统整改行动。按标准制作，破旧标志必须更新，不合标准的标志应重做。

（品牌标志是品牌传播的重要内容）

第二步：开展消费者接触点满意度建设，让每一个看到商业银行店面及到达网点办理业务的顾客看到商行的改变，以破除原有形象的不利影响。增加网点夜间灯箱，给夜行或办理夜间业务的消费者带来方便。

（贴心，实实在在为消费者用心）

通过网点布局及店面形象外科手术的改造，成都市商业银行一改小银行、农村信用社的低端形象，一夜之间成都市民发现“贴心”银行的招贴遍布商行的每一个网点。

（广告，永远是品牌传播的必要手段。）

等候办理业务的顾客可以喝到浓香的咖啡，各种业务宣传册应有尽有，崭新的形象改变带来了崭新的精神面貌，客户经理们热情地与顾客倾心交谈，上上下下，全行洋溢着改变带来的兴奋与愉快。

（请等待中的顾客喝咖啡的银行，塑造贴心的温情银行）

四、开户“贴心鞠躬礼”

对存款户：开户由柜员行鞠躬礼，并用标准用语致谢意。存款万元以上经办人员和客户经理共同行鞠躬礼，存款50万元以上由主管、客户经理及经办人员共同行鞠躬礼并送客户花篮，以此感谢客户对商业银行的信赖。

（“贴心服务形象”的标准化，带来良好的消费体验）

同时在全行开展创新服务形象“贴心服务”大行动，独创“个人储户生日问候”、“存款企业周年庆问候”、“贷款企业周年庆贺”等有益商行与客户心贴心互动的公关活动，全力推广贴心银行形象，并将2005年7月作为商行“形象推广集中期”。

五、个人银行的启动活动

“商行红五月，与你心贴心！”五一前开展成都商行满意度调查（网点+网站）——“商行重金请你提意见”，评选十名最具贡献奖赠五一省内游；五一期间，开展“商行走近你”大型宣传活动，闹市区广场及小区巡展，推广新形象，宣传新业务。配合CBD形象店、总行样板店，在各网点评选“贴心大使”，在全行推广，并以其为榜样推动全行服务水准提升。

“成都商行尊老爱幼义工队成立！”2005年6月，成都商行员工每月定期服务一次，统一着装，前往养老院、孤儿院等地，送礼品，给他们提供贴心公益服务，回报社会，利用新闻媒体广泛报道，提升成都市民对商行的好感度和企业形象。

（投身公益事业，并借媒体之力进行宣传，提升商行知名度，完全体现贴心的银行的品牌价值）

“商行请你吃喝玩乐！”2005 年 7 月，在成都 50 家知名餐饮酒楼、酒吧、娱乐会所针对中高端消费人群举行活动：凡在活动指定餐饮商家消费满 100 元就可得到一张特制抽奖券，上面印有成都商业银行业务宣传资料和抽奖编号，持餐饮商家盖章的抽奖券，可以到成都商业银行任一个营业点抽奖。酒楼娱乐场所对商行的回报：摆放并发放印有成都商业银行标志的各种分众物料。联合知名餐饮商家促销，引起目标受众关注，提升商行知名度，抽奖券可以成为有效的业务宣传载体。在这些娱乐场所的分众物料成为商行极佳的点对点渗透常年宣传品。目标受众到商行营业厅抽奖，在感受全新商行面貌之时，还有机会获得现金大奖，极大提升美誉度，使这部分人群成为商行客户群体。

（公关活动，品牌传播又一重要手段）

六、贴心银行增值服务

2005 年 5 月“存贷款 VIP 银企互动俱乐部”成立，此后每月定期举行活动。俱乐部的主要目的是推广针对客户贴心到家的服务：您没有时间，我帮您，商行上门；您的员工缺少理财知识，我为您代劳，商行为您集中培训；您朋友太少了，圈子窄了，商行为您提供交流平台和生意渠道……只有增值才能给客户更多，才能在银行竞争中脱颖而出。与客户心贴心交流，客户成长了，商行做大了，“贴心留住老客户，创新引来新客户”。

（贴心的服务产品，强化贴心品牌形象）

资料来源　李文龙、穆虹：《实战广告案例（第二辑）·品牌》，北京，中国人民大学出版社，2006。

七、学习天地

一家著名咨询公司提出一种名为“核心价值统帅论”的品牌传播观点，该观点认为，品牌的传播活动应当由品牌的核心价值做统帅，要依据核心价值设计富有新意的传播策略。比如：品牌核心价值为“去屑”的洗发水，只要它具有良好的去屑功效，通过广告吸引消费者尝试购买，免费赠送消费者试用品，举办专家护发讲座或现场演示后，就能完成有效的沟通。请你按照这一观点，对小组指定的品牌进行核心价值的分析，并给出你认为最合适的品牌传播策划方案。

参考答案：“去屑”是一个理性的功效概念，因此该品牌核心价值建立的重点在于如何诠释“去屑”这一功效，它应该是一个理性的、清晰的、明确的、可传播的、具说服力的、易于消费者接受和认同的功能性价值概念，且必须与美发有必然的因果关联。

八、效果评价

本小组成员共同初评出组员个人实训态度成绩，教师和各小组组长共同评出组员个人实训表现成绩（见表 2—4），教师评出小组策划效果成绩（见表 2—5），在此基础上给出个人最终成绩。

个人最终成绩 = 个人实训态度评价 ×20% + 个人实训表现评价 ×50% + 小组策划效果评价 ×30%

表 2—4　　组员个人实训过程评价表

小组成员个人成绩 / 小组成员姓名	态度（满分为 100 分）	表现（满分为 100 分）	
		操作 50%	技能 50%

注：考评满分为 100 分，60 分以下为不及格；60 ~ 69 分为及格；70 ~ 79 分为中等；80 ~ 89 分为良好；90 分以上为优秀。

表 2—5　　品牌传播策划效果评价表

评价内容	分值	评分
各项策略是否能有效传递品牌的核心价值	25	
策略的设计是否针对目标消费群，策略能否奏效	15	
方案是否具有可行性	25	
方案是否具有新意	35	
总分	100	

注：考评满分为 100 分，60 分以下为不及格；60 ~ 69 分为及格；70 ~ 79 分为中等；80 ~ 89 分为良好；90 分以上为优秀。

九、实训案例分析

案例 1：雅芳的深度沟通

雅芳的品牌核心价值是“女性的知己”。雅芳相信，女性的进步和成功，就是雅芳的进步和成功。雅芳的目标是“成为一家最了解女性需要，为全球女性提供一流的产品及服务，并满足她们自我成就感的公司”，简而言之，就是“成为一家比女人更了解女人的公司”。

雅芳通过电视广告中亲切温馨的故事去演绎品牌精神是必需的，但只停留于广告，女性朋友并不能真切地感受到雅芳给予她们的温情脉脉的关心与问候，说不定还会使她们反感。

雅芳意识到浅层次沟通的苍白无力，实施了具有非凡远见的深度沟通战略。在中国市场上，雅芳不断努力降低成本让更多中国妇女用得起他们的产品，如采取生产基地本地化的策略，通过在广州从化建立先进的生产基地，降低生产成本，使更多的中国女性享受雅芳的产品；展开教育式营销，帮助她们学会最好的皮肤护理方法，“雅芳小姐”在向顾客推销“雅芳”化妆品时，常常通过顾客教育帮助她们了解自己的皮肤特点，教给她们皮肤保养的方法，如免费提供皮肤测试、指出皮肤的属性后，告诉消费者应该使用什么样的化妆品，怎样调理，怎样按摩，先用什么后用什么。在这一系列的教育实践之后，消费者感觉到雅芳是真心地在帮助她们变漂亮、变自信。

雅芳顾客俱乐部定期给会员派发精美的新产品试用装，寄送雅芳的“美丽导师”小册子；雅芳的公关活动以关爱女性与儿童、帮助妇女进步为主题，创办雅芳乳腺癌认识会及开展“远离乳癌，健康一生”公益活动。在广州举办的“远离乳癌，健康一生”活动中，妇女们发现原来乳腺癌的防治有这么多学问，真要好好学习一下，结果万人排队，报名参加由雅芳提供的免费专家义诊；2001 年，雅芳在母亲节当日在北京举办以“新世纪、新女性、新面貌”为主题的大型爱心活动“献给母亲的爱”，除在活动现场送爱心外，雅芳还为一百位杰出的母亲赠送神秘母亲节礼物；雅芳还赞助 2001 年的“亚太经合组织”妇女领导人会议，赞助“2000 年国航乘务员职业形象化妆比赛”。

可见，雅芳在产品研究、消费者护肤美容教育、公关活动等各个环节都从女性朋友的心态和角色出发关心女性，如“赞助乳腺癌防治教育”、“赞助中国女子足球队”、母亲节“新世纪、新女性、新面貌”等公益活动都以深度沟通的方式，让公众特别是目标消费群实实在在地感受到雅芳的承诺。

2001 年 8 月，在美国极具权威的商业杂志《商业周刊》（Business Week）展开的全球“最有价值的品牌”百强评比中，雅芳凭借着雄厚的资金实力和优秀的品牌形象，成为入选百强的唯一一个美容化妆品牌。同年 10 月，雅芳全球 CEO（首席执行长官）钟彬娴女士被美国权威杂志《财富》（Fortune）评选为“全美 50 位最有影响力的商业女性”之一，名列第四。雅芳品牌拥有如此尊崇的地位与雅芳卓越的深度沟通战略是分不开的。

分析：随着竞争的加剧，能否把个性鲜明的核心价值刻在消费者内心深处乃是胜败的关键，即“心战为上，兵战为下”。在中国不少品牌已通过广告完成了品牌初级资产建设（如较高的品牌知名度）的今天，要把创造更深度的沟通、让消费者真真切切地体验核心价值和抢占消费者的情感作为品牌建设的重中之重。

类似于雅芳这样的成功案例表明，要让消费者刻骨铭心地记住核心价值并发自肺腑地认同它，必须通过深度沟通让消费者真切地感受品牌的核心价值。

资料来源　怀绿：《深度－雅芳深度沟通营销案例分析》，时尚品牌网，http：//www.yqabc.cn/content.asp？id＝342&Page＝3，2009－12－25。

案例 2：联合利华的本土化宣传

众所周知，联合利华的力士香皂的营销战略之一就是始终请国际著名影星作为自己的品牌形象代言人。70 多年以来，联合利华不断根据时代观念对妇女心理与行为产生的影响，变换品牌传播中的影星代言人，使其表现更符合当今社会妇女的流行观点和意见。

进入 21 世纪后，联合利华为了与中国消费者更加直接有效地沟通，认为有必要使广告形象宣传本土化，发展有中国特色的新的企业标志。2001 年 4 月 12 日，该公司推出新的宣传口号：有家，就有联合利华。不仅总结了联合利华进入中国后的成就，更表明了联合利华对中国市场上每个家庭的承诺：帮助他们提高生活质量，将美好和幸福带给每一个家庭。这是联合利华在全球第一次以本土形象面向特定市场。

分析：由此可见，强化品牌与消费者的互动关系，必须了解消费者的需求及其变化趋势，瞄准目标消费群，建立忠诚的品牌关系。如果消费者认为一个品牌是针对自己而且只为自己而做，那他与品牌的关系便会牢不可破。

成就大品牌是以形象资产积累为前提的，这就需要在品牌传播上保持一贯的形象策略。因此，在品牌形象建立的过程中，企业必须在相当长的时间内坚持品牌个性的一致性，并保持品牌形象传播的一贯性，使与众不同的品牌个性深入人心。

资料来源　佚名：《明星代言的国际大牌——力士香皂》，全民医药网，http：//www.qmyy.com/news/alone_ news_ show.aspx？id＝20080909000027，2008－09－09。

佚名：《联合利华：企业要发展就要不断创新》，中国国际美容网，http：//market.prccn.com/WenZhangInfor.aspx？id＝6860，2008－7－21。

实训项目3　品牌维护策划

一、实训目的和要求

品牌维护的目标是保持品牌持续的市场影响力，确保其影响力在市场中上升，而非下降。这一实训项目旨在培养学生对于削弱品牌影响力因素的分析能力与解决问题能力。

二、情境设计

情境一：

以4~6名学生为一个小组，选取其中一名作为组长，模拟以下情境：公司某一品牌发生危机事件，品牌管理经理召开紧急会议，大家须在短时间内讨论并形成一份品牌危机化解方案。

情境二：

以4~6名学生为一个小组，选取其中一名作为组长，对于指定的品牌进行品牌基础维护策略的讨论和制定。

三、相关知识

品牌维护一般包括以下三方面内容：

1. 品牌的基础维护手段：主要渗透在品牌设计、注册、宣传、内部管理以及打假等各项品牌运营活动中。在品牌的设计、注册与宣传中渗透品牌的自我维护思想，这是在品牌创立阶段就应考虑的，具体包括产品质量战略、技术创新战略、防伪打假战略与品牌秘密保护战略。

2. 品牌的法律维护：包括商标权的及时获得、驰名商标的法律保护、证明商标和原产地名称的法律保护，以及品牌受窘时的反保护。

3. 品牌危机防范处理。许多跨国大企业在中国都遭遇过“危机门”事件，其中大多数都能有条不紊的通过危机处理机制，有效的维护企业品牌形象，重新赢得消费者对品牌的信赖和忠诚。因此如何处理突发危机，保护品牌利益，已经成为营销人员必修的一课。

成功地进行品牌维护工作，通常需要遵循以下原则：

1. 品牌维护主要依赖公关工作。例如安妮特·罗迪克周游世界来推行她关于环境的理念，通过连续不断的报纸、杂志等媒介公关，加上电台和电视的采访，逐步巩固了 Body Shop 的品牌形象，最终把 Body Shop 建成了一个大品牌。

2. 品牌维护是一个持续累积的过程，这主要是因为公共宣传的收效是缓慢的，但是它对保持品牌的影响力至关重要。业界把这种情况称之为“草原现象”——没人留意到草的生长，但当你发现时，广袤的草原已势不可挡。

四、训练步骤

情境一：

(1) 以 4 ~ 6 名学生为一个小组，选取其中 1 名作为组长，讨论品牌危机产生的前因后果，涉及的产品与影响，竞争者的情况等等，并上报小组设计的情景。

(2) 确定危机化解方案。根据前面制定的具体情景，模拟几个品牌危机化解方案，小组讨论每套方案的优缺点，评估每套方案的预期效果和可能发生的其他事项。在此基础上，选择一套最佳方案，并且准备一套预备方案。

(3) 展示方案，接受提问，教师点评。

情境二：

(1) 以 4 ~ 6 名学生为一个小组，选取其中 1 名作为组长，明确背景企业，对企业品牌现状进行初步的调查，收集企业信息，明确品牌维护策划的主题。

(2) 深入调查企业品牌的现状，做出以下几方面的分析。

A. 销量分析：分析目前品牌在市场上的销量是上升还是下降。

B. 问题分析：找出下降的各方面原因，归纳为何品牌影响力会削弱。

(3) 根据以上的分析，提出维护品牌形象和影响力的措施，形成方案。

(4) 由导师对各小组的方案进行点评。

五、注意事项

(1) 明确此次品牌维护的方向——基础维护还是危机化解？

(2) 必须针对那些削弱品牌影响力的因素来制定有效策略。

六、示例

金利来的品牌维护策略

“金利来领带，男人的世界”，这一广告语已在国内乃至世界家喻户晓了，它几乎天天在电视广告中出现，在众多报刊中不断登出。

金利来领带，是香港金利来集团起家和发家的产品，是该集团有限公司董事局主席曾宪梓先生一手创立的。曾宪梓先生白手起家，经过 50 多年的艰苦创业，将公司发展成为年销数亿条领带的“领带大王”。他的产品行销于欧、美、澳、亚洲近百个国家和地区。

1970 年，曾宪梓在香港正式创立了“金利来（远东）有限公司”，自己建厂织染专用布料，开设设计和缝制部门。随着业务的发展，曾宪梓先生十分注重创立“金利来”品牌。他认为，优良的产品品质、稳定的质量是创立名牌的基本条件，因此，他在领带制作全过程中，十分讲究质量。他特别注重科学管理、专业人才的培训、设备的不断更新。

金利来领带时刻保持质地优良、款式新颖、品种繁多、手工精细、美观大方的特点，深受各界人士欢迎。香港经销其产品的代销点遍布港九新界各地。

金利来从创立名牌到名牌推广，从寻求、创造优势到发展优势，从树立产品形象到树立企业形象，沿着三个方向实施三大战略，构成了金利来的发展模式。

曾宪梓认为，创立名牌是一个长期艰苦的过程，需要不懈的努力。这一过程包括：创立名牌意识，生产出优良产品，广泛的社会认知和品牌维护等四个方面的内容。

创立名牌意识，既取决于企业家本身的价值观念、气质精神、抱负，也取决于其对环境和机会的认识、把握。当年，曾先生目睹香港领带市场上充斥着欧美过时产品的情况，激发了创立华人名牌领带的强烈意识和信心。

有了优良而且稳定的产品质量，没有广泛的社会认知，是不可能成为名牌的。要让大众都认知自己的产品和企业，就需要大量的广告投入，运用现代化传播手段，树立产品形象。

1970 年，金利来公司刚刚成立，资金极为有限，曾先生抽出 3 万港元做电视广告。虽然投入不大，但成果不小，金利来领带开始畅销。此时，随着收入的增多，他再投入 10 倍乃至 100 倍的钱继续做广告，使“金利来领带”在香港确立起名牌地位。1986 年，金利来领带要进入中国内地市场，曾先生采取“引而后发”的策略，提早 3 年在中央电视台推出广告，培养起内地公众对金利来的名牌认知与消费意识，果然又一举成功，创造了其领带销售量连年翻番的惊人效益。

由名牌创立、维护到名牌推广，金利来由“男人的世界”延伸到“女人的世界”，借助金利来领带的名牌效应，金利来向着男士服装、饰品、皮具和女士用品、非制衣业的百货行业扩展；经营地域上，由香港扩展到新加坡、马来西亚、泰国、欧美等几十个国家和地区，也包括了中国内地市场，成为雄霸亚洲的世界名牌。

曾先生体会到，创立名牌难，维护名牌更难。所谓更难，主要表现在以下三个方面。

一是竞争者蜂拥而来，大家都要争夺有限的市场。每种产品都会面临相同的问题，当其有利可图和有名气时，竞争者的同类产品将会像雨后春笋般出现。

(必须更优于竞争者，才能维护名牌的地位和形象)

二是假冒产品的侵袭。俗语讲“明枪易挡，暗箭难防”，对公开的竞争产品尚可以用自己的优异产品战胜它们，但对假冒产品则难以用此种方法来对付了。假冒产品暗中盗用了自己的品牌，而其产品质量低劣，不知情的消费者就会对金利来品牌产生误解。当然，假冒产品是侵权犯法行为，可以将其绳之以法，只可惜需要花费巨大的财力才能查出假冒产品的不法者。

（假冒产品的侵袭不仅挤占市场，更重要的是毁掉市场，有损品牌形象，如何才能有效避免产品被仿冒，这似乎是名牌面临已久的难题）

三是来自内部质量意识的松懈。随着生产量的增大，新工人增多，要确保名牌的稳定质量，需要做大量的工作，丝毫不能麻痹。

（以上各方面对名牌的挑战，绝不能听之任之，因为随时都会危及名牌的声誉，甚至会使艰苦创立的名牌毁于一旦）

金利来维护品牌的市场策略表现在毫不松懈地对产品的质量追求上。在各地设立统一装修、统一形象的专卖店、专柜；不搞节日或季节降价推销，以营业总额5%的巨大资金强化广告宣传；在自己拥有的市场领域内实施推销三原则：经销商不准挑选花色，批发价与零售价由公司规定，现金交易。

金利来创始人曾宪梓非常重视品牌的维护工作，他曾经深有感触地表示“取之于社会，用之于社会”是金利来企业的一种精神。企业发达了，赚很多钱，应该回报社会、帮助社会、支持国家、救助民众。这种精神取决于创业者的价值观和社会责任感。曾先生本着这种精神，慷慨解囊支助中国各种公益事业，如捐助1亿港元给中国教育事业，向灾区捐献巨额资金进行赈灾等。

（注重品质、坚持原则和回报社会的做法，对金利来公司企业形象的塑造无疑起到了积极作用）

（处在一个信息高度发达的社会里，一个企业稍有闪失就可能造成巨大的市场灾难，削弱品牌的市场地位。比如，前不久雀巢爆出质量危机，虽然捕风捉影，不足为信，但公司却为此付出了巨大的市场代价。这样的情况在市场上时有发生，以致消费者对诸多品牌都抱有疑虑，这对企业来说无疑是巨大损害。一个企业在品牌遭受危机时能够快速启动预先设定的有效危机处理机制，这是非常必要的。而从根本上来说，品牌的维护要依靠平时的点滴积累，要在平时做好企业与消费者之间的互动沟通，要建立完善的互动沟通机制）

资料来源　佚名：《“金利来”服务于“男人的世界”》，资料搜索网，http：//www.3722.cn/listtaishang.asp？articleid = 14467，2004 - 03 - 01。

七、学习天地

通过示例我们看到，市场变幻莫测，各种有影响力的因素都可能出现。其中，有关产品质量出现问题的小道消息等因素比较明显，而诸如产品形象缺乏创新、营销理念与市场消费者心理不吻合等则是比较隐蔽的。现在请你思考一下，你认为在未来的一年时间里，最容易削弱金利来品牌影响力的因素有哪些？说出你的理由。

参考答案：削弱金利来品牌影响力的因素有目标受众年龄老化、产品线过于单一、品牌形象老化等。针对这些负面因素，可以采取品牌多元化、品类多元化、系列多元化等措施，例如针对80后消费群推出时尚、个性的“青春文化”系列；可以邀请不同年龄段的明星代言不同系列的产品，以提升品牌形象。

八、效果评价

本小组成员共同初评出组员个人实训态度成绩，教师和各小组组长共同评出组员个人实训表现成绩（见表2—6），教师评出小组策划效果成绩（见表2—7），在此基础上给出个人最终成绩。

个人最终成绩 = 个人实训态度评价 ×20% + 个人实训表现评价 ×50% + 小组策划效果评价 ×30%

表2—6　**组员个人实训过程评价表**

小组成员个人成绩 / 小组成员姓名	态度（满分为100分）	表现（满分为100分）	
		操作50%	技能50%

注：考评满分为100分，60分以下为不及格；60～69分为及格；70～79分为中等；80～89分为良好；90分以上为优秀。

表2—7　**品牌维护策划效果评价表**

评价内容	分值	评分
基础维护的策略是否具有长期操作的可积累性	40	
危机化解的策略是否及时有效，是否会引起公众反感	30	
方案是否具有可行性	30	
总分	100	

注：考评满分为100分，60分以下为不及格；60～69分为及格；70～79分为中等；80～89分为良好；90分以上为优秀。

九、实训案例分析

肯德基危机管理的武器

1. 媒介沟通，抢占先机。

当有关禽流感的消息开始蔓延时，记者将采访提纲传至百胜集团总部，半小时后便接到了对方的回复电话。

“现在是我为您服务，我非常愿意为您解答一切问题。”百胜餐饮集团公共事务部总监王群用极其诚恳的语调回答。

“9时40分我收到您的采访提纲，在9时46分我已经给您发过去了三份文件：《肯德基有关禽流感问题的媒体Q&A》；《关于肯德基危机处理的对外答复》；《肯德基有信心有把握为消费者把关》。或许对您了解整件事情有帮助，请查收。”

公关专家帕金森认为，危机中传播失误所造成的真空，会很快被颠倒黑白、胡说八道的流言所占据，“无可奉告”的答复尤其会产生此类问题。而在此问题上我们可以看到，肯德基的程序化管理是如何应对媒体的危机提问的。

2. 提供标准化的声音。

面对危机的肯德基，绝不允许有第二种声音出现。在这个“特殊时刻”，所有来自媒体的问题，都统一由百胜的公共事务部出面安排采访。

“我们是肯德基中国公司，发生在其他国家的事不属于我们的职责范围”，“我们的鸡肉都是来自国内的供货商，不是来自疫区，所以不会出任何问题。”

3. 应急计划首抓源头。

“成立危机处理小组是第一反应。危机一旦出现苗头，我们的危机处理小组就开始启动。其组成人员覆盖了危机可能涉及的一切部门，比方销售部、公共事务部，等等，收集各种信息，比如政府出台的有关政策，媒体及社会公众的反应等等，并及时对危机造成的影响作出反应，直接向中国区总裁汇报。”王群说。

对于供货商的控制则是危机处理小组的首要事务。对供应商的每一批供货都要求其出具由当地动物检疫部门签发的《出县境动物产品检疫合格证明》和《动物及动物产品运载工具消毒证明》，并证明所有的供货“来自非疫区，无禽流感”。“一旦发现有任何供应商出现任何问题，公司都会立刻转向，改用其他合格的供应商。”

4. 向公众传递信心。

危机一旦产生，就必须不厌其烦地将必要的细节信息透明化。为此，肯德基专门召开新闻发布会，向公众宣布，世界卫生组织和其他权威机构证明食用烹煮过的鸡肉是绝对安全的。肯德基的所有鸡肉产品全部都经过 2 分 30 秒 ~ 14 分 30 秒、170 摄氏度以上的高温烹制，并立刻制作食品安全条幅，挂在餐厅的每个角落。

5. 日常培训贯彻安全理念。

肯德基特别指出，预防危机要从企业创办之日起就着手进行，伴随着企业的经营和发展，长期坚持不懈。那种出现危机才想到危机管理、把危机管理当做一种临时性措施和权宜之计的做法是不可取的。

“长久的营运系统必须考虑危机出现时的情况，并体现在日常操作的基本要求之中。”王群说：“我们新员工入职培训，给他们上的第一课就是，对于我们来说食品安全永远是我们的第一原则。”

平时，肯德基对供货商严格执行的星级评估系统有重要作用。每 3 个月至半年对供货商从质量、技术、财务、可靠性、沟通等五个方面的全面定期评估和贯穿全年的随机抽查，由公司技术部与采购部合作，以 100 分制进行评定，其分数将直接决定供货商们在下一年度业务量的份额。

分析：坦诚，是危机处理的核心环节；迅速，是危机处理的关键所在；统一，是危机处理的基本保障；有序，是危机处理的重要法则。无疑这些肯德基都做到了。

资料来源　茅以宁：《肯德基危机管理的六种武器》，载《21 世纪经济报道》，2004（2）。

实训项目4　品牌转型策划

一、实训目的和要求

品牌的转型对策划人员而言，是一个巨大的挑战，因为它是一个浩大的工程，而通过本环节的实训，同学们将促使自己的营销策划能力提升一个层次：对品牌原核心价值进行市场分析，确定转型的必要性和品牌转型后的整体形象特征，并在此基础上制定品牌转型的具体方式和市场推广的策略。

二、情境设计

以4~6名学生为一个小组，选取其中一名作为组长，模拟以下情境：公司某一品牌市场发展遭遇瓶颈，品牌管理经理召开会议，讨论是否有必要进行品牌转型，并给出品牌转型的策划方案。

三、相关知识

品牌转型策划的一个重要前提是经营管理者必须时刻洞察市场的变化，了解品牌在不同时期的内涵和市场对品牌价值的认同标准。当市场形势、需求出现变化时，企业的品牌战略也要相应地跟着变化，同时市场操作的策略也要变化，以顺应市场的要求。这种变化有的是企业占主动，有些企业是被动的。但是，无论如何，不随形势的变化而进行调整往往会被市场无情地淘汰。

成功的品牌转型包含着市场调查、现有品牌分析、定场定位等一系列工作，而它的核心技能点可以归结为以下几个方面：

1. 对品牌目标市场消费者的需求进行深入调查。消费者需求的变化是品牌转型的一个必然因素，因此，品牌转型必须建立在精确把握消费变化的基础上，从而确保品牌转型的成功。

2. 分析品牌的现状。要了解现有品牌的优势和劣势，通常情况下需要全面分析现有的市场竞争对手的品牌特征和品牌形象，由此寻找差异化的转型途径。

3. 确定品牌是否需要转型以及如何转型。有时候，你可以通过强化品牌的某一既有优势重新打造品牌的竞争力，而不是通过品牌转型。但是，如果品牌在某一领域内的竞争力必须通过品牌转型才能重新确定，那么，你就要认真思考品牌转型的具体方式，也就是说，你要明白，你究竟要转向何处。

4. 确定品牌转型后的整体形象特征以及如何进行市场推广。在一定程度上，品牌转型意味着品牌的重新定位与包装，它涉及品牌形象在转型后的继承，同时又要给人一个更清晰的形象。所以，它必须具备一整套切实可行的策划方案和推广措施。

品牌转型的内涵包括产品的创新、品牌的营销、功能的提高。要真正实现转型，必须把转型工作当做一切工作的重中之重。

四、训练步骤

（1）以小组为单位，选择一家企业作为研究对象，并对其做初步调研，得出该企业的品牌是否需要转型的结论，并提出理由。若结论是无需转型，则重新选择研究对象。

（2）如果该企业品牌需要转型，则进行目标消费群需求分析，具体方法如下：

①各项目组确定为背景企业展开的顾客调查活动的目的。市场调查的目的一般有探测性研究、描述性研究、因果性研究。

②根据调查目的，确定所需资料。

③决定收集资料的方法。收集资料的方法有观察法、实验法、调查法。

④选择调查法收集资料的方式。用调查法收集资料的方式有邮寄问卷、电话访谈、个人访谈。

⑤确定抽样大小和抽样方法。抽样方法有随机抽样和非随机抽样。

⑥撰写调查策划方案。

（3）进行SWOT分析，包括该企业指定品牌经营现状与优劣势分析、竞争品牌优劣势分析、市场发展趋势分析。

（4）品牌转型策略制定，包括转型的方向、如何转型、如何进行市场推广，并形成方案。

（5）指导老师对方案进行评价。

五、注意事项

（1）分析并明确品牌究竟是否需要转型。

（2）拟转型后的品牌与竞争品牌相比在哪些方面更符合消费的发展趋势。

（3）品牌所处行业有没有新的技术、新的文化特征、新的消费需求出现？确保转型后的品牌符合这一新的变化趋势。

六、示例

百年柯达的品牌转型之路

“这是黎明前的黑暗！”彭安东手握麦克风高声道。2005年5月，在北京的全球《财富》论坛上，当刚刚上任3天的柯达公司全球董事会主席兼CEO彭安东出现在记者见面会会场时，突然间大厅的灯光全部熄灭了。有趣的是，59岁的新CEO在“黑暗”中亮相，也正好象征其临危受命。

一、柯达老矣

一个世纪前，伊士曼·柯达公司创始人乔治·伊士曼提出了一个口号——“你只要按下按钮，其余的都交给我们！”这句口号成为贯穿柯达公司发展历程的核心精神。在“胶卷”时代，柯达设计了冲洗和打印负片的体系，令拍照变得十分简单。在此基础上，柯达通过低价拉动相机销售，再从相片冲印所需的药水和相纸中获取最大利润，从而缔造了一个处于绝对垄断地位的影像王国。

柯达早在1976年就开发出了数字相机技术，并将数字影像技术用于航天领域；1991年柯达就有了130万像素的数字相机。但是到2000年，柯达的数字产品只卖了30亿美元，仅占其总收入的22%；2002年柯达的产品数字化率也只有25%左右，而竞争对手富士已达到60%。这与100年前伊士曼果断抛弃玻璃干板转向胶片技术的速度，形成莫大反差。

如果我们看看代表信息革命的NASDAQ综合指数与柯达公司股票历史对比图，就不难发现：素来以技术领先的柯达，并没有随着IT革命同步提高，反而在IT泡沫破裂的时候陷入严重的经营危机。

根据2000—2003年柯达各部门销售利润报告，尽管柯达各部门2000—2003年的销售业绩只是微小波动，但销售利润下降却十分明显，尤其是影像部门呈现出急剧下降的趋势。具体表现在：柯达传统影像部门的销售利润从2000年的143亿美元，锐减至2003年的41.8亿美元。

在拍照从“胶卷时代”进入“数字时代”之后，昔日影像王国的辉煌也似乎随着胶卷的失宠而不复存在。

二、冰冻三尺——柯达危机的产生有各方面的原因

首先，柯达长期依赖相对落后的传统胶片部门，而对于数字科技给予传统影像部门的冲击反应迟钝。其次，管理层作风偏于保守，满足于传统胶片产品的市场份额和垄断地位，缺乏对市场的前瞻性分析，没有及时调整公司经营战略重心和部门结构，决策犹豫不决，错失良机。

1. 投资方向单一，船大难掉头。

由于对于现有技术带来的现实利润和新技术带来的未来利润之间的过渡和切换时机把握不当，造成柯达大量资金用于传统胶片工厂生产线和冲印店设备的低水平简单重复投资，挤占了对数字技术和市场的投资，增大了退出、更新成本，使公司陷于“知错难改”、“船大难掉头”的窘境。据统计，截至2002年年底，柯达彩印店在中国的数量达到8 000多家，是肯德基的10倍，麦当劳的18倍！这些店铺在不能提供足够利润的情况下，正在成为柯达战略转型的包袱。

2. 决策层迷恋既有优势。

过去柯达的管理层都是传统行业出身，例如现任运营系统副总裁Charles Barrentine是学化学的，数字影像系统美国区总经理Cohen先生是学土木工程的等等。在现任的49名高层管理人员中有7名是化学专业出身，而只有3位出身于电子专业。特别是在市场应用和保持领先地位方面，传统产业领导忽视了替代技术的持续开发，从而失掉了新产品市场应有的领导份额。

从传统胶片与数字影像产品市场占有率的比较可以看出，柯达对传统胶片技术和产品的眷恋，以及对数字技术和数字影像产品的冲击反应迟钝，这在很大程度上决定了柯达陷入成长危机的必然。

3. 短视的战略联盟。

从市场竞争角度看，柯达经营战略中技术竞争与合作的关系，被短期市场行为所左右，竞争者与合作者的战略定位和战略角色模糊。

技术市场竞争激烈，电子技术领先周期缩短，细分市场领域的增加，国际级竞争对手增加，在数字相机、可拍照手机、数字冲印、数字打印机领域中面临与富士、索尼、惠普、佳能、爱普生等大公司的激烈竞争。虽然柯达也与对手建立了大量战略联盟，但是就核心技术而言形成的战略联盟却寥寥无几，大部分是服务项目的联盟。

国之利器，岂能让与他人。管理层其实应该清醒地认识到柯达过去当老大靠的就是胶片，与别人合作也是靠这个金刚钻儿。而现在的数字时代，没有核心技术，企业的经营随时处于危险的状态，过去的一切都会在瞬间贬值。合作永远不是一厢情愿的事。

三、百年柯达战略转型

针对上述问题和资本市场的反映，柯达于2003年9月26日宣布实施一项重大的战略性转变：放弃传统的胶卷业务，重心向新兴的数字产品转移。

该战略的具体步骤如下：

1. “以变应变”，增加在非影像业务领域的投资。

2. 不再向传统胶卷业务进行任何重大的长期投资。

3. 公司重组，将原来的胶片影像部门、医学影像部门、商业影像部门重组为商业影像、商业冲印、医疗影像、数字及胶片影像系统、显像及零部件五大数字科技部门。

4. 向消费者推出系列型号的数字相机和喷墨打印机，与富士、惠普、施乐、佳能和爱普生等在数字业务领域展开正面较量。

5. 坚持其胶卷特许经营业务，积极开展私有品牌胶卷经营业务，如胶卷将可以以非柯达品牌的商标在国外出售。

6. 通过跨行业联盟形成消费者足不出户全面解决方案，即如下产业链：数字相机（柯达或非柯达品牌）—联邦快递派送—连锁冲印店输出—联邦快递派送—客户；彩信（摄影）手机—网络传输—连锁冲印店输出—联邦快递派送—客户。

7. 在中国市场，传统业务与数字业务两者兼顾，建设一个柯达全球生产中心，主要业务为组装核心型号的数字相机，同时开始零部件的本地化生产工作和数字冲印；柯达传统的民用影像业务部门继续扩大中西部和二级城市的市场占有率，实现由“影像”到“影像+零售服务”的战略转型。

8. 实现“双T”（全面解决方案和全面满意度）和“双E”（延伸和扩张）的战略规划，加强终端输出。

继9月份转型战略出台后，在11月20日召开的纽约西部投资人大会上，柯达CFO布鲁斯特宣布了柯达新战略的要点，其中包括：（1）整顿传统业务管理以扩大现金收入；（2）加速发展公司已有数字图像产品和服务；（3）严格聚焦的收购行为填补已有业务的不足，并加速进入紧密关联的图像市场；（4）在诸如电子显示和喷墨打印领域发掘长期增长机会。

在转型后的一年中，柯达展开了一系列活动：并购Algotec系统公司、SCITEX数字印刷公司，与 Verizon Wireless 建立战略合作关系，完成 Nexpress 和 Heidelberg 公司的并购，从美国国家半导体购买图像传感器业务，购买 Orex 公司，卖掉 Auntminnie. com 业务，购买 Creo 公司等。

根据外电报道：2004 年 1 月，柯达宣布裁减其 20% 的员工，即当时在生产部门的 70 000名员工和行政部门的 12 000 ~ 15 000 名员工。柯达发言人说："这是柯达面对现实——从传统的影像业务到数字业务转型中，必须要做的事。"同时，在管理层安排上，柯达紧锣密鼓地进行了人员更换。2005 年 1 月，柯达任命了新的 CTO：William Lloyd，这位在惠普工作了 31 年的技术专家，被外界冠为"数字 CTO"的称号。而柯达董事会也期待他能"延续他在发展数字产品和组织管理方面的传奇"。

柯达希望这一新的战略转型能使业务更为多元化，并预期这个新战略将会让公司收入每年以 5% ~6% 的速度增长。在 2006 年以前年收入可达到 160 亿美元，2010 年以前可望达到 200 亿美元。

四、初战告捷

经过艰苦努力，现在的柯达究竟是否渡过了危机呢?

从目前的状况看，可以说，柯达终于从战略性危机中转危为安，成功软着陆。表现为柯达在产品和技术方面取得了相当大的进展：全新一体化数字照片拍摄打印装置；名片盒大小的 V 系列数字相机；新型通用胶片可将对患者的辐射量减少一半；支持 Adobe Photoshop 软件的外挂软件；全球领先的无线数字照片系统；Eashare 打印机无线 WIFI 支持；欧洲在线照片共享业务；提供手机在线照片共享；开发 Practiceworks 管理软件；照相亭；与 IBM 合作提供信息管理解决方案；发布 Carestream 诊所信息方案；C 和 Z 系列数字相机；带闪存的一次性相机。

财务方面，柯达在进行了一系列战略和运营方面的调整后，已经止住了下滑的趋势并转为恢复性上升，特别是在 2004 年一年中公司业绩有了较大的提高。2004 年销售额达到 135. 17 亿美元，比 2003 年的 129. 09 亿增加了 6 亿多美元；医疗影像部门增加 10%，达到 26. 86 亿美元；商业影像部门增长 2%，达到 8. 03 亿美元。只有数字及胶片影像系统部门仍然减少 1%，为 91. 86 亿美元。但是从数字影像收益的增长，可以看到战略的转变对公司主营业务带来的改变：同样的销售额，数字科技产品的收益率比传统产品要高。这也说明了产品的科技附加值得到提升，同时表明公司的战略转型初步获得成功。

虽然柯达在 2004 年的业绩有所回升，但董事会仍不满意柯达依然缓慢的转型过程。2005 年 5 月，彭安东接过了柯达向数字转型过程中的第三棒。柯达预计 2005 年其数字业务利润的增长将超过传统业务。但据美国《商业周刊》分析：在向商务打印和数字产品、服务的痛苦转型中，柯达目前"还只是在大计划的中途"。

(上面的案例中，我们分析了柯达公司造成这种危机的各方面原因：柯达长期依赖相对落后的传统胶片部门，而对于数字科技对于传统部门的冲击反应迟钝；管理层作风偏于保守，满足于传统胶片产品的市场份额和垄断地位，缺乏对市场的前瞻性分析，没有及时调整公司经营重心和部门结构，决策犹豫不决，错失良机。这些原因在任何一个组织中都是经常会出现的。所以，品牌管理的一个重要工作就是时刻关注市场变化，并及时作出反应。柯达并非缺乏数字技术，如前所述，它原也是数字相机技术的领先者，但却并没有顺应时代的趋势，而导致让后来者领先。所以，在醒悟过后，大刀阔斧的品牌转型势在必行。

柯达的品牌转型中，一个突出的特征就是果断地抛弃了在传统胶片市场上的投入，转而冲向数字产品市场，这符合数字时代的要求。而在服务方面，柯达以“全面解决方案和全面满意度”为目标，这无疑也符合现代品牌经营的市场需求。

总体上看，柯达的品牌转型进入了一个全面的、有效的品牌经营模式及利润增长模式，这一新的品牌转型将导致业务更为多元化，这将为柯达重新确定品牌的市场地位打下坚实基础）

资料来源　罗雁、赵红、陈绍愿：《CEO 黑暗中亮相临危受命、百年柯达的痛苦转型》，新浪财经，http：//finance. sina. com. cn/leadership/case/20050712/12071787725. shtml，2005－07－12。

七、学习天地

有一种观点认为：很多企业总是设法稳定客户以确保市场，这是在进行“防御型营销”。而实施“进攻型营销”，即从竞争的对手中去争取客户，这才是市场发展的根本。品牌转型就是这种为扩大市场而进行的主动进攻。请谈谈你对这种观点的看法。（参考答案略）

八、效果评价

本小组成员共同初评出组员个人实训态度成绩，教师和各小组组长共同评出组员个人实训表现成绩（见表2—8），教师评出小组策划效果成绩（见表2—9），在此基础上给出个人最终成绩。

个人最终成绩＝个人实训态度评价×20%＋个人实训表现评价×50%＋小组策划效果评价×30%

表2—8　**组员个人实训过程评价表**

小组成员个人成绩 / 小组成员姓名	态度（满分为100分）	表现（满分为100分）	
		操作50%	技能50%

注：考评满分为100分，60分以下为不及格；60～69分为及格；70～79分为中等；80～89分为良好；90分以上为优秀。

表 2—9 **品牌转型策划效果评价表**

评价内容	分值	评分
品牌转型的必要性分析	30	
新形象设定的合理性分析	30	
品牌转型方案的可行性	20	
品牌转型策略的整体评价	20	
总分	100	

注：考评满分为 100 分，60 分以下为不及格；60 ~ 69 分为及格；70 ~ 79 分为中等；80 ~ 89 分为良好；90 分以上为优秀。

九、实训案例分析

亲近自然的天然好茶
——统一绿茶的品牌提升

统一绿茶诞生于 2000 年，是统一企业在中国本土推出的适应本地消费者口味习惯的绿茶饮料。经过几年的发展，统一绿茶以独特的茉莉花口味赢得了大量消费者的认同，逐步发展成为中国茶饮料市场中举足轻重的一个品牌。经过 2003 年 SARS 的洗礼，中国绿茶市场开始了高速的增长，统一绿茶把握住时机，与竞争对手康师傅绿茶一同稳稳地坐上了绿茶饮料市场的头两把交椅。

统一绿茶从诞生以来一直倡导“亲近自然”，无论是产品本身，还是在电视广告、平面媒体等各种传播活动中传递的品牌个性一直是清爽、淡雅、自然、内敛平静的感觉。这样的品牌个性能够很好地反映出绿茶这种上千年传承下来的“国饮”带给人幽远宁静、怡情悦性、释躁平矜、回归自然的感觉，对最初的品牌好感度与品牌形象建立起到很好的铺垫作用。但通过对茶饮料消费者持续多年的生活形态与消费态度研究，我们发现：从 SARS 以后，中国的消费者对自身健康重视的潜在需求被逐渐激发出来，也是由于这个原因绿茶饮料的行业增长率从 2003 年开始便以 80% 以上的速度增长。这种潜在需求也从其他行业中如力度伸、善存等增强抵抗力的药品和雅客 V9 等维生素糖果的热卖现象中得到验证。

从 2004 年的 IMI 消费行为与消费态度研究报告中我们有几个重要发现：

1. 消费者的健康意识加强，反映在对消费品进行选择时更看重原物料本身的优质以及对健康的帮助。

2. 绿茶主要消费群体在市场成长初期主要是以较为成熟的、理性的 25 岁以上男性为主的人群，发展到现今阶段，16 ~ 25 岁的年轻人以及更多女性消费人群加入了绿茶饮料消费群体的主力阵营。

3. 统一绿茶的主要消费者对品牌的好感度颇高，但认为品牌的活力不足。

作为中国绿茶饮料市场的重要品牌，虽然每年都保持了良好的销售增长，且消费者对品牌的好感度不错。但面对高速成长的绿茶市场和强大的竞争对手以及各地觊觎的群雄，统一绿茶要保持高速的销售增长成为绿茶市场的第一品牌，取得长足的品牌发展，还有很长的路要走。2003 年年底，统一为了活化品牌形象，同时也为了提升销量，决定在 2004 年对统一绿茶品牌进行一次新的整合。

一、挖掘品牌核心价值

想成功地加强统一绿茶品牌的活力，重要的前提就是结合消费者行为变化趋势确立品牌的核心价值，让品牌能够承载价值，从而提升品牌进而提升销量。

绿茶饮料是符合中国人传统的饮茶习惯的，绿茶本身就是对人体健康有益的来源于自然界的产物。统一绿茶原有的“亲近自然”的品牌主张也是源于绿茶的自然属性并且结合现代人渴望自然、回归自然而产生出来的主张。

在过去几年时间里，统一绿茶在传播中阐述“亲近自然”的品牌主张采取了人到大自然中感受自然带来的美好感受的方式。换句话说，原有品牌的核心价值在于“统一绿茶倡导人们去亲近自然”。但我们现在需要做的是结合消费者的心理变化趋势，从我们原本就很积极健康的品牌主张中挖掘出适应消费心理的品牌核心价值来。

“自然”是很好地反映了产品属性又符合消费者潜在心理需求的品牌价值点，同时“自然”其实也从吃穿住用行五个方面给人们带来更加积极的生活理念：食用自然的食品如有机蔬果、果汁茶饮就会比食用激素化肥种植的蔬果和碳酸类饮料更加健康；贴身穿纯棉的衣物比穿化纤的衣物更加舒适；住在绿化水景的生态小区比住在钢筋水泥森林里更舒心；用自植物提取草本精华的日用品已成为当今的时尚潮流；到未开发的山川河流背包自助旅行比到开发痕迹严重的名胜更受到人们的追捧和向往。其实“自然”在当今社会思潮中也是“健康”的代名词，两者有着因果的必然联系，因此，我们把这二者有机结合，“自然、健康”的品牌核心价值就形成了。从产品关联性、消费者认知两个角度检核这个价值也是成立的。

“自然、健康”的品牌核心价值准确提出后，我们的任务已初步完成，但如果要让消费者更清楚地理解品牌，增加消费者的品牌体验，进而产生共鸣，直白易懂的品牌主张是必不可少的。

于是，浓缩了绿茶的产品属性以及消费者需求的品牌主张“亲近自然更健康”就诞生了。这是消费者对绿茶饮料认知和潜在消费需求的完美结合。

二、品牌核心概念执行表现

品牌核心价值和品牌主张定义的完成，为统一绿茶的品牌提升建立了坚实的基础。但要让这个基础贯彻到消费者认知层面，还需要用执行手段加以传播。在诸多执行手段中，包装和电视广告是最有效的执行方式。

统一绿茶 2004 年以前的产品包装是从产品上市以来就一直使用的一款包装，这款包装在上市初期因为当时不多见的瓶型以及出挑的设计对产品的良好销售起到了积极的作用。但到了 2004 年，竞争激烈的饮料市场出现了很多茶饮料新品，现有的包装设计暴露出两个问题：一是包装瓶标是窄长条，在货架陈列时陈列面积不占优势；二是现有包装的设计过于拘谨，对产品自然的属性表现不强。

针对这两个问题，改包装是最有效的方法。

首先，要先解决一个市场问题：统一绿茶在2004年已经是一个在全国销售网络销售的高知名度产品，在换新包装的时候如何克服经销商以及消费者在新老包装识别上的困难。我们决定不采取颠覆的方式，而是把老包装中消费者印象深刻的元素提炼出来，延续在新包装的设计中。经过消费者测试，老包装上“统一绿茶”品牌表示的文字、绿色的茶叶以及层峦叠嶂的远山是消费者深刻记忆并有很强好感度的元素。于是经过创意部的研发，出炉了一款既与原有包装有一定视觉联系，又令人感到更轻松、现代、清爽、自然的包装设计。拉长的瓶标使产品在展示的时候更具优势。

外在的包装是一个品牌彰显个性吸引消费者眼球的第一步，要使消费者理解品牌价值，提高品牌好感度还需要有电视广告的支持。

我们在电视广告中要传达的核心信息是“自然、健康”。消费者需要能够准确接收并相信他得到的信息，因此，对自然健康的理性描述和感性传达是TVC最重要的任务，于是，《丰收篇》、《风帆篇》这两支TVC就诞生了。这两支脚本分别从理性的健康好茶和感性的活力生活两个角度去诠释“自然、健康”的品牌核心价值，整体格调活力、清新，为品牌注入了新的活力。

通过挖掘消费者行为态度，确定统一绿茶的品牌核心价值，又通过理性和感性的双重方式表现，借助电视、广播、户外广告等多种传播工具使统一绿茶的品牌得到了很好的提升。通过现有数据来看，统一绿茶在2005年的销量已经达到了预期的增长目标。事实证明，这次品牌提升是成功的。

分析：本案是品牌核心价值平稳过渡和提升的典范。

品牌核心价值一经确定不可轻易更改，但它并不是一成不变的，对于有包容性的品牌，可以根据消费者需求或竞争的需要进行适度的延展和扩张，但关键在于这个“度”，要过渡得好，改变于自然之间；否则品牌一夜之间从熟悉变得陌生，消费者是难以接受的，效果反而会事倍功半。

统一绿茶原有的“亲近自然”品牌定位，表达了清爽、自然、平静，回归自然的品牌感觉。而后提出的“亲近自然更健康”品牌主张，将品牌核心价值从一种单纯的体验提升到一种生活态度的选择、一种生活方式的选择以及一种价值观的选择上，丰富了品牌内涵，并且整个提升的过程也十分流畅自然。

资料来源 佚名：《“统一绿茶”品牌提升案》，广告人案例库，http：//www. adcase. org/html/case/pinpailei/2009/0306/1568. html，2009-03-06。

实训项目5　品牌扩张策划

一、实训目的和要求

企业的增值压力，意味着企业必须在适当时机进行扩张，因此品牌扩张技能是市场营销的策划人员不得不掌握的重要技能。通过本实训，力求培养学生品牌发展决策能力：准确把握目标市场需求和发展趋势，正确判断品牌扩张策略，为企业制定合理的品牌延伸策略或多品牌策略。

二、情境设计

以4~6名学生为一个小组，选取其中一名作为组长，模拟以下情境：公司某一品牌销量增长逐渐放慢，市场份额逐渐稳定，但仍有进一步拓展的空间，品牌管理经理召开会议，部员们讨论是否有必要进行品牌的扩张，选择扩张的策略并做市场部署，形成策划方案。

三、相关知识

品牌扩张策略主要分为品牌延伸策略和多品牌策略。

一、品牌延伸策略

所谓品牌延伸，就是指一个品牌从原有的业务或产品延伸到新业务或产品上，多项业务或产品共享同一品牌，它是企业多元化经营中面临的最重要的战略问题。

一个品牌能否成功地延伸到新的产品，首先是看该品牌的资产能否转移到新产品中去，我们把这种品牌可以延伸的能力，称为品牌的可延伸性。一个品牌能延伸到多大的范围主要是由品牌的身份，即品牌识别（Brand Identity）来决定的。品牌识别包括品牌无形的精神内涵和有形的视觉形象。对这种属性分析和界定应该从目标消费群体的认识来进行——也就是说，品牌识别应当建立在消费群体对品牌独特性的认识上。

概括起来，成功地策划一个品牌延伸产品所要关注的问题集中在以下三方面：

1. 分析原有品牌的可延伸性。包括原品牌的包容性、品牌联想等诸多方面。这些因素通常与原有品牌的核心价值相关。

2. 产品与原有品牌在成功优势上是否一致。原品牌取得成功的优势，应当由延伸产品继承下来。这包含一系列的问题：原有品牌的关键成功因素是什么？新产品的关键成功因素是什么？本公司在原有品牌上的竞争优势是什么？如果新产品与原有品牌的关键成功因素一致，我们能否将公司在原有品牌上的竞争优势移植到新产品上去，建立起竞争优势？如果我们没有新产品要求的竞争优势，能否在短时间内培养起来？

3. 分析何种延伸方式最容易快速、有效地获得市场认同。选择怎样的方式进入市场，对新产品延伸至关重要，比如，有的企业在原有品牌档次上开发次一级的市场，有的企业则选择更高端的市场，也有的进行生产线水平的延伸。

二、多品牌策略

企业在完成资本积累开始对外扩张的过程中，若坚持统一品牌策略，就会面临两难选择：若进行品牌延伸，可能出现品牌形象淡化，每一种产品都缺乏个性而产生被对手各个击破的风险；若放弃某些领域的品牌延伸，则意味着必须放弃一部分市场。要解决这一难题，一个可行的办法就是要采取产品定位的多品牌策略。

多品牌策略就是给每一种产品冠以一个品牌名称，或是给每一类产品冠以一个品牌名称。这种策略是宝洁公司首创的。

客观地说，多品牌的优势主要体现在如下三点上：

1. 较强的灵活性是多品牌能够成功的一个显著优势。

2. 突出品牌间的差异性，从而充分适应市场的需求。

3. 有利于提高产品的市场占有率。多品牌策略最大的优势便是通过给每一品牌进行准确定位，从而有效地占领各个细分市场。

但是这种策略也有非常不利的一面：多品牌策略下的多元化投资在分散企业的经营风险的同时也分散了企业的资本，降低企业在主要行业中的竞争力。所以在策划多品牌策略时一定要把握两个方面的工作：

一是经营多种品牌的企业要有相应的实力，多品牌策略的开展绝非朝夕之功。从市场调查，到产品推出，再到广告宣传，每一项工作都要耗费企业的大量的人力物力。这对一些在市场上立足未稳的企业来讲无疑是一个很大的考验，因此，运用多品牌策略一定要慎之又慎。

二是在具体操作过程中，一定要通过缜密的调查，寻找到产品的差异。有差异的产品品牌才能达到广泛覆盖产品的各个子市场、争取最大市场份额的目的。没有差异的多种品牌反而会给企业加大生产、营销成本，给顾客的心理造成混乱。

四、训练步骤

1. 品牌延伸策划技能训练：

（1）分析原有品牌的竞争优势和可延伸性；

（2）分析新产品所需的关键竞争优势，它与原有品牌在成功优势上是否一致；如果不一致，如何在短期内建立关联；

（3）讨论新产品以何种方式进行延伸，并形成方案。

2. 多品牌策划技能训练：

（1）分析市场需求和目标消费群心理；

（2）分析现有品牌特点与所处行业特点，找出品牌差异；

（3）对品牌差异化“卖点”进行策划，并形成方案。

五、注意事项

（1）对于目标市场需求与消费群心理的准确把握，是进行正确策略制定的重要前提。

（2）明确究竟应该选择何种品牌扩张策略：品牌延伸策略，还是多品牌策略。

（3）以何种方式进行品牌的延伸或多个品牌的建立，预测将面临的不良市场反应，并进行有效的规避。

六、示例

示例1：Hello Kitty 的品牌延伸

如今的卡通形象中，我们耳熟能详的就有 Kitty 猫、史努比、流氓兔、灌篮高手、维尼熊、机器猫、樱桃小丸子、蜡笔小新、名侦探柯南、圣斗士、变形金刚等。在这些卡通形象中，迄今为止可以说 Kitty 猫是做得比较成功和最有代表性的。通过对这个品牌的剖析，希望能让我们理解卡通文化的力量，而更重要的是，从一个新颖的角度来看待有效的品牌延伸。下面就让我们来看一下这个席卷亚洲的卡通形象——Hello Kitty。

简单地说，Hello Kitty 就是一只白色的卡通猫，有一只硕大的脑袋和一双睁得大大的眼睛。憨厚可爱，充满童趣。然而如此简单的造型设计却已经渗透到了不少产品领域，诸如玩具、文具、饰品、服装、箱包、手机、手表、电视机等等。

针对成年人，Hello Kitty 和 Daihatsu 合作，把那张可爱的猫脸印到了小汽车上，还把它印到了钻石手表、咖啡机上；在 Hello Kitty 的主题公园里，你可以举办一场 Hello Kitty 式的婚礼，使用特制的陶瓷、银质汤勺、水晶葡萄酒杯、台卡和 Hello Kitty 新郎新娘玩偶，这听上去就非常有趣。

它所涉及的领域已经超过了我们对普通产品线延伸的认识，这种延伸的方式并不是以强化品牌资产为导向的，而是以目标消费者的生活形态为导向的。它具体表现在：任何 Hello Kitty 的目标消费者会使用的产品，都有可能成为 Hello Kitty 涉足的对象。

今年，Hello Kitty 已经 31 岁了，这对一只猫来说是够老的了。更何况在日本这样一个时尚潮流快速更替的市场上，一个 31 岁的卡通品牌要始终保持新鲜活力的确很不容易。但是 Hello Kitty 的确做到了和时尚潮流一起快速前进。每个月，Hello Kitty 都会有 500 个新产品上市，并且淘汰 500 个旧产品；它一直在调整自己的产品线，从而使得自己的产品能符合不同的潮流趋势，它还能符合不同的地点，例如在日本它们设计出了 200 个“本地化”的 Kitty 玩偶，用来代表各自的地区，这些玩偶成为旅游者非常喜欢的纪念品。这种更新产品以及产品延伸的速度，是我们很多企业目前还不能企及的。也许在目前国内的竞争环境下，我们不需要保持如此高效的进度，但谁更了解“速度”的重要性，无疑会在竞争中抢占先机。

（要把握时尚和潮流的脉搏不是件简单轻松的事。Hello Kitty 对自己的产品始终保持进行高速、大量的更新，尽最大可能满足消费者最挑剔的口味）

以上是从市场角度分析了 Hello Kitty 获得成功的原因，其实我们还需要了解一下真正使得 Hello Kitty 在上世纪末成为一个蓬勃发展品牌的深层原因：它成功地进军了成人市场，它让成年人接受了一种新型的卡通。面对日益加大的生活或工作压力，复杂的人际关系，越来越磨灭创造性的工作状况，对未来的不确定性和对现实的焦虑，使得很多青年人，尤其是女性，非常怀念童年时简单纯真、充满梦想的心态。现在，Hello Kitty 提供了一种方式，让消费者回到童年时代，而且也显得比较潇洒时髦。它代表了时下典型的“可爱文化”，这种文化给现实生活披上了一层情绪化和理想化的外衣。在 Hello Kitty 的眼中，生活应该是有情绪倾向的，它说出了年轻消费者的心声。

（对品牌精神内涵的理解和把握，Hello kitty 的品牌精神内涵是什么？是一种“可爱文化”。在当今世界，“纯真" 和“梦想” 正在成为越来越强有力的品牌特征）

如果我们能理解这种对文化的把握，我们自然而然地也就能理解为什么以 Hello Kitty 为代表的卡通品牌能占据那么多年轻人的心，同时也能理解为什么 Hello Kitty 能进行如此多样化的跨品类延伸了——是它的消费者希望它这样做。

有很多大众消费品品牌在进行延伸的时候主要考虑延伸的产品和自己的品牌核心价值不能相违背，Hello Kitty 的做法是不同的，它提供给自己的消费者一种定义自己个性的方法，让消费者能从现实世界中逃逸到一个非常纯真可爱的 Hello Kitty 品牌世界里。

（通过生活方式来定义品牌，提高品牌延伸的广度和深度，这是 Hello Kitty 成功的又一关键因素。它不仅提供一个可爱的猫，而是为人们提供一个机会来营造一个属于他们自己的生活方式，这使得这个品牌具有普通卡通形象或者普通快速消费品无可比拟的广度和深度。Hello Kitty 已经不再是一个形象的名称，而是一种生活态度的象征）

资料来源　佚名：《米老鼠 HelloKitty 品牌案例》，28 商机网，http：//www.28.com/alfx/jy/n－36060.html，2008－11－02。

示例 2：宝洁公司的多品牌营销策略

宝洁公司是一家美国的公司。它的经营特点有以下两点：一是种类多，从香皂、牙膏、漱口水、洗发精、护发素、柔顺剂、洗涤剂，到咖啡、橙汁、烘焙油、蛋糕粉、土豆片，再到卫生纸、化妆纸、卫生棉、感冒药、胃药，横跨了清洁用品、食品、纸制品、药品等多种行业。二是许多产品大都是一种产品多个牌子。以洗衣粉为例，该公司推出的就有汰渍、洗好、欧喜朵、波特、世纪等 9 种品牌。要问世界上哪个公司的牌子最多，恐怕非宝洁公司莫属了。

1. 寻找差异。

如果把多品牌策略理解为到工商局注册多个商标，那就大错特错了。宝洁公司经营的多品牌策略不是把一种产品简单地贴上几种商标，而是追求同类产品不同品牌之间的差异，包括功能、包装、宣传等诸方面，从而形成每个品牌的鲜明个性。这样，每个品牌都有自己的发展空间，市场就不会重叠。以洗衣粉为例，宝洁公司设计了 9 种品牌的洗衣粉：汰渍（Tide）、奇尔（Cheer）、格尼（Gain）、达诗（Dash）、波德（Bold）、卓夫特（Drefl）、象牙雪（Ivory Snow）、奥克多（Oxyd01）和时代（Era）。他们认为，不同的顾客希望从产品中获得不同的利益组合。有些人认为洗涤和漂洗能力最重要；有些人认为使织物柔软最重要；还有人希望洗衣粉具有气味芬芳、碱性温和的特征。于是宝洁公司就针对洗衣粉的 9 个细分市场，设计了 9 种不同的品牌。

（宝洁公司就像一个技艺高超的厨师，把洗衣粉这一看似简单的产品，加以不同的佐料，烹调出多种可口的菜肴。不但从功能、价格上加以区别，还从心理上加以划分，赋予不同品牌以独特的个性。通过这种多品牌策略，宝洁公司已在美国获得了巨大的洗涤剂市场空间，目前市场份额已达到55%，这是单个品牌所无法达到的。)

2. 找准"卖点"。

宝洁公司的多品牌策略如果从市场细分上讲是寻找差异的话，那么从营销组合的USP角度讲是找准了"卖点"。以宝洁公司在中国推出的洗发水为例："海飞丝"的特色在于去头屑，"潘婷"强调对头发的营养保健，而"飘柔"则主张使头发光滑柔顺。在中国市场上推出的产品广告更是出手不凡："海飞丝"洗发精，海蓝色的包装，首先让人联想到蔚蓝色的大海，带来清新凉爽的视觉效果，"头屑去无踪，秀发更干净"的广告语，更进一步在消费者心目中树立起"海飞丝"去头屑的信念；"飘柔"从品牌名称上就让人明白了该产品使头发柔顺的特性，最初草绿色的包装给人以青春美的感受，"含丝质润发精华，洗发护发一次完成，令头发飘逸柔顺"的广告语，再配以少女甩动如丝般头发的画面，加强消费者对"飘柔"飘逸柔顺效果的印象；"潘婷"首先选用杏黄色的包装，给人以营养丰富的视觉效果，"瑞士维他命研究院认可，含丰富的维他命原B5，能由发根渗透至发梢，补充养分，使头发健康、亮泽"的广告语，从各个角度强化了"潘婷"的营养型产品功能。

(由这里可以看出，宝洁公司对多品牌策略的成功运用，不仅善于在市场的缝隙中寻找到产品差异，对品牌的差异化塑造与推广更是游刃有余)

资料来源　佚名：《浅谈宝洁公司多品牌营销策略》，百度文库，http：//wenku. baidu. com/view/d5040a4f852458fb770b56d7. html，2011 - 03 - 01。

七、学习天地

1. 金利来是个非常成功的服饰品牌，品牌定位是"男人的世界"，此定位是产品的使用者及其品牌的象征意义而非功能意义，因此金利来容易延伸到男式产品，但不能延伸到女式产品，这是由什么决定的？

参考答案：品牌识别。

2. 市场上，"森达是皮鞋类品牌的中档品牌"已经在消费者心中形成印象，尽管森达皮鞋品牌在传播战略上要提高档次，但人们对它的态度并不会马上发生改变；而与此形成对比的是，如果消费者被告之"森达试图进入低档市场"，人们对它的印象会变糟，甚至认为是被欺骗了。在这种情况下，如果森达要进入低档市场，你认为最好的方式是怎样的？为什么？

参考答案：多品牌战略。

八、效果评价

本小组成员共同初评出组员个人实训态度成绩，教师和各小组组长共同评出组员个人实训表现成绩（见表2—10），教师评出小组策划效果成绩（见表2—11），在此基础上给出个人最终成绩。

个人最终成绩 = 个人实训态度评价 ×20% + 个人实训表现评价 ×50% + 小组策划效果评价 ×30%

表 2—10　　组员个人实训过程评价表

小组成员个人成绩 / 小组成员姓名	态度（满分为 100 分）	表现（满分为 100 分）	
		操作 50%	技能 50%

注：考评满分为 100 分，60 分以下为不及格；60 ~ 69 分为及格；70 ~ 79 分为中等；80 ~ 89 分为良好；90 分以上为优秀。

表 2—11　　品牌扩张策划效果评价表

评价内容	分值	评分
品牌扩张策略的合理性	30	
实施方案的建设性	40	
原品牌关键优势的继承性	10	
新旧品牌的市场差异性	20	
总分	100	

注：考评满分为 100 分，60 分以下为不及格；60 ~ 69 分为及格；70 ~ 79 分为中等；80 ~ 89 分为良好；90 分以上为优秀。

九、实训案例分析

国内洗发水市场品牌结构

1. 宝洁旗下共有五大洗发水品牌：飘柔为消费者带来飘逸柔顺的秀发，更以其推崇的积极自信、乐观向上的个性成为消费者心目中喜爱有加的品牌；海飞丝让我们“没有头屑”；潘婷富含维他命原 B5，令头发健康，加倍亮泽；沙宣立足时尚造型，为你打造个人独有风格；伊卡璐蕴含草本精华，时刻散发天然花草芬芳。

2. 联合利华拥有两大品牌，力士和夏士莲，从品牌特征来看：力士一直坚持“国际明星”加“营养修护”的路线，而且不论从包装，还是广告方面，都力图赋予品牌“高贵”的气质；而夏士莲则一直以邻家女孩的形象出现，强调其“天然植物精华”的效果。

3. 丝宝集团旗下共有三大洗发水品牌：舒蕾定位于“头发头皮双重的护理专家”；风影以“去屑 + 防屑”的洗护组合为其品牌亮点；顺爽主张头发的超顺滑。

4. 奥妮集团拥有三大洗发水品牌：百年润发注入百年润发的情感因素，打造感性品牌；奥妮秉承“植物一派”的理念，营养头发，天然温和；西亚斯引用印度文化散发异域风情。

分析：“卖点”就是对品牌核心价值的表达，是将品牌的价值以最吸引人的方式表述出来。国内洗发水市场上的四大企业无一例外地坚持多品牌策略：每一个品牌都代表一个独特的核心价值，满足一种特定的需求；这些品牌又联合形成了完整的品牌功能组合。这就是多品牌之间既差异又互补的状态。

资料来源　彭涛：《国内洗发水品牌的格局与发展（下）》，业务员网，http：//www. yewuyuan. com/article/200402/200402240019. shtml，2004－02－24。

模块三 价格策划

产品定价是企业营销的重要决策，制定合理、灵活的产品价格在市场经济活动中处于十分重要的地位。价格直接影响企业盈利，在销售量和产品成本一定的条件下，价格高低直接决定企业盈利的多少。通过本实训，使学生掌握产品定价的基本技能。根据市场供求变化、竞争对手定价情况及政府干预等诸因素影响，考虑生产者、经销商和消费者三方面利益，进行新产品定价、传统产品定价和产品组合定价。能够独立设立合理、灵活的定价方案，对学生将来胜任营销工作是很重要的。

实训项目1 新产品定价

一、实训目的和要求

新产品的价格策划是企业新产品开发中的重要组成部分。新产品的价格策划适当与否关系到新产品能否顺利进入市场、打开销路以及取得较好的经济效益。

通过本实训，使学生能够掌握企业新产品定价基本方法和技巧。各组以调研企业的新产品为研究对象，对产品定价进行重点讨论，提出新产品定价策划方案，并形成一份新产品定价策划。

二、情境设计

某公司决定推出一款新型运动碳酸饮料，请你协助定价。该公司一直生产果汁类饮品，并拥有一定的美誉度和市场占有率，这次是初次涉足运动型碳酸饮料，而市场上则已经有其他公司推出运动型饮料，比如大家比较熟悉的“健力宝”，但是对运动型饮料功能宣传并不突出，定价也类似普通汽水。

三、相关知识

（一）新产品定价的特点

1. 新产品缺乏同类产品作为参考对象，企业没有相关的市场经验，定价比较困难。

2. 企业对新产品的市场需求缺乏了解，需要进行详细的市场调研，才能制定出能被消费者所接受的价格。

3. 消费者对新产品的性能和价值都不甚了解，对价格很难认同，而且担心新产品在日后的销售过程中价格会有很大的变动。

（二）新产品定价策略

1. 市场撇脂定价策略的策划。

市场撇脂定价策略是指企业的新产品一上市，把价格定得尽可能高，以期及时获得较高的收益，在商品经济生命周期的初期便收回研制开发新产品的成本及费用，并逐步获得较高的利润。随商品的进一步成长再逐步降低价格。采用此策略的企业商品一上市便高价厚利，其做法很像从牛奶的表面撇取奶油，故又称“撇脂法”。

（1）策划的目的。

在新产品上市之初立即赚取丰厚的市场营销利润，以追求短期利润最大化，获取高额利润，以迅速收回投资和弥补产品的研究和开发费用，增强企业产品的高级品牌形象定位，以确立企业的优势竞争地位，掌握调价主动权。

（2）策划的条件。

撇脂定价的优点是尽早争取主动，达到短期最大利润目标。采用这种策划是有先决条件的，市场撇脂定价策略的策划应在以下条件具备时才能采用：

①企业需要迅速收回投资时。需要迅速获得大量利润，以收回研究开发费用。利润可用来改良产品，当竞争者进入市场时，还可以支持其他各种竞争性活动。

②产品价格缺乏弹性，高价造成的需求或销售量减少的幅度很小，或者早期购买者对价格反应不敏感。

③增强高级品形象的定位。

④新产品质量与价格相符。

⑤产品或服务处在介绍期，企业希望通过高价策略多获得利润。

⑥新产品比市场上现有产品有显著的优点，能使消费者“一见倾心”；有足够多的消费者能接受这种高价并愿意购买。

⑦短时期内由于仿制复制等方面的困难，类似仿制产品出现的可能性小，竞争对手少。

⑧产品生命周期过短时，采用高价策略有助于短期内收回成本。

⑨企业重视利润胜过销售量，希望保持较高利润率。

⑩受专利保护时。

（3）策划应注意的问题。

①由于定价过高，可能会导致缺乏渠道成员的支持。

②由于定价过高，可能得不到消费者认可。

③由于定价过高，高价厚利会吸引众多的生产者和经营者转向此产品的生产和经营，加速市场竞争的白热化。

2. 渐取定价策略的策划。

渐取定价策略也称低额定价策略或渗透定价策略。与速取策略截然相反，在向市场推出新商品时，尽量把价格定得低一些，采取保本微利，薄利多销的方法，占有比较大的市场份额。通过提高销售量获得企业利润，也较容易得到销售渠道成员的支持，低价低利对阻止竞争对手的介入有很大的屏障作用。

（1）策划的目标。

企业的目标是渗透新市场，立即提高市场营销量与市场占有率，并能快速而有效地占据市场空间。不是追求短期利润最大，并以低价低利阻止竞争对手的介入。

（2）策划的条件。

渐取定价的优点是商品的市场规模较大，存在着强大的竞争潜力；商品的需求价格弹性较大，稍微降低价格，需求量会大大增加；通过大批量生产能降低生产成本。渐取定价策略的策划应在以下条件具备时才能采用：

①为了扩大市场，让无法支付高价的新消费者成为实际购买者。

②低价可使现有消费者增加产品使用量。

③价格弹性大的产品，低价会促进销售，虽然单位利润低，但销售量的增加仍会提高利润总额。

④作为先发制人的竞争策略，有助于夺取市场占有率。

⑤和竞争者保持均势。如果大多数竞争者都降低价格，就必须跟进，尤其当产品价格很敏感时。而且如果强大竞争者提供公司无法与之匹敌的附加价值时，为了做出反应，只好降低产品价格。

⑥低价可阻止实力不足的竞争者进入市场。这种扩大市场的定价政策，使公司可在竞争压力最小的情况下，获得大量最忠实顾客。

（3）策划可能存在的问题。

①低价格造成投资回收期长，影响企业资金的周转和使用效率。

②有时低价还容易使消费者怀疑商品的质量保证，从而影响产品的形象和销量。

③低价格是在高销量的条件下制定的，如果产品不能达到预定销量，企业就会面临很大的风险，造成严重的亏损。

3. 中间定价策略的策划。

产品价格按照本行业的平均定价水平或者按当时的市场行情来制定价格，即“随大流”。企业制定的产品价格被消费者认可，企业可以在不承担较大风险的情况下，获得比较稳定的市场面；同时，价格不高不低，销售渠道成员觉得稳妥，因此保持经营的积极性；从企业自身看，可有计划地在不太长的时间收回企业的研制成本。企业因有一定的利润而乐于经营，消费者、中间渠道及企业自身都满意，故又称“满意法”。

“中间定价”的最大优点是“稳”，通过对前两种策略的调和和折中来避免前两者的明显缺点，但同时也无法得到前两策略的优点。采用此策略最应注意的问题在于避免商品没有特色而打不开销路。

四、训练步骤

（1）学生分组，每组选出组长，并进行简单分工。

（2）各小组通过饮料市场调研，收集和分析竞争产品相关资料，确定定价目标。对目前饮料市场需求及其变化和市场竞争状况作出客观分析，把握企业所处营销环境的真实状况，找出竞争中的优劣势，确保产品定价的正确性。

（3）设计定价方案。此环节是策划的关键，主要是根据定价目标和定价依据材料确定定价策略，进行价格计算，根据产品价格的具体情况再做全面调整，确定最终价格。

（4）方案沟通、交流。将方案在班级进行交流，并将交流的意见和建议进行归纳，进行方案调整，对不合理的地方进行修改，确保方案的可靠性。交流会可以由指导老师主持，学生打分进行评选。有条件的话可以与有类似经历的企业进行交流，如“农夫山泉”、“娃哈哈”等。参考这类企业在将产品线延伸到运动型饮料时所碰到的定价问题。

（5）学生完成实训小结。各小组通过认真调研与讨论，形成自己的价格策划书，经过交流，提高和加强对产品定价决策的理解，锻炼产品定价策划的能力。

五、注意事项

（1）抓住饮料类产品定价的特点。

（2）在定价过程中应该注意深入了解产品的目标消费群。

六、示例

百香果酒的定价

某公司选择做出一种新产品——百香果酒，据公司了解，果酒相对其他酒类来说，中国市场未被开发，但是据预测果酒在我国来说是有很大消费市场的，因为近年来，随着生活水平的不断提高，人们的消费观念在改变，饮食结构由原来的温饱型逐渐向营养保健型，消费者对具有营养保健功效且口味独特的热带果汁果酒的需求量呈上升趋势，例如葡萄果酒，鸡尾果酒等。

一、影响定价的基本因素分析

1. 确定公司的定价目标——扩大市场份额。

由于百香果酒是我们公司新开创的一种产品，市场上无人问津，我们需要花极大的精力宣传产品，为产品造势，目的是为了引起消费者的好奇，对产品产生兴趣，尽快地打开国内市场，引发顾客的购买行为。所以在推出产品的短期内，我们以获取适度利润为目标，销售价格定得低一些。

2. 估计成本费用。

原材料为百香果，整车（12 吨左右）每吨3 000 元左右，带籽原浆9 元1 斤，再加上工人工资、运输费用、促销费用等，在此基础上正确估计成本，从而制定并明确产品的最低价格。

3. 产品市场需求分析。

近年来，随着生活水平的不断提高，人们的消费观念在改变，饮食结构由原来的温饱型逐渐向营养保健型，消费者对具有营养保健功效且口味独特的果酒的需求呈上升趋势。此外，果酒的需求弹性较大，降低产品价格，需求量会大幅度上升。因此，公司可适当调低价格，增大销售量。

4. 竞争情况。

由于我们的产品是新推出的，国内市场还没有此类产品，因此，作为先驱者，我们产品占有很大优势，但同时我们也面临很大困境，起步相对来说会难一些，因此，我们要把产品的质量做好做强，价格方面定得比其他果酒低一些，以质量、价格取胜。强势占领市场，打击其他竞争对手的进入。

（分析了企业产品定价的目标，以及其他影响定价的产品成本情况、市场需求情况和竞争产品情况，为企业定价奠定了基础）

二、选择定价方法——成本导向定价法

根据制作果酒所需的单位成本加上一定百分比的加成来制定产品的价格。

三、产品的定价策略

1. 中间定价策略。结合我公司资金、人力、资源、预期利润目标等方面，决定采用这一价格策略。可以帮助公司在一定时间内收回投资，实现目标利润，赢得中间商和消费者。风险相对较小，顾客也能以合理的价格买到产品。

2. 数量折扣。根据顾客购买的产品的数量给予一定的折扣，购买数量越大，折扣越大，这主要是因为我们的产品会以箱为计量单位，为了减少库存量，保持资金周转，给予买者优惠折扣，有利于与顾客建立稳定友好的长期合作关系。

3. 关系定价策略。诚招果酒代理商，给予他们一定的价格优惠和物质奖励，建立长期合作的关系，因为酒类的销售量需要一定分销渠道，而代理商作为企业和顾客的桥梁，可以帮助我们更好地进入市场，增加销售量。

4. 心理定价策略。为了迎合顾客的求廉心理，定价时采用尾数价格策略，我们的产品超市零售价初步可定价为29.80元（350ml），不是30元，它可以给顾客一个价格较低的印象，同时还能使顾客感觉到产品的价格是经过精心核算的，从而使顾客对产品的定价产生信任感。

资料来源　佚名：《新产品的策划方案》，搜狐空间，http：//nuoyijiuye.blog.sohu.com/152215046.html，2010-05-22。

七、学习天地

1. 请根据您对新产品各种定价策略的理解填写表3—1。（参考答案略）

表3—1　**新产品定价策略表**

新产品定价策略	特征描述	举例说明

八、效果评价

本小组成员共同初评出组员个人实训态度成绩，教师和各小组组长共同评出组员个人实训表现成绩（见表3—2），教师评出小组策划效果成绩（见表3—3），在此基础上给出个人最终成绩。

个人最终成绩 = 个人实训态度评价 ×20% + 个人实训表现评价 ×50% + 小组策划效果评价 ×30%

表 3—2　　　　　　　　　　**组员个人实训过程评价表**

小组成员个人成绩 / 小组成员姓名	态度（满分为 100 分）	表现（满分为 100 分）	
		操作 50%	技能 50%

注：考评满分为 100 分，60 分以下为不及格；60 ~ 69 分为及格；70 ~ 79 分为中等；80 ~ 89 分为良好；90 分以上为优秀。

表 3—3　　　　　　　　　　**新产品定价效果评价表**

评价内容	分值	评分
定价方案可行，并且主题鲜明，内容具体，相关支持材料殷实	50	
PPT 制作简洁明了，重点突出，画面精美	10	
讲解层次清楚、明了；结构完整、严谨	20	
语言流畅，准确生动，富有感染力，脱稿演讲，具有应变能力	20	
总分	100	

注：考评满分为 100 分，60 分以下为不及格；60 ~ 69 分为及格；70 ~ 79 分为中等；80 ~ 89 分为良好；90 分以上为优秀。

九、实训案例分析

iPod 和索尼的 MP3

苹果公司的 iPod 产品是最近几年来最成功的消费类数码产品，一推出就获得了成功。第一款 iPod 的零售价高达 399 美元，即使是对于美国人来说这也是高价位产品，但是仍然有很多“苹果迷”愿意花钱购买。苹果公司的撇脂定价取得了成功。但是苹果公司认为还可以“撇到更多的脂”，于是不到半年时间又推出了一款容量更大的 iPod，当然价格也更高，定价 499 美元，仍然卖得很好。苹果公司的撇脂定价大获成功。

作为对比，索尼公司的 MP3 也采用撇脂定价法，却没有获得成功。索尼公司失败的第一个原因是产品的品质和上市速度。索尼最近几年在推出新产品时步履蹒跚，当 iPod mini 在市场上热卖了 2 年之后，索尼公司才推出了针对这款产品的 A1000，可是此时苹果公司已经停止生产 iPod mini，推出了一款新产品 iPod nano。苹果公司保持了产品的差别化优势，而索尼公司总是在产品上落后一大步。此外，苹果公司推出的产品可以马上在市场上买到，而索尼公司还只是预告，新产品正式上市还要再等 2 个月。速度的差距使苹果公司在长时间内享受到了撇脂定价的厚利，而索尼公司的产品虽然定价同样高，但是由于销量太小而只“撇”到了非常少的“脂”。

索尼公司失败的第二个原因是因为外形。苹果公司的 iPod 的外形已经成为工业设计的经典之作，而一向以“微型化”著称的索尼公司的 MP3 这次却明显居于下风。单纯从产品的尺寸看，索尼公司的产品比苹果公司的 iPod nano 足足厚了两倍。产品的市场份额与外形的差距的差距同样大。

索尼公司失败的第三个原因是产品数量。苹果公司每次只推出 1 款产品、几种规格，但每次都是精品，非常畅销；而索尼公司每次都推出 3 款以上的产品，给人的感觉好像是自认质量稍逊、要靠数量取胜。但是过多的新产品不仅增加了采购、生产、销售渠道的成本，而且也使消费者困惑。

索尼公司失败的第四个原因是整体产品表现不佳。索尼公司的品牌价值已经严重贬值，在这种时候再采用撇脂定价，效果自然会大打折扣。

分析：从苹果公司和索尼公司的案例中，我们又能学到什么呢？在什么情况下，企业可以采用撇脂定价法，并且取得好的效果呢？

第一，市场上存在一批购买力很强，并且对价格不敏感的消费者；第二，这样的一批消费者的数量足够多，企业厚利可图；第三，暂时没有竞争对手推出同样的产品，本企业的产品具有明显的差别化优势；第四，当有竞争对手加入时，本企业有能力转换定价方法，通过提高性价比来提高竞争力；第五，本企业的品牌在市场上有传统的影响力。

在具备上述条件的情况下，企业才应该采用撇脂定价的方法。采用撇脂定价法不是偶然的现象，某些企业和某些行业普遍、长期使用撇脂定价法。以行业而言，那些竞争较弱的行业，或者正处于启动期的行业，普遍采用撇脂定价法。彩电行业、PC 行业到达 20 世纪 90 年代中期还是采用撇脂定价，汽车行业到现在还基本采用撇脂定价，尤其是中高档汽车。2000 年以后，首先在低端市场，然后在高端市场，撇脂定价法逐渐被打破，越来越少的企业采取撇脂定价法。就企业而言，品牌往往是撇脂定价的最重要的前提条件。思科公司网络产品的利润率达到 85%，就是依靠其在行业内近乎垄断的领导性地位，前面所说的苹果公司也符合上述五个条件，所以使用撇脂定价法就很成功。

如果错误地采用了撇脂定价法，企业就会非常被动。索尼公司推出 MP3 速度比苹果公司的慢，产品从外形到使用的感觉都不如苹果公司的产品，在这种情况下使用撇脂定价法就很难成功。在市场上，确实存在着索尼公司的忠实客户群，他们从索尼公司的 Walkman 开始就喜欢索尼公司产品，买 MP3 也是买索尼公司的。但是这么忠实的消费者毕竟是少数，多数消费者还是要考虑很多其他因素。当存在苹果公司 iPod 这面镜子的时候，索尼公司 MP3 的缺点被充分地对照了出来，索尼公司的撇脂定价法就不灵了。

资料来源　卢强：《从苹果 iPod 和索尼 MP3 的成败，看撇脂定价法的使用艺术》，中国营销传播网，http://www.emkt.com.cn/article/249/24955.html，2006-02-28。

实训项目 2　传统产品定价

一、实训目的和要求

一般来说，对企业而言除了新产品就是传统产品，即在市场上已经销售了一段时间的产品，由于市场环境在不断变化的，产品的价格要根据市场形势和企业经营目标作出适当的改变。

通过本实训，使学生能够掌握企业传统产品定价基本方法和技巧。各组以调研的企业产品为研究对象，完成实训项目，并形成一份完整的实训报告。

二、情境设计

情境一：某商品近期调价比较明显，请您进行价格调整结果调查，并针对该产品的寿命周期进行下一阶段价格策划。

情境二：附近的肯德基（或麦当劳等其他连锁快餐店）准备设计下一季度的优惠券，请您为其参谋。

三、相关知识

（一）传统产品定价策略

1. 在产品寿命周期的畅销期、饱和期、滞销期产品的价格策划。

在产品寿命周期的畅销期，由于消费者已经接受了该产品，一般来说产品的销售量会大幅度增加。针对产品新进入市场时采取的价格策略，畅销期的定价策略也可以分为三种。如果产品进入市场时采取的是撇脂定价策略，市场上又出现了强有力的竞争对手，企业为较快地争取市场占有率的提高，也可以适当降价。如果在当时是采取渗透定价策略的产品，若此时产品已经建立较高的品牌信誉，拥有稳定的消费群体，则可以适当提高价格，以获得较高的单位产品利润；若由于市场的进一步扩大，规模效益已经显现，企业想要进一步扩大市场，阻止竞争对手的进入，也可以维持原价。如果产品在进入市场时采用的是满意价格策略，在产品的畅销期可以采取分档定价策略，开发不同档次、型号的产品，对其分别制定不同的价格，这样不仅可以满足消费者不同的需求，还可以缓解饱和期到来竞争者纷纷加入所带来的压力。

在产品寿命周期的饱和期，消费者人数、销售量都达到最高水平并开始出现回落趋势，市场竞争比较激烈，一般可适当降价。但如果竞争者少也可维持原价。

在产品寿命周期的滞销期，消费者兴趣转移，销售量急剧下降，此时由于销售规模萎缩，单位产品的营销成本也渐渐上升，此时可以采用加快资金回收的价格策略，尽可能取得产品在市场寿命最后阶段的经济效益。主要的方法有：

（1）驱逐价格政策。

以产品的平均变动成本作为价格下限，大幅度降价，以驱逐竞争者，阻止产品销售下降，延长产品的寿命，快速消灭库存。此方法有较强的冲击力，但是会影响到品牌形象，一般适用于服装行业。

（2）维持价格策略。

保持产品在成熟期的价格，可以维护产品在消费者心目中的形象和地位，但会加快产品退出市场的步伐，因此要注意对库存和生产线转产的周密安排。

各类商品在其经济生命周期的某个阶段一般具有共同的特征，但由于不同种类商品的性质、特点及其在国计民生中的重要程度、市场供求状况的不同，对不同的商品要进行针对性的价格策划。

2. 折扣价格策划。

折扣价格也叫折扣让价，企业常常在调动各方面积极性或鼓励顾客作出有利于企业的购买行为时采用。折扣折让是企业经常采用的价格竞争手段之一，常用于生产厂家与批发企业之间，批发企业与批发企业之间，批发企业与零售企业或批零企业与消费者之间。主要的形式有以下四种：

（1）数量折扣。

数量折扣也称批量折扣，即根据购买者购买数量的大小给予不同的折扣。其中“一次性折扣”是企业为鼓励购买者多购货，根据一次购买数量的大小给予不同的折扣；“累进折扣”是企业为了建立稳定的购销关系而将同一位购买者在一段时间从本企业购买的数量加总，根据累计购货量的不同给予不同的折扣。例如，某理发店规定凡在一年内在本店消费累计达到100元以上的顾客，可得到总消费额10%的优惠。

（2）季节折扣。

季节折扣也称季节差价。一般在有明显淡、旺季的商品或服务的行业中实行。如冬季对单冷式空调机的8折销售价等。主要是鼓励消费者淡季购货，中间商淡季进货和促销，以减少供应企业的库存压力和负担，加快资金周转，降低本企业的经营成本。

（3）现金折扣。

现金折扣也称付款期折扣。其目的在于鼓励购买者尽早付款加速企业资金周转。零售企业普遍使用这种方法。购买者如以现金付款或提前付款，可以在原商品价格的基础上享受一定的价格优惠折扣。如交易条款注明“2/10，n/30”，即如在成交后10天内付款，照原价给予2%的现金折扣，超过10天要付全价，但最迟不能超过30天。

采用现金折扣策略时，还要注意折扣率大小的确定。通常情况下，折扣率应高于银行贷款利率，否则现金折扣策略不会被购买者接受；但如果折扣额高于企业因加速资金周转而获得的利润，这种策略就不能给企业带来真正的收益。

（4）业务折扣。

业务折扣也称同业折扣或功能折扣，是生产厂家根据各类经销商在产品分销过程中所担负的功能、责任和风险不同给予其不同的折扣。通常给予批发商的折扣大于零售商。例如，一件商品的市场价格为100元，生产企业卖给批发商的价格为60元，折扣率40%，而零售商进货的价格为80元，折扣率为20%。

业务折扣实质上是对经销商在销售过程中所承担的各种费用和风险的补偿，如果没有业务折扣，经销商就无利可图，产品的销售渠道就会受到影响。

（5）优惠券折扣。

优惠券是制造商或零售商发给消费者的一种凭证。消费者在购买促销品牌的商品，或者到指定的商店购物时，只要提交优惠券，就可以享受到优惠券上提供的折扣优惠。

优惠券可以由制造商发放，也可由零售商发放。制造商发放的优惠券是为了促进某一品牌产品的销售，它可以在各个销售点使用。而零售商发放的优惠券是为了吸引消费者到本店消费，只能到该零售点使用。

采用优惠券折扣策略避免了直接降价对产品形象造成的损害，而是利用消费者喜欢“占便宜”的心理有效地刺激了消费。这种定价策略在世界各地被越来越多的商家使用。

（二）调价的方法与技巧

在市场上已经销售了一段时间的产品，由于市场环境的不断变化，产品的价格也要根据市场形势和企业经营目标作出适当的改变，但是由于市场对价格十分敏感，因此企业对传统产品进行价格调整时必须仔细谋划，避免调价风险。

1. 调高价格的方法和技巧。

（1）公开真实成本。企业通过公共关系，广告宣传等方式，在消费者认知的范围内，把产品的各项成本上涨的情况告诉消费者，以获得消费者的理解，使涨价在没有或较少抵触的情况下进行。有的企业趁成本上涨之机，过分夸大成本上涨幅度，从而过高地提高商品价格，这种做法容易引起消费者的反感。

（2）增加产品含量。涨价的同时，增加产品供应分量，使顾客感到，产品分量增多了，价格自然要上涨。

（3）提高产品质量。为了减少顾客因涨价感受到的压力，企业需在产品质量上多下功夫，如改进原产品、新设计同类产品，在产品性能、规格、式样等方面给顾客更多的选择机会。使消费者认识到，企业在提供更好的产品，索取高价是正当的。

（4）附送赠品或优待。涨价时，以不影响企业正常的收益为前提，随产品赠送一点小礼物，提供某些优待。例如买一赠一，有奖销售等。这种方式在零售商店比较常见。

2. 调低价格的方法和技巧。

（1）增加额外费用支出。在价格不变的情况下，企业增加运费支出，实行送货上门，或免费安装、调试、维修以及为顾客保险等。这些费用本应该从价格中扣除，因而实际上降低了产品的价格。

（2）改进产品的性能，提高产品的质量。在价格不变的情况下，实际上等于降低了产品价格，又不至于引起竞争对手的反感，引发恶性价格战。

（3）增加或增大各种折扣比例。

（4）馈赠礼品。在其他条件不变的情况下，给购买商品的顾客，馈赠某种礼品，如玩具、工艺品等。赠送礼品的费用应当从商品价格中补偿，这实际上也等于降低了商品的价格。

四、训练步骤

情境一：

调价商品调查实训项目的训练步骤为：

1. 教师根据实际情况选择几种近期调价商品设计情境，学生分组，自行选择题目。

2. 每组学生依照以下问题对该商品的价格调整进行调研。

（1）该公司调价的产品名称：

价格变动：涨价　□是　□否　变动幅度：________

　　　　　降价　□是　□否　变动幅度：________

（2）消费者（或经销商）对调价的心理反应为：

____

____

____

（3）主要竞争对手在价格及其他方面的调整：

____

____

____

（4）公司的应对措施：

____

____

____

3. 每组学生根据该商品所处的寿命周期，评价其本次调价是否达到了企业预期的目的，并提出下一步的调整方向。

4. 教师进行点评和总结。

5. 学生撰写实训报告。

情境二：

肯德基（或麦当劳等其他连锁快餐店）优惠券折扣设计实训训练步骤为：

1. 一部分学生担任价格策划人员的角色，分组并选出小组组长；另一部分学生充当消费者。

2. 价格策划者提供自己的方案（由小组组长进行介绍），充当消费者的学生进行评价。

3. 有条件者与附近的肯德基（或麦当劳等其他连锁快餐店）管理人员协商，为其下一阶段优惠券设计提供建议，并后续跟踪其使用效果。

4. 教师总结活动中的情况。

5. 学生撰写实训报告。

五、注意事项

1. 对产品所处的寿命周期有大概的判断。

2. 调价商品调查实训时注意分析商家使用何种调价技巧，是否奏效。

3. 在优惠券设计实训中，由充当消费者的学生进行评价。但是注意受消费者欢迎的优惠券并不一定是最好的优惠券，设计优惠券的目的是商家利益最大化。

六、示例

新包装新价格，五粮液提价三成

近日，一种新包装的五粮液已经摆上柜台，据比较，新包装的五粮液要比老包装的价格贵了三成。而五粮液酒厂正在向市场铺新包装五粮液，老包装的不再生产。

（调价的方法：更换包装进行价格调整）

真的是换个包装身份就“高贵”了？当然没那么简单，五粮液酒厂的相关负责人振振有词：新包装五粮液也有涨价的理由。首先，由于原材料价格上涨造成公司生产、经营成本大幅提高，以及人力资源成本上涨等原因，新生产的五粮液成本大幅度上升。其次，新包装五粮液具有三重防伪技术，目的是让消费者更放心地购买到真正的五粮液酒，这个创意出自五粮液当时的董事长王国春。据称，这套防伪包装由三层防伪体系组成，是五粮液投资数亿元，经过3年多时间研究开发的。

五粮液为什么敢于提价？其实还有个重要的原因，就是五粮液酒厂在把品牌做强的同时，对市场采用“饥饿销售法”。比如，市场有一万吨以上的需求，生产只保证8 000吨，这就保证了五粮液酒的销售供不应求。

（企业调高价格的主要原因：成本上升、产品改进、产品供不应求）

在这种情况下，提价被市场接受也就不足为奇了。据了解，早在两年前，五粮液也曾提过一次价。据估计，2002年五粮液销售收入达到100亿元人民币，实现利税30亿元，而这次提价30%，如以当时的产量计算，至少可多创利10多亿元。

在五粮液提价的鼓励下，知名白酒价格纷纷走高。比如，剑南春价格也略升，52度的价格上涨10%左右，价格上调显得相对谨慎。全兴也以更换包装的手法，将主导产品全兴大曲的价格进行了一定的调整。另外，一直稳健的茅台近期价格也攀升了一点。

（竞争对手追随提价，这对大家都有好处，产品都能在较高的价格上销售出去）

资料来源　佚名：《新包装五粮液上市价格提高三成》，璧山畜牧信息网，http：//www. cqagri. gov. cn/bsxm/detail. asp？pubID＝9397，2003－10－24。

七、学习天地

目前，MP4的销售已经进入饱和期。A公司为了增加销售量准备降价销售，但是又担心会带来降价风险，例如引发价格战，造成行业整体利润率下降，使本企业和产品形象受损，而且连续降价会造成经销商和消费者的观望态度。请您思考有哪些具体方法可以在一定程度上降低降价的风险。

参考答案：一是降价的同时宣传要做好，明确降价的目的是为了使消费者受惠。二是注意降价的时机，比如在节假日来临之际降价，消费者一般不会把降价和降低品质联系在一起。三是注意降价的幅度和频率，降价的幅度要让消费者感觉真实受惠，降价的频率不宜太过频繁。四是降价除了明降还可以暗降，比如使用兑换券、赠送赠品、超值服务等。暗降不容易招致竞争对手的反感。

八、效果评价

本小组成员共同初评出组员个人实训态度成绩，教师和各小组组长共同评出组员个人实训表现成绩（见表3—4），教师评出小组策划效果成绩（见表3—5），在此基础上给出个人最终成绩。

个人最终成绩＝个人实训态度评价×20%＋个人实训表现评价×50%＋小组策划效果评价×30%

表3—4 **组员个人实训过程评价表**

小组成员个人成绩 / 小组成员姓名	态度（满分为100分）	表现（满分为100分）	
		操作50%	技能50%

注：考评满分为100分，60分以下为不及格；60～69分为及格；70～79分为中等；80～89分为良好；90分以上为优秀。

表3—5 **传统产品定价效果评价表**

评价内容	分值	评分
定价方案的完整性	20	
定价方案的可行性	40	
定价方案实施后对销量的促进效果	40	
总分	100	

注：考评满分为100分，60分以下为不及格；60～69分为及格；70～79分为中等；80～89分为良好；90分以上为优秀。

九、实训案例分析

降价提价各有技巧

A企业的PET包装果汁产品于2002年在陕西上市，以其天然、健康的饮品形象赢得了18～35岁女性消费者的青睐。一开始其产品按容量分为500毫升和1.5升的两种包装，2003年6月A公司在陕西市场又推出了330毫升PET包装果汁，市场价格为1.8元/瓶，上市后市场反应一般。半个月后零售价1.5元/瓶，市场上的购买量开始扩大。一个月后零售价降到1.2元/瓶，这个价格有效刺激了消费者的购买欲望，形成了热购现象，某些超市甚至出现断货。两个月后，A公司将其零售价再次下调到1元/瓶，出乎意料的是市场没有出现预想中的疯狂抢购现象。

B公司是国内最早引进火腿肠生产设备并进行生产的企业之一，随着火腿肠日益被消费者所接受，B公司年销售收入也不断增长，年利税近亿元。1991～1992年，虽然行业内崛起了几名新的竞争对手，但是B公司的市场占有率依然保持在70%以上。1995年底，C公司向B公司发动了价格战，将某种火腿肠中的猪肉成分，由85%调低到70%，价格也由每根1.1元降低到9角钱，并在电视上大做广告。B公司紧跟着进行了降价，在降价的同时也相应调低了产品中的猪肉含量。C公司随之继续进行调整，猪肉的比例和火腿肠的价格都一降再降，最终达到了猪肉含量15%的火腿肠每根5角钱。但是这种低价低质的火腿肠并不是C公司的主要产品，其销量只占总销量的10%，还有其他各种档次的火腿肠供消费者选择。而B公司则在不断跟进的过程中将猪肉含量90%的产品都调到了这种价格和质量上，最终将利润丰厚的优质火腿肠市场拱手让给了C公司。

D食品公司是一家生产“中国炒面”的美国公司，其目标顾客是中等收入的美国人。该公司以“给美国人换换口味”为经营口号，通过具有东方神秘色彩的广告宣传，在激烈的美国食品市场占有一席之地。但是随着市场竞争的日益加剧，许多美国公司开始采用“薄利、降价、为市场份额而战”的竞争策略，以提高自己产品的市场竞争力，D食品公司的市场份额开始萎缩，企业面临着是否加入降价竞争的抉择……该公司经理深知D公司在资金实力上属于行业中的中等企业，经不起激烈的价格战。为了进一步扩大市场销量，D公司仔细地分析了中国炒面的消费对象——中等收入家庭特点。这些家庭的收入并不丰厚，但虚荣心却是各类家庭中最强的，总想在亲友面前保持自己富裕的形象。经过这些分析，D公司制定出了提价促销的营销策略，将D公司的“中国炒面”定为同类产品中最高价位的产品。提价前D公司在各类媒体上做了大量的广告宣传，营造了吃中国炒面是家庭地位的某种象征，是三餐之外最佳营养食品。全新的包装和标志、优良的产品品质，使D公司的“中国炒面”在市场上出现了一个销售高潮。时隔4个月，D公司又传出再次提价的消息，但公司在正式的传播渠道中没有确认和否定。市场上的消费者、商业企业出于投机心理，开始“储存式购买”，中国炒面开始脱销。时隔30多天，包装稍加改变的“中国炒面”真的以更高的价格出现在消费者面前。市场调查表明，消费者不仅不认为“中国炒面”价格虚高反而认为其是“货真价实”、“物有所值”。D公司的提价促销策略取得了巨大成功，“中国炒面”成为美国面食食品中价格最高的产品，公司也进入了美国食品行业的第一阵营。

分析：上面涉及的几家公司都对自身已有的产品进行了调价——有的是降价，有的反而是提价，有的成功有的失败。从中我们可以得到不少经验和教训。

A公司先前几次降价都取得了成功，但最后一次降价却没有得到预计的效果。也就是频繁的降价不但没有形成热销，反而使消费者转变为观望态度。所以，企业在应用降价这一营销手段时应慎用，而且要节制。

B企业降价是一个失败的例子。当竞争对手开始降价时，企业应该明确其降价目的，再做出具体的应对措施。B公司由于没有弄清竞争对手的意图而盲目跟进，因此付出了惨痛的代价。

案例中，D公司实施了提价促销。提价促销并不是简单的“涨价”，而是在对目标消费群体消费心理详细分析的情况下做出的，是有步骤分阶段的连续提价促销，在每个阶段中产品包装和所运用的传播方式都发生了改变，但始终有一点是不变——优质的产品质量。

提价促销是一种有效的但较难操作的工具，一般来说，一个企业如果准备运用提价促销，须要具备以下几个条件：

1. 企业所准备提价的产品品牌，在市场上有较高的知名度和美誉度。对于品牌知名度美誉度一般的企业，因为现有品牌的消费群体有限，所以对于企业产品提价的行为，不能形成新闻效应和足够的社会关注度。

案例中的D公司当时在市场中，通过“给美国人换换口味”的经营口号，并运用东方神秘色彩的广告，树立了企业和产品的知名度和美誉度，具有较为广泛的消费群体。“中国炒面”的价格发生改变，必将在市场中产生一定的新闻效应，而且D公司在对潜在消费者分析的基础上，将产品提价与消费者的社会角色心理联系，通过大量的广告进行引导，营造了一种“山雨欲来风满楼”的市场气氛。

2. 提价产品能保证在市场上质量稳定。优良、稳定的产品品质，是提价促销扩大产品销量的基础，如果产品质量因为市场需求量大，因增加产量而发生质量降低，企业的提价促销就会失去根基，并可能最终导致整体营销工作的失败。

案例中的D公司在提价促销过程中，始终保持“中国炒面”优质的品质，公司并没有因市场需求量增加而大量的扩大产品产量，因为他们知道超量的增产必将影响产品品质。

3. 欲提价产品需要进行必要的改进。企业对提价产品应进行必要的改进，但不应做大的改动，如主要功能方面的改动，以免老客户不适应改进后的产品。对产品进行形象上的重新包装是个好的办法。

案例中D公司提价后的产品，仅仅是在包装档次和标志上做了改动，口味、包装规格都没有一点改变。在提价后的市场调查中发现，消费者认为“中国炒面”的味道更好了，提价达到了影响消费者消费感受的深层目的。

4. 提价中运用多种传播方式。企业在产品提价前一定要通过各类媒体，让消费者知道“提价”这一事情和提价的原因，说明原因时企业应多从消费者角度出发或成本提高等客观因素，避免提及企业内部原因。

在案例中，D公司通过大众媒体将产品与购买家庭的社会地位紧密联系，让产品与三餐、饮食营养联系。消费者经过这样的媒体刺激，不仅获得D公司“中国炒面”要提价的消息，而且对“中国炒面”有了一个新的认识，可谓是一箭双雕。D公司第二次的提价是通过非正常传播方式实现的，因为当第一次提价“风波”还没有平静时，采取“欲盖弥彰”的传播策略，不仅能达到更好的宣传目的，而且传播费用也大大地降低了。“中国炒面”提价销售，向我们展示了一场高水准的“价格”战，这很值得我们国内一些在“价格大战”中杀红眼的企业经营者借鉴。

实训项目3　产品组合定价

一、实训目的和要求

大多数企业提供给目标市场的不是单一的产品，而是产品组合，即由多条产品线组成，每条产品线包含若干产品项目，每个产品项目又包含若干品牌、包装和服务。因此，每个企业在价格策划上不仅仅要作出单一产品的价格策划，还要重视公司产品价格体系的策划。理顺公司产品组合中各部分在价格上的相互关系。

通过本实训，使学生能够掌握企业产品组合定价基本方法和技巧。各组以调研企业的产品组合为研究对象，对产品组合定价进行重点讨论，提出产品组合定价策划方案。

二、情境设计

我们熟悉的光明乳业旗下产品系列众多，而其中鲜奶系列又分成基础牛奶、功能牛奶、儿童牛奶三大类，且每一类下又分成多种产品。如基础牛奶大类中就有致优全鲜乳、纯鲜牛奶、优倍高品质牛奶、光明特浓牛奶等。在授课老师的指导下，由学生利用课外时间进行调查或搜集相关资料，分析光明乳业鲜奶系列中各种牛奶产品组合的定价方法，并利用所学知识分析该产品组合定价策略的优点、缺点及改进方法。

三、相关知识

产品是产品组合的一个组成部分，企业需要定出一个系列产品价格，组成一个完整科学的价格体系，一方面促进产品的销售，另一方面可以使产品组合取得整体的最大利润。产品价格体系策划是价格策划的难点与重点，做起来相对比较困难，因为不同的产品满足不同消费者的需求，不同产品生产营销成本不尽相同，面对的市场竞争状况也不尽相同。产品组合定价是对其相关产品进行综合考虑和评价，从中选出一组满意价格，使整个产品组合利润最大化。主要有以下几种形式：

（一）产品线价格策划

产品线（产品大类）是指相互关联或相似的一组产品，如功能相似、销售对象相同、消费上连带等等。

1. 功能相似的产品线定价策划。

具有相似功能的产品，其产品线定价策划的目的是使顾客确信本企业是按质论价的，一分价钱一分货。产品线定价策划是利用消费者对产品线系列产品的价格所形成的理解来确定价格，消费者通常会把不同价格的产品分为高、中、低三档，即使这几种价格都有所变化，顾客仍然会按他们的习惯去购买某一档次的产品。

2. 供给同一目标市场产品线价格策划。

由于消费者受经济、文化、社会风俗等各方面因素的影响，形成不同的消费群体，不同消费群体对同一产品的需求评价是不同的，而同一消费群体对同一产品的需求评价却是相似的，把符合某一消费群体需求的产品组合在一起，就形成了这一消费群体需求的产品线，如廉价品、高档品等等。根据这一消费群体对不同产品的评价，制定符合这一消费群体的商品价格体系。

3. 消费上具有连带性的产品线价格策划。

如化妆品、炊事用具等等，消费在购买这类产品时，连带购买的可能性比较大，这就需要有一个合适的价格关系，在策划中往往会采用合理的价格体系或以某种商品的超低价带动其他产品销售等方法。

（二）非必需附带产品价格策划

许多企业一般在提供主要产品的同时，还提供一些与主要产品密切相关的附带产品，这些附带产品对主要产品的正常使用影响不大，但能完善主要产品的功能提高消费者的满足程度。在市场营销中这些非必需附带产品的定价是个棘手的问题，如汽车，哪些附件计入汽车价格，哪些不计入汽车价格，这需要根据市场的环境、购买者的偏好等等因素认真分析，因为虽然非必需附带产品不会影响主要产品的正常使用，但如果没有这些非必需附带产品却有可能会影响主要产品的销量。在汽车销售中往往采用选装的办法来解决这一问题，以使更多消费购买本企业的主要产品。

（三）必需附带产品价格策划

必需附带产品也叫连带产品，是指必须要与主要产品同时使用的产品，如胶卷与照相机，打印机和墨盒，刮胡刀与刀片等等。

一般对大公司而言，往往把主要产品价格定得很低，而把连带产品的价格定得较高，顾客一旦买了主产品后就非买连带产品不可，企业可以通过大量销售连带产品获利。比如佳能经常通过各种方式将它的打印机赠送给消费者，主要通过销售高利润的墨盒来赚钱。

（四）副产品价格策划

许多行业在生产主产品的过程中，常常有副产品。如果这些副产品对某些客户群具有价值，必须根据其价值定价。副产品的收入多，将使公司更易于为其主要产品制定较低价格，以便在市场上增加竞争力。因此制造商需寻找一个需要这些副产品的市场，并接受任何足以抵补储存和运输副产品成本的价格。

（五）产品群价格策划

产品群价格策划又称为捆绑定价或配套组合定价。为了促进销售，有时营销者不是销售单一产品，而是将有连带关系的产品组成一个群体，一并销售，例如学生的文具组合，这样既节省了购买者的购买时间，又增加了销量，甚至可以将库存积压品合理地搭配在组合之中销售出去。

实行配套组合的销售方式实际上是多销售了产品，因此定价一般低于组合中单件产品定价的总和，以满足顾客追求实惠的心理，否则不会有人愿意购买，同时应防止引起消费者反感的硬性搭配。此外，也可以将一些高档产品配套组合，再配以精美的包装，可以定高价，满足顾客追求高档产品的心理或赠送礼品的需要。

（六）分部定价

或称为两段定价法，一般适用于服务性企业。这些企业常常收取一笔固定费用，再加上可变的使用费获取利润。例如，电信业在手机的收费中一般先收取一定的固定月租费，在此基础上按实际通话时间收取话费；大型游乐场也先收取一定的门票费用，在游乐场的各具体游乐项目再收取不同的票价；出租车收费也是如此。这种定价法一般固定费用应较低，以便吸引顾客使用该服务项目，并通过可变使用费获取利润。

四、训练步骤

（1）学生分组，每组选出组长，并进行简单分工，以小组为单位选择周边超市、商场调查光明乳业鲜奶系列中各种规格产品的定价情况，并搜集产品相关资料。

（2）分析该系列产品的定价方法及其成功和失误之处，完成改进策略的分析报告。

（3）小组讨论完成实训报告。

（4）展示报告，介绍产品组合和产品组合定价的思路，接受其他小组的提问，教师点评，指出值得肯定的地方以及需要改进之处。

（5）修订方案，有可能的话，将各组形成的最后方案提供给光明乳业公司，如能得到企业认可和实施，将实施效果反馈给学生，让学生有更深的认识，同时也增强学生的成就感。

五、注意事项

1. 分析该系列产品之间存在的关联性。
2. 组合定价的目的是要使整体利益最大化。
3. 乳品行业竞争激烈，分析时要结合竞争对手产品的定价情况。

六、示例

百香果酒的产品组合定价

百香果酒上市一段时间以来，针对市场的实际销售状况和配合公司销售推广部门的推广方案与意见，我公司的百香果酒产品线有所延伸。百香果酒形成了两个品种：原味百香果酒、丽人装百香果酒。其中，原味装又分为三种规格，分别是：百香果酒大瓶家庭装、普通装和酒杯装。丽人装的口味相对偏甜，强调美容养颜功效，销售目标为追求高品质生活的白领丽人。我们下一阶段的销售以吸引回头客，培养稳定的客源，同时吸引新客源为目标。

百香果酒大瓶家庭装（1 000ml），78 元，相对比较优惠，更适合多人场合，同时也有利于促使原来的客源更多的选择大瓶装。

百香果酒普通装系列（350ml），维持原价。6 支组合装的价格稍降 5%，目的为增加客源。

百香果酒杯装（200ml），17 元。容量小，价格低。目的为增加客源，吸引更多的消费者尝试我们的百香果酒。

百香果酒丽人装系列（350ml），38 元。定位为高品质的果品养颜酒。价格比普通装贵百分之二十左右，但是增加赠品，以增加销售额。

（为产品线中不同的产品确立不同的角色，制定高低不等的价格）

资料来源　佚名：《诺益酒业百香果酒调价方案》，搜狐空间，http：//nuoyijiuye. blog. sohu. com/151814166. html，2010－05－18。

七、学习天地

20世纪80年代的美国，柯达公司将廉价的自动化照相机作为“诱饵”，高价出售胶卷获取利润。这种方法在营销中经常被商家采用，你能列举出几个相似的例子吗？

参考答案：如打印机和墨盒。可以把打印机的价格定得低一些，而把墨盒的价格定得较高。

八、效果评价

本小组成员共同初评出组员个人实训态度成绩，教师和各小组组长共同评出组员个人实训表现成绩（见表3—6），教师评出小组策划效果成绩（见表3—7），在此基础上给出个人最终成绩。

个人最终成绩＝个人实训态度评价×20%＋个人实训表现评价×50%＋小组策划效果评价×30%

表3—6　组员个人实训过程评价表

小组成员个人成绩 / 小组成员姓名	态度（满分为100分）	表现（满分为100分）	
		操作50%	技能50%

注：考评满分为100分，60分以下为不及格；60～69分为及格；70～79分为中等；80～89分为良好；90分以上为优秀。

表3—7　产品组合定价效果评价表

评价内容	分值	评分
产品组合特性分析	30	
定价策划方案的可行性	40	
实训报告的完整性	30	
总分	100	

注：考评满分为100分，60分以下为不及格；60～69分为及格；70～79分为中等；80～89分为良好；90分以上为优秀。

九、实训案例分析

桶装纯净水的定价策略

纯净水生产与经营企业成功地创造了一种全新的产品概念和消费概念，从而支撑起一片大市场。目前，饮用纯净水已成为都市一大消费热点，短短的几年时间，纯净水生产厂家已逾 4 000 家。瓶装纯净水由于价格较高，难以成为日常消费的饮用水，另外也面临着瓶装矿泉水和替代产品的竞争。因而，瓶装纯净水主要消费前景是街头饮用，难以进入家庭。桶装水的出现则开辟了家庭和堂馆饮用两大市场，如有的堂馆客房内开始配备饮水机，供应免费桶装纯净水，一改服务员用暖水瓶打水的情况，自然地，桶装水的推出大大地扩充了产品的消费场所和消费量。另外，一些地方性品牌也获得了自己的生存空间，目前，纯净水市场竞争正快速走向品牌集中，“娃哈哈”、“乐百氏”、“康师傅”已成为其中的强势品牌。但是，这些全国性品牌的真正优势只是瓶装水，考虑到运输成本、送水服务等因素，它们对桶装水市场鞭长莫及，而一些地方性品牌则可利用“地利人和”的优势分得一块蛋糕。至于矿泉水的竞争，由于矿泉水有特定的分布地点，其优势也只是体现在瓶装水上。纯净水则不大受水源的限制，就地生产，就地廉价供应桶装水。因此，一些学者建议：第一梯队厂家（如娃哈哈、乐百氏、康师傅）可以专注于瓶装水，走全国性品牌之路，舍弃桶装水；第二梯队厂家则瓶装水和桶装水并举，以减少市场风险，寻找市场机会，向上走则挤入第一梯队，向下走则成为桶装水的领导品牌；第三梯队多为地方性小企业，应主动舍弃瓶装水，专注于桶装水的经营。

桶装水饮用需配有饮水机。现在的饮水机可以加热制冷，可由饮用者根据自己的需要调配成适当的水温。这无疑又提高了纯净水消费的附加价值，同时，消除了纯净水消费的季节限制，这是桶装水较之瓶装水的又一竞争优势。

在这里，桶装水是主产品，饮水机是附带产品。阻碍桶装水市场推广的问题主要包括：饮水机价格较高，一般家庭难以接受；送水服务能否满足要求；饮水机是否会产生二次污染，饮水机能否得到厂家的及时清洗；桶装水质量保证问题，尤其是保质期问题。

分析：桶装水的销售是一个系统销售课题。就定价策略而言，饮水机和桶装水应组合定价，同时采用附带产品定价策略。

有的主产品必须和附带产品配合使用，比如照相机（附属产品）要和胶卷（主产品）配套才能发挥作用。主附产品的销售关联性很强，因而，在定价上，不能把主附产品分离考虑，而应组合考虑。通常，同时提供主附产品的企业采用附带产品定价策略（Captive－product pricing），即将附带产品的价格定得很低，利用主产品的高额加成或大量消费来增加利润。像柯达公司，将其照相机的价格定得很低，因为它靠出售胶卷赚钱。胶卷生产厂家推出低廉照相机又迫使其他专业照相机生产厂家纷纷降价，从而吸引更多的人买照相机，最终扩大胶卷的销售。可口可乐公司的饮料机，也采取同样的策略，甚至免费赠送。

就桶装水而言，饮水机是附带产品，水桶从某种意义上讲也是附带产品，主产品则是纯净水。目前桶装水厂家饮水机的来源一是从市场上购买，贴出商标、品牌，二是自己组装。不管是哪一种来源，纯净水生产厂家均采取了让消费者低代价获取饮水机的方法，具体方法包括：

1. 低价销售。有的厂家 1 500 元进来的饮水机以半价赔本供给用户。

2. 有条件赠送。比如一次性购买一定数量的桶装水即赠送饮水机。

3. 免费赠送。一般是对一些机构大户如宾馆、饭店、单位办公室及一些公共场所的摊点免费赠送。

4. 出租。仅对饮水机收取较低的租金，一定时间后归用户所有。

饮水机较低的获得成本，扩大了市场总需求，饮水机得以飞入寻常百姓家，最终促进了纯净水主产品的消费。饮水机作为一个固定广告物，也起着品牌宣传的作用。但是，一个新的问题也出现了，那就是企业向用户低成本地提供了附带产品，用户却转用竞争者的主产品，企业等于免费为竞争者搭好了锅台、做好了嫁衣。例如用户在低成本获得了一台饮水机后对现用品牌纯净水不满意。比如说，家人说另一种竞争品牌纯净水更甜，更好喝；目前所用厂家送水热线电话老是占线，送水也不准时；每次电话预约送水都要重复家庭住址，因为厂家没有详细的用户档案，没有编号；另一竞争厂家定期派人上门清洗饮水机，这家没有这项服务。最后改用了其他厂家的产品。这样的例子比比皆是。所以从厂家的角度来说，如果不保证质量，强化服务，建立顾客忠诚，附带产品定价策略完全有可能失败。要有效地实施这种价格策略，使顾客固定化，避免顾客背离，可选择以下途径：

1. 让附带产品与竞争者主产品不兼容。如廉价的照相机，只能使用特定的胶卷。这一做法的弊端在于有可能失去用户，因为一般用户倾向于兼容性强的产品，以减少风险。另外，有可能增加附带产品的制造成本。这一方法只适合主产品处于市场领先地位的企业选择。

2. 建立用户对主产品的品牌忠诚。这是最有力的解决办法。纯净水企业可通过保证和提高主附产品质量，降低水价，建立并完善供水服务网络，提供良好的送水服务等方法赢得顾客忠诚。在产品质量差异越来越小的情况下，服务承诺及兑现的好坏尤为重要。

3. 提高用户的转移成本。比如说实行数量折扣定价，累计消费量越大，得到的折扣也越多，用户要另找供方则不经济。这种方法要求逐一建立用户档案，管理费用比较大。

4. 签订契约。比如向一些单位免费赠送饮水机时附带条件：不得使用其他品牌纯净水，否则，收回饮水机。实际上，可口可乐和百事可乐在这个问题上也产生了摩擦。有一年，美国百事可乐公司向曼哈顿地方法院起诉，控告软饮料业盟主可口可乐公司以不正当的手段阻止百事可乐公司的饮料在散装饮料机上销售。起因是可口可乐公司要求美国各餐饮连锁店、体育比赛场所和电影院在饮料机上出售该公司生产的可乐、雪碧和芬达等饮料，但不能装入百事可乐公司的饮料，否则，将切断一切货源。百事可乐公司认为这一做法违反了美国的《反托拉斯法》。可口可乐公司的做法可能难以效仿，但不买本品牌的水收回公司配送的饮水机该是没什么问题吧。

5. 行业自律。也就是行业内达成的默契，各守自己的阵地，只向拥有自己饮水机的用户供水。这是一种“双赢”之策。反之，如果互挖墙脚，势必形成“双输”之局。

资料来源　师今：《桶装纯净水的定价策略》，中国营销传播网，http：//www. emkt. com. cn/article/1/171. html，2000 - 06 - 27。

模块四　营销渠道策划

我们把商品和服务从生产者向消费者转移过程的具体通道或路径称为营销渠道。在生产技术和通信技术越来越发达的今天，如果只是单纯通过技术领先和创新来保持企业在市场中的竞争力变得越来越难。是否能够设计高效、通畅的营销渠道，是否能够充分利用营销渠道的资源，对企业未来的发展有至关重要的作用。此模块分为营销渠道模式策划、中间商选择策划和营销渠道调整策划三个部分的训练。

实训项目1　营销渠道模式策划

一、实训目的和要求

通过本实训，使学生明确营销渠道承担着产品由生产领域向消费领域转移的任务，是企业营销战略的一个重要方面；了解合理选择营销渠道的基本原则与要求，锻炼营销渠道模式设计的基本能力，并能通过策划文案将自己的创意加以表现。

二、情境设计

新疆某日化公司的“百草面膜”，是一种采用来自天山雪岭的雪莲、人参、红花等中草药原料，利用西域水晶圣女“一夜白”的美丽传说而开发的具有保健功效的面膜化妆品，现拟攻入深圳同类市场并期望拥有一定的市场份额。

假如，你作为该公司深圳分公司的企划人员，请对百草面膜进入深圳的化妆品市场做出一个合理的营销渠道模式策划方案，要求产品诉求强调新疆地域特点。

三、相关知识

（一）渠道的类型

营销渠道可根据渠道层次的多少及中间商的数目进行分类。按照是否经过中间环节、中间环节的多少、每个层次上并列使用中间商的多少可以把营销渠道分为直接营销渠道和间接营销渠道、长渠道和短渠道、宽渠道和窄渠道。

1. 直接营销渠道和间接营销渠道。

（1）直接营销渠道。

直接营销渠道又称零层分销渠道，即产品不通过任何中间环节，直接到达消费者手中。直接营销渠道一般适合生产资料和消费资料中的鲜活食品和服务。如戴尔电脑、安利产品和农鲜产品及其服务等。零层渠道层次如图4—1所示。

制造商——→消费者

图4—1　零层渠道

（2）间接营销渠道。

间接营销渠道又称层次分销渠道，即产品经过一个或一个以上的中间环节到达消费者手中，是一种多层次的分销渠道。按渠道层次可分一层渠道、二层渠道、三层渠道。绝大部分生活消费品和部分生产资料都是采取这种分销渠道的。如小五金、油盐酱醋等。间接营销渠道层次如图 4—2 所示。

制造商——→零售商——→消费者

一层渠道

制造商→批发商 →零售商→消费者

二层渠道

制造商→批发商 →专业批发市场 →零售商 →消费者

制造商 →代理商→批发商→零售商→消费者

三层渠道

图 4—2　间接营销渠道层次

（3）直接营销渠道与间接营销渠道的优劣势比较。

直接营销渠道与间接营销渠道的优劣势比较见表 4—1。

表 4—1　**直接营销渠道与间接营销渠道的优劣势比较**

直接营销渠道	优势	没有中间环节，能及时了解市场，加强销售，减少流通费用，控制价格，将更多的利益让渡给消费者；竞争对手很难抢走用户，除非竞争对手也采取直销，或价格更低，或产品性能更优化，或服务更好，这样竞争对手就必须付出更高的代价或更多的成本
	劣势	企业的销售费用可能很高，因为消费者群体庞大且分布广，直接与消费者打交道，需要配置更多的销售设施、销售人员和技术服务人员，相对而言工资、交通费、差旅费和通讯费等费用较高，而且生产者自有的销售机构总是有限的，致使产品市场覆盖面过窄，资金周转较慢，生产者风险较大
间接营销渠道	优势	可利用中间商的经营经验和分销网络，扩大产品销售，使生产商的产品具有最大的市场覆盖面；能充分利用中间商的仓储、运输、保管作用，调节供需在时间和空间上的矛盾，减少了资金占用和耗费；减少了生产者在销售上的人、财、物的投入
	劣势	经营环节多，销售费用多，参加利润分配单位多，流通时间长，生产者获得市场信息不及时，不直接，影响各方面的协调和控制，中间商的售前售后服务不能够满足消费者

2. 长渠道和短渠道。

（1）长渠道。

长渠道是指生产者在产品销售过程中利用两个或两个以上的中间商分销商品（包括二层渠道、三层渠道等），如图 4—3 所示。

制造商→分公司→一级批发商→二级批发商→零售商→消费者

图 4—3　长渠道

（2）短渠道。

短渠道是指生产者仅利用一个中间商或自己直接销售产品（包括零层渠道和一层渠道），如图 4—4 所示。

制造商→消费者

制造商→零售商→消费者

图 4—4 短渠道

（3）长渠道与短渠道的优劣势比较。

长渠道与短渠道的优劣势比较见表 4—2。

表 4—2 长渠道与短渠道的优劣势比较

长渠道	优势	能有效地覆盖市场，扩大商品的销售，能充分利用中间商的职能作用，市场风险小
	劣势	使生产者市场信息迟滞；生产者与中间商和消费者之间关系复杂，难以协调；商品价格一般较高，不利于市场竞争。
短渠道	优势	短渠道能减少流通环节，节省流通费用和时间，产品最终价格较低，能增强市场竞争力，信息传播和反馈速度快，由于环节少，有利于与中间商建立直接、密切的关系。
	劣势	短渠道迫使生产者承担更多的商业职能，不利于集中精力抓生产。

3. 宽渠道和窄渠道。

企业在某一特定目标市场营销渠道的某一层次上选择两个以上中间商销售本企业产品称为宽渠道，如果只选择一个中间商则称为窄渠道。一般日用消费品都是选择宽渠道销售，采取密集性分销策略；专业性较强或比较贵重的耐用消费品则适合窄渠道销售，较多采用专营性与选择性分销策略。

（二）渠道的常见模式

一般而言，营销渠道模式主要可分为两大类：第一类为传统渠道模式，又称横向联合系统，通常指由 2 个以上生产厂商联合开发共同的营销渠道。具有集中有关各企业的相对优势，及时了解市场和消费者需求的变化，节约流通费用，为消费者提供好的售后服务，更好地开展营销活动的优点。第二类为垂直营销渠道，又称纵向联合系统，是指用一定的方式将营销渠道中的各个环节的成员联合起来，在共同的目标下采取协调的行动，以提高产品销售活动的整体效益。主要有集团型联合、契约型产销结合、多渠道分销等形式。在这两大类中常用的模式有：

1. 总代理商渠道模式。

一般是在全国选择几个有实力的大型经销商为总代理。结构表现为：全国总代理——区域总代理——二级分销商——零售商。

2. 区域代理商渠道模式。

这是一种最常见的渠道模式，有许多总代理模式也在向区域代理模式转化。就是将全国市场分为若干区域，每个区域设一个经销商作独家代理，不得跨区域经营。区域的大小一般根据经销商的能力和业务量的大小确定，一个省可能划分为几个区域，由不同经销商分片负责。

3. 厂商自建渠道模式。

指生产厂商在全国各地分设不同级别的派出机构，自家产品通过这些派出机构批发给地方的经销商和零售商，因为在不同级别层次设立中转仓库和服务中心，还可以减轻厂商的库存压力。主要派出机构有：各省级分公司、市级办事处、县级工作站等。

4. 多经销商的渠道模式。

这是一种具有深度分销特点的模式。一般一个经销商只负责一两个城市，有时甚至只负责一个城市中的几个区域。

5. 混合渠道模式。

主要有：代理＋专卖；加盟＋自营；网上＋线下；电视销售；电话和目录销售；直接销售等。

（三）渠道模式的选择与设计

有效的渠道设计应以企业所要达到的市场为起点。

1. 影响营销渠道设计的因素。

影响营销渠道设计的因素主要有：顾客特征、产品特征、中间商特征、企业特征及竞争特征。

顾客特征：顾客人数、地理分布、购买频率、平均购买数量以及对不同促销方式的敏感性极大地影响着企业的渠道设计。企业应具体分析顾客的特征，结合企业自身的资源和能力来设计适应性强的营销渠道。

产品特征：企业在渠道设计时应充分考虑产品的技术、体积、标准化程度等方面的属性，同时还要考虑产品的毛利率高低、保质期与保质条件等因素，然后再做出采取何种渠道模式的决策。

中间商特性：一般而言，执行不同任务的中间商在运输、广告、储存、接待顾客、信用条件、退货特权、人员培训和送货频率等方面都有不同的特点和要求，因此，企业选择中间商一定要慎重考虑中间商的目标、位置、资源和能力等因素。

竞争特性：企业的竞争者所使用的渠道也影响着渠道的设计。

企业特性：企业的总体规模、财务能力、产品组合、渠道经验等特性在企业的渠道选择中具有重要的作用。

2. 渠道模式的选择与设计方案评估。

在注意影响渠道设计因素的前提下，企业的营销渠道选择与设计方案可集中考虑三大评估标准：经济性、可控性和适应性，其中应重点关注经济性。经济性标准就是指企业在决定分销决策时应该对自设网点直接销售与选择代理销售的花费进行比较，从中选择最利于企业的分销方式。可控性标准是衡量企业对渠道的控制能力，企业使用中间商的目的是为了更好地销售自己的产品，但中间商是独立的企业，其目标也是追求自身利益最大化，其市场行为不可能只围绕某个特定的生产者，这样必然影响企业对中间商的控制。一般渠道越长，可控难度越大，企业决策时要全面比较、权衡，选择最满意方案。适应性标准是指企业在进行渠道方案选择评估时必须充分认识自身对环境变化的适应能力，在经济或控制方面不具备十分优越的条件时，一般不宜签订时间过长的渠道合约。

具体细则有：(1) 渠道成本，指开发和维护中间商所需要的投入及日常费用。(2) 人员状况，包括厂方合格业务人员数量、人员成本等。(3) 资金状况，指企业的资金实力、季节平衡、固定资产投入等方面的情况。(4) 市场投入，一般而言，市场投入多则采用重点渠道；市场投入少就采取长渠道。(5) 预期目标，如果是快速攫取就采取长渠道；如果是进行长久耕耘则采取短渠道。(6) 竞争态势，市场竞争弱宜采取长渠道；市场竞争激烈则宜以短渠道来赢得终端。(7) 储运成本，如果这方面的成本高适宜采用长渠道；成本低则适宜短渠道。此外，还要考虑终端成本转嫁和中间商实态及实际洽谈结果等具体内容。

一般的企业都拥有系列产品，那么一个多品牌或多品种的生产企业应如何进行渠道选择？主要有两种方式：一是渠道合一，多种产品或多种品牌统一进入一个渠道系统；二是分品分销，不同的产品和品牌分别进入不同的渠道。两种方式的优劣势分析见表4—3。

表4—3　**渠道组合方式的优劣势分析**

渠道合一	优势	1. 发货、收款目标集中，管理简便，避免了渠道再开发成本 2. 企业可减少投入，因为控制的目标单一，中间商的维护成本较低 3. 中间商与企业的深度依存关系
	劣势	1. 网点优势与营销方式吻合度不确定 2. 品种销量不均衡，高利品种易主销，薄利产品被忽略 3. 中间商容易“唯我独尊”，生产者控制力减弱，双方容易离心离德
分品分销	优势	1. 能发挥各自的专长，互助互学，对加快新品进入市场有利 2. 生产者品种偏好与意图能较好体现，品种销售政策差异容易落实 3. 引入了制衡机制，生产者主动性增强，能有效预防“离心离德”现象产生
	劣势	1. 新（单）品渠道开发费用较高，发货、收款工作量加大 2. 中间商日常帮控工作投入量大 3. 影响品牌推广与促销的联动性，管理难度增大，容易引起渠道矛盾

四、训练步骤

(1) 以4~6人为一组，选出小组长负责组内分工。

(2) 各小组运用所学知识，针对情境要求提出各自的策划方案。各组以新疆某日化公司企划人员身份，对公司的百草面膜进入深圳市场提出营销渠道模式选择与设计的策划方案。可以用平面图表形式标示渠道模式策划内容并配上文字说明。

(3) 在指导老师指导下，分组进行讨论分析，提出小组的策划方案。对各小组的策划方案展开课堂讨论。要求各组派1名代表陈述自己的策划案，小组其他成员积极参与课堂辩论。

（4）各小组的设计方案在班级集中交流后，可以在指导老师把关的前提下，进行组与组之间的互换点评，各组再根据点评建议修正策划方案，力求策划方案的合理与完善。

（5）全体学生都要参与小组讨论分析及课堂辩论，教师进行点评和总结。

（6）学生完成资料收集、小组讨论分析、课堂交流、小组互评、策划方案的修正和完善等实训项目的总结。

五、注意事项

1. 营销渠道的选择是相对的，各种模式没有哪种是最好的，只要最合适的。

2. 营销渠道模式的选择受到各种因素的影响，比如目标市场、商品因素、企业自身的条件、环境因素等等。在训练中，可模拟不同的因素，培养学生的应变能力和综合分析能力。

3. 选择的渠道要保证畅通高效，这是首要的原则；其次所选的渠道要在企业可控制的范围内。

六、示例

示例1：三星的营销渠道模式

从某种意义上说，营销渠道就是企业的生命线。合适的渠道模式直接影响渠道的畅达。三星公司根据自己的实力和特点，在2001年8月进军中国市场后，在其独家总代理万海公司的配合下，迅速建立了自己的渠道销售体系，并推出了按俱乐部方式运作的独特渠道模式。在中国市场的渠道模式选择上，三星改变了“多选经销商，多铺一条路”的传统做法，而是由其总代理万海公司组建“三星万海经销商俱乐部”，对经销商进行“封闭式”管理。这种俱乐部制度与高尔夫俱乐部制度一致，即俱乐部成员要交纳昂贵的会员费，并且要受很多种条件的限制，当然也只有会员才能享有特殊的权利与专业的服务。事实证明，这种制度使三星吸引了一大批合作伙伴，并迅速在中国市场占有了自己的一席之地。

资料来源　佚名：《三星电子成功法则解密：渠道变法，适时而动》，搜狐IT，http：//it. sohu. com/2004/02/23/35/article219173572. shtml，2004－02－23。

示例2：娃哈哈的“联销体”渠道模式

纵观娃哈哈的发展，其营销渠道模式经历了几个不同的阶段。第一个阶段为借用现有的销售渠道，即利用与国营的糖酒批发公司及其下属的二、三级批发站的合作关系，开展产品销售。第二阶段是20世纪90年代中期，沿海省份各种专业市场、农贸市场、个体私营的批发商迅速发展，冲垮了国营糖酒批发公司原有的渠道网络。娃哈哈适应这一变化，及时与各地市场中的大户联手建立了一个新型灵活的市场销售网络。通过网络中众多的大小经销商，把娃哈哈的产品销往全国各地。第三阶段是进入21世纪之后，市场竞争日趋激烈，娃哈哈逐渐淡出农贸市场，摒弃原有的粗放式营销渠道模式，开始建立“联销体”渠道模式，其结构为：总部——各省区分公司——特约一级批发商——特约二级批发商

——二级批发商——三级批发商——零售终端。

这种模式要求，每年年初，特约一级批发商根据各自经销额的大小预付一笔款项给娃哈哈，娃哈哈支付与银行相当的利息，然后，每次提货前，结算上一次的货款。娃哈哈则保证在一定区域内只发展一家特约一级批发商。这些特约一级批商在自己的销售区域内发展特约二级批发商和二级批发商，特约二级批发商和二级批发商的差别是前者需要预付一笔款项给特约一级批发商来获得更优惠的政策。同时，娃哈哈公司常年派出若干名销售经理和理货员帮助经销商开展铺货、理货和促销工作。甚至有些地方的特约一级批发商仅提供了资金、仓库和一些搬运工，其余的营销工作都由娃哈哈派出的人员具体完成。这种协作比较独特，从表面看，批发商帮娃哈哈卖产品却要先付一笔预付款给娃哈哈（有些大户所交的这笔资金达数百万元），娃哈哈则"无偿"地出人、出力、出广告费帮助批发商赚钱。

资料来源　佚名：《平常渠道非常控制——娃哈哈集团市场营销案例》，百度文库，http：//wenku. baidu. com/view/623f6c62ddccda38376baf1b. html，2011－04－08。

七、学习天地

1. 在示例1中，三星公司采取的"经销商俱乐部"的渠道模式，能为我国企业所借鉴吗？三星的这种营销渠道策略需要改进吗？

参考答案：能够借鉴，不能照搬，要考虑品牌实力，国内民众的消费观念等。在市场发生变化后，三星一定得对渠道模式进行调整，以适应新形势的需要。

2. 中药类化妆品进入市场适宜用怎样的渠道策略？

参考答案：先药房，后商场、超市、大卖场设专柜等。

3. 在示例2中，娃哈哈的这种"联销体"模式相对于生产商自己全资建立的营销渠道是否更经济和更有效率？

参考答案：应该是更经济和高效。"联销体"模式使大大小小的经销商帮娃哈哈产品迅速进入新的市场，从而降低市场导入成本，同时，避免了娃哈哈营销队伍的庞大化现象。而且，这些经销商与娃哈哈既是一体又非同根的状态，对娃哈哈的市场创新、增长和降低风险还会产生积极作用。

八、效果评价

本小组成员共同初评出组员个人实训态度成绩，教师和各小组组长共同评出组员个人实训表现成绩（见表4—4），教师评出小组策划效果成绩（见表4—5），在此基础上给出个人最终成绩。

个人最终成绩＝个人实训态度评价×20%＋个人实训表现评价×50%＋小组策划效果评价×30%

表 4—4　　　　组员个人实训过程评价表

小组成员个人成绩 / 小组成员姓名	态度（满分为 100 分）	表现（满分为 100 分）	
		操作 50%	技能 50%

注：考评满分为 100 分，60 分以下为不及格；60 ~ 69 分为及格；70 ~ 79 分为中等；80 ~ 89 分为良好；90 分以上为优秀。

表 4—5　　　　营销渠道模式策划效果评价表

评价内容	分值	评分
是否运用了相关的理论知识	10	
资料准备是否详实	20	
策划方案的可行性	40	
实训报告的完整性	30	
总分	100	

注：考评满分为 100 分，60 分以下为不及格；60 ~ 69 分为及格；70 ~ 79 分为中等；80 ~ 89 分为良好；90 分以上为优秀。

九、实训案例分析

米其林轮胎营销渠道的“中国化”

适应中国的产业环境和经济气候是米其林集团在登陆中国伊始便考虑的中心问题，因此其营销渠道选择与设计上具有中国化特征就显得尤为重要。

米其林作为全球轮胎三巨头之一，在国际市场的销售中，一般不会直接投资在零售渠道上面，而是利用其在设计和产品上的优势，把产品通过具有一定经营实力的代理商推广到市场中去。但面对中国如此巨大而又复杂的市场，米其林认为零售商经销对于占领市场更为有利，因此，建设发达、完善的零售商经销网络成为了米其林轮胎在中国营销的主要工程。经过多年的营销渠道建设，米其林轮胎的零售终端已经渗透到中国市场的大部分地区，并具有明显的中国化特征：在公路边极为普通的个体修车铺内，堆积着米其林的各种型号和规格的轮胎，配备有轮胎装卸机以及四轮定位系统，店铺上面是非常醒目的米其林广告牌。信诚贸易有限公司是米其林轮胎的大区代理商，公司在东莞、北京、长沙、昆明等地设有分公司，专营米其林轮胎。在北京分公司，已经建立了完整的业务构架，具有充足的库存，近 20 人的专业销售队伍，辐射全市 200 家零售商的网络。正是这些分布全国各地的零售商网络为米其林轮胎占领中国市场立下了汗马功劳。

分析：米其林集团作为一家著名的世界性跨国集团，其轮胎销售的渠道模式显然违反常规，但体现了米其林极强的适应性和生命力。这种渠道模式优势体现在：一是简单和直接，没有跨区域的连锁经营体系，没有豪华专卖店，但产品简单和直接地渗透到了中国市场的边边角角；而从生产者到经销商，从经销商到零售商都采用现款现货的结算方式，又简单和直接地消除了财务上的麻烦；售后服务则全部由地区总部负责，简单和直接地减轻了经销商的负担，同时又保证了技术上的专业性和服务的品质。二是建立了与零售商稳固的业务关系，米其林对多年合作的零售商在商务政策、价格、返利、服务政策等方面基本保持稳定，使其业务也一直与市场同步、稳定发展。

资料来源　佚名：《国际轮胎行业重要企业分析》，中国轮胎商务网，http：//www. tirechina. net/article/2009/0107/article_ 2639. html，2009 - 01 - 07。

实训项目2　中间商选择策划

一、实训目的和要求

通过本实训，使学生全面地了解影响中间商选择的因素，中间商应具备的条件和责任，选择中间商的原则和方法，明确营销渠道成员的选择是一个动态的过程，也是一项连续的长期的工作，中间商选择得当与否直接影响着企业的生存和发展。培养学生在中间商选择策划过程中的知识运用和实际操作的综合能力。

二、情境设计

时代家具是浙江一家小型的办公家具企业，公司刚成立不到两年。总经理刘剑雄凭着自己曾任某知名家具企业营销总监的经验及对家具行业的了解和不懈的努力，在不到两年的时间里，已经使时代公司从创业之初的6个人发展到今天的100多人，从2008年开始，他决定要走出浙江，走向全国。请你为其渠道营销做参谋。

三、相关知识

（一）选择中间商的意义与原则

中间商的基本功能是通过购销活动达成商品交易，为生产者和消费者服务，在地点、时间和所有权方面提供效用。厂商是否选择中间商直接影响其经营活动，影响经济效益。

例如，某药品厂商选择中间商的意义，我们可以通过图4—5来理解：

由图4—5可知，没有中间商的厂商的药品要进入三个终端需三条途径，而有中间商的厂商只需一条途径，这大大降低了铺货成本，药品厂商在销售过程中选择合适的经销商也就成为必然。可见，中间商存在的最大意义就是帮助厂商把产品分销出去，充分满足最终用户的需要。而企业要选出最符合要求的满意的中间商首先必须明确选择的基本原则，其次要能对中间商进行客观评价并能采取恰当的选择方法。

一般而言，选择中间商应该遵循如下原则：

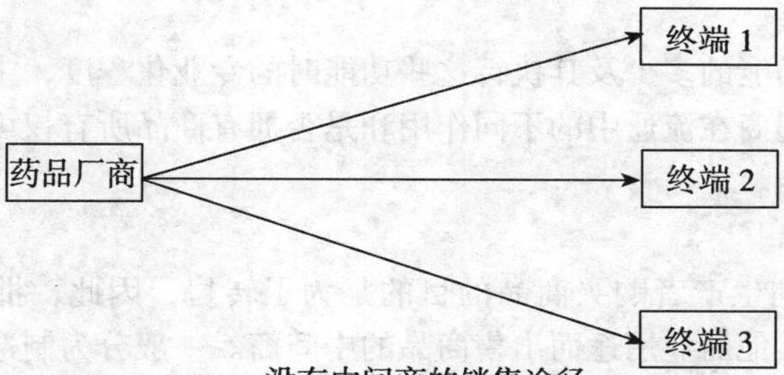

没有中间商的销售途径

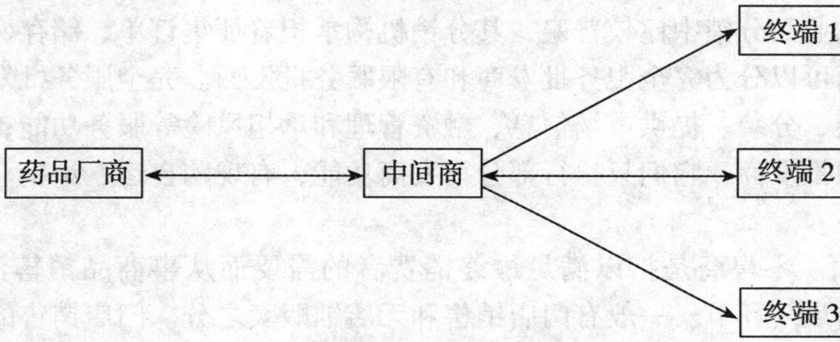

中间商建立后的销售途径

图 4—5　销售路径

注意：药品的中间商通常是指进行医药批发和零售或代理的专业公司。因为药品的特殊性，药品直销（把药品直接卖给个人）现象还很少见。药品经过药店与医院等专业机构再卖给消费者带有普遍性。

1. 与目标市场相适应原则。企业进行渠道建设的根本目标是为了把自己的产品打入目标市场，让产品的最终用户或消费者能够就近、方便购买，随意消费。因此，选择中间商必须考虑其是否在企业目标市场上拥有分销通路，如分店、子公司等。

2. 效率原则。效率是从运营上考虑的，渠道的运行效率指的是通过某营销渠道的商品流量与该渠道的流通费用之比。在这里中间商的经营管理水平、对商品销售的努力程度及中间商的“商圈”直接影响到资源的利用效率、人员的工作效率乃至整个营销渠道的运行效率。因此对中间商的声誉、经营特色、商圈大小和经营管理水平等方面进行评估是运营效率的要求。

3. 分工合作原则。选择中间商时应该严格把握中间商的经营特点及其能够承担的分销功能，也就是说，中间商在经营方向和专业能力方面应该与建立的营销渠道功能的要求相符合，只有这样，中间商们才能承担相应的分销功能，从而组成一条完整的分销通路。

4. 形象原则。在消费者心目中具有较好形象，而且能够烘托并帮助企业建立品牌形象的中间商应该优先考虑。

5. 共同愿景原则。企业的营销渠道作为一个整体，每一个成员的利益来自于成员之间的共同愿望和彼此合作。只有所有渠道成员具有共同的愿景和相互合作精神，建立的营销渠道才能有效运转，渠道成员才能共享繁荣。

（二）中间商的类型

根据中间商所执行的功能的多少及其执行这些功能时的专业化程度，中间商可以有多种分类方式。一般根据中间商在流通中的不同作用和是否拥有商品所有权可以分为批发商和零售商、经销商和代理商。

1. 批发商和零售商。

（1）批发商。批发商向生产者购买商品的目的是为了转售，因此，批发商就是为进一步转售、生产、加工或其他商业用途而出售商品的中间商。一般分为制造商批发商和商业批发商两大类。制造商批发商指厂商自设的批发机构和股权控制的批发机构。厂商自设的批发机构在工业品分销中比较普遍，其分销机构承担着征集订单、储存、送货等多种业务。商业批发商可以分为完全服务批发商和有限服务批发商。完全服务批发商具有购销运存、分类、分级、分装、提供市场信息、融资管理和承担风险等服务功能；有限服务批发商一般指中小型批发商，它们只执行部分批发商功能，有现购自运、承销、托售和邮购等批发类型。

（2）零售商。零售商是指以满足最终消费者的需要而从事商品销售活动的中间商，处于分销渠道的最终环节。一般有门店销售和无店铺贩卖之分。门店销售的形式主要有专业商店、综合商店、百货商店、超级市场、连锁商店、便利商店、仓储商店、折扣商店、自产自销商店、产品目录（样品）展销商店、零售商合作组织、消费者合作社等。无店铺贩卖的形式主要有邮购、自动售货、上门售货、集中采购服务、网上购物等。

2. 经销商和代理商。

（1）经销商。经销商是指通过向厂商购买商品，取得商品所有权后再提供给顾客的批发商和零售商。经销商的销售人员分为外部销售和内部销售两种。外部销售人员主要负责联系顾客并提供日常的服务和技术支持，内部销售人员主要负责处理订单、安排发货以及接受电话订货。经销商一般有三类：全线经销商、专线经销商和综合商行。全线经销商经营项目范围很广，可以供应大量品种繁多的各类商品，类似消费品市场上的超级市场；专线经销商的业务主要集中在一条或少数几条产品线上；综合商行兼顾生产资料（工业设备）和消费品两个市场。

（2）代理商。代理商是指不取得商品所有权的商业单位。其主要职能在于促成商品的交易，借此获取销售佣金。经销商和代理商的区别见表4—6。

（三）中间商的评估及选择方法

中间商的类型很多，各个中间商对选择原则的满足程度并不一样，他们对企业产品的销售具有不同的优势和劣势，因此，为保证中间商质量，对中间商的评估是中间商甄选的重要步骤。

1. 中间商调研。

主要通过旁敲侧击，察言观色，投石问路等调研手段了解中间商的业内口碑、行为、合作精神等情况，掌握中间商经营中的第一手资料。

表 4—6　　经销商与代理商的区别

经销商	代理商
独立的经营机构	不一定是独立机构
拥有商品的所有权	不拥有商品的所有权
获得经营利润	赚取佣金（提成）
多品种经营	一般不经营竞争品牌
经营活动过程不受或很少受供货商限制	经营活动受供货商指导和限制
与供货商责权对等	供货商权力较大

2. 中间商素质描述。

一般涉及中间商的能力和实力指标体系。

（1）中间商能力指标主要包括：客户控制能力（涉及客户队伍的稳定性，是中间商综合管理能力的体现）；市场拓展能力（可以从中间商新开发客户的数量与质量来判断）；网点布控能力；市场价格、品种、区域控制能力；服务意识与能力；企业内部管理能力（关系到企业的运作效率）；对本企业理念的理解、认可能力（中间商对合作厂商有很好的理解认知，操作实践中就能更好的领会厂家的意图）；代理区域公共关系能力（可以通过调查中间商的社会背景及以前的运作案例获得）；市场信息反馈能力（可以根据其他厂商的评价来判断）；促销配合能力等。

（2）中间商实力指标主要包括：社会资信实力（平常所说的商誉）；资金实力（直接影响经销能力）；现有销售网络实力（直接决定了产品的铺货程度，考察这个指标应考虑三点，一是拥有的终端数量；二是终端的分布；三是终端的质量）；销售阅历（可以从两个方面考察，一是中间商的运营时间；二是看他有没有经营过与本企业产品相类似品种的经验）；人员实力；自有店面实力；可投入固定资产实力；仓储、配送实力等。

3. 中间商的选择方法。

对中间商进行客观公正评价的目的是为了选择合理的中间商。可供选择的方法一般有强制评分选择法、销售量分析法、销售费用分析法、费用效率分析法等。最常用的是强制评分分析法，其基本原理是对拟作为候选的中间商们的能力和条件进行打分评价，可以利用记分表、模型、加权等方式计算每个中间商的总得分，然后再择优录取。如图 4—6 的模型中带星号的区域就是中间商的首选。

四、训练步骤

（1）将全班分为若干个以 4 ~6 人为单位的小组，每组选出一名同学作为小组长。

（2）以时代家具企业为背景，或者由实训指导老师提供模拟的背景企业现状，各小组在组长带领下，运用所学知识针对情境进行讨论分析。

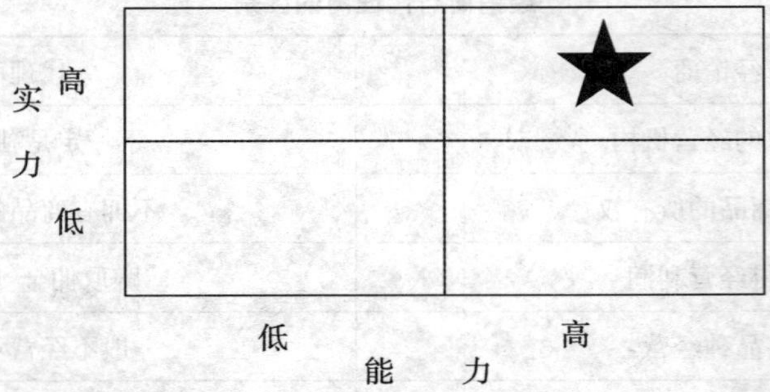

图 4—6　中间商的实力评价模型

（3）提出各小组的策划方案，包括为背景企业选定中间商类型，背景企业中间商数目，备选的中间商，中间商的评价标准和评价程序等。

（4）在指导老师指导下，对各小组的策划方案进行小组交叉分析讨论，并做出相应的评价；在各小组进行设计方案初评后，由指导老师把关选择具有代表性的小组方案进行班级集中交流。各组再根据班级交流、老师点评建议对策划方案进行修正。

（5）学生可以采用情景模拟、角色扮演等方式来体会中间商的选择过程，并完成小组策划、互评、方案的修正与完善等实训项目。

五、注意事项

（1）按照中间商是否拥有商品所有权，将中间商分为经销商和代理商；按照销售对象不同，将中间商分为批发商和零售商。

（2）选择中间商时考虑的是它的综合实力。

（3）选择中间商后要与之签订合同，明确分工。

六、示例

诺基亚的中间商选择

在2000年以前，中国手机的普及率低，购买力集中在一级城市。当时，诺基亚占据市场主导地位，其渠道模式是总代理制，中间商选择的是一家或几家全国总代理，厂家通过总代理向市场铺货。这种选择中间商的方式能够迅速把货铺到全国大多数地区的大中城市。但是产品从厂家到零售商的过程中，至少经过三个批发层次，销售终端主要局限在一级、二级城市，中间的经销商多是国企出身，利用的是已有的渠道资源。2000年以后，中国的手机用户迅速增加，2001年一季度突破1亿户，2004年10月，手机用户已经达到3.2亿户。手机不再是一级城市中高收入人群的专利品，二、三级城市甚至农村的普通人群，也开始成为手机消费者。总代理制的手机品牌对二、三级市场鞭长莫及。2002年6月，诺基亚开始在全国寻找省级分销商，2003年年初，省级分销商已经发展到二三十家，2004年年中，已经扩展到近百家。通过全国总代理的转型和各省级代理商的相互配合，诺基亚渗透到了以前很少能够达到的二、三级城市甚至农村市场。2004 年后，诺基亚又采取了“省级直控分销”的混合渠道方式选择中间商。这种方式下，诺基亚全权负责和零售终端接触，省级分销商只扮演物流和资金流平台的角色。

资料来源　佚名：《诺基亚营销本土化的成功之路》，第一营销网，http：//www.cmmo.cn/article－40324－1.html，2010－10－12。

七、学习天地

1. 分析示例：诺基亚 2000 年以前选择中间商的方式有何利弊？2004 年后，诺基亚采取“省级直控分销”的混合渠道方式选择中间商有什么意义？

参考答案：①优势是渠道范围广，能够迅速把货铺到全国大多数地区的大中城市；弊端是产品从厂家到零售商的过程中，至少经过三个批发层次，层层沉淀利润，造成渠道成本高，中间商的渠道开拓精神和能力欠缺，销售终端主要局限在一级、二级城市。②能够最直接了解零售市场需要，并把产品渗透到三级以下的市场等。

2. 对价格低廉、无差异性的日用消费品应该选择怎样的中间商？

参考答案：数量众多的批发和零售商。

3. 有的生产者为什么只选择一家中间商销售自己的产品？

参考答案：这个生产者的产品可能是新产品，或者名牌产品，或者其他特殊品。

4. 分析：卷烟厂的香烟产品销售是否需要选择中间商？如果需要，应该选择怎样的中间商？

参考答案：香烟是必须经过中间商销售的产品。应选择烟草专卖批发商、香烟零售经销商。

八、效果评价

本小组成员共同初评出组员个人实训态度成绩，教师和各小组组长共同评出组员个人实训表现成绩（见表 4—7），教师评出小组策划效果成绩（见表 4—8），在此基础上给出个人最终成绩。

个人最终成绩＝个人实训态度评价×20%＋个人实训表现评价×50%＋小组策划效果评价×30%

表 4—7　**组员个人实训过程评价表**

小组成员个人成绩 / 小组成员姓名	态度（满分为 100 分）	表现（满分为 100 分）	
		操作 50%	技能 50%

注：考评满分为 100 分，60 分以下为不及格；60～69 分为及格；70～79 分为中等；80～89 分为良好；90 分以上为优秀。

表4—8　　**中间商选择策划效果评价表**

评价内容	分值	评分
是否运用了相关的理论知识	10	
资料准备是否详实	20	
策划方案的可行性	40	
实训报告的完整性	30	
总分	100	

注：考评满分为100分，60分以下为不及格；60～69分为及格；70～79分为中等；80～89分为良好；90分以上为优秀。

九、实训案例分析

济南九阳公司的中间商选择

济南九阳电器有限公司是一家创立于1993年，起步资金仅为数千元的从事新型小家电研发、生产和销售的民营企业。公司从1994年12月推出豆浆机产品后，销量连年大幅度增长，每年有近百万台的销售量。九阳的成功除了产品性能的优势外，还与市场营销等方面的竞争优势相关，这种优势在对中间商的选择与管理方面尤其明显。

在产品销售方面，九阳公司寻找和管理中间商注重自身情况和产品特点。公司采用了地区总经销制，以地级城市为单位，在确定目标市场后，选择一家经销商作为该地区的独家总经销商。通过对全国160多个地级城市的营销网络建设，保证公司销售和利润的渠道畅通，构筑自身的安全体系，打造企业的核心竞争力。具体措施有：（1）公司在选择中间商过程中，注意帮助经销商分析认识企业的发展前景和产品的市场潜力，加深经销商对企业经营理念的理解和认可；（2）注重总经销商开拓市场、扩散产品的能力以及经营范围与公司的一致性、经营场地的完好性；（3）要求总经销商设立九阳公司产品专卖店，由公司统一制作店头标志，维护公司及总经销商的市场形象；（4）采用辩证思维评价经销商实力，只有符合公司发展需要，能够保证公司产品正常销售，有利于双方共同发展的经销商才可能被选择。总之，九阳公司围绕市场开发、品牌建设、共同发展等目标，严格对中间商进行选择，谋求与经销商共创市场、共同发展的伙伴关系，注重双方利益均衡，一方面通过现款结算等方式来促使总经销商全力推动产品销售，保证公司的生产经营正常进行；另一方面积极帮助化解经销商的经营风险，如协助总经销商合理确定进货的品种、数量和到货后的销售，帮助经销商调换产品品种，合同终止时原价收回经销商的全部存货等。

分析：九阳电器有限公司作为一家从事新型小家电研发、生产和销售的民营企业，在产品销售的中间商选择与管理上恰当理解和运用了原则性和实用性，使公司在市场营销上获得了成功。这种成功表现在：一方面，公司按照中间商选择原则和评价体系对经销商进行遴选，只有符合公司发展需要，能够保证公司产品正常销售，有利于双方共同发展的经销商才可能被选择。另一方面，公司又适应市场和双方利益要求，与经销商建立利益共同体式的伙伴关系，在经销商进货、销货和退换货等方面给予协助，通过现款结算、存货原价收回等方式来化解公司和经销商的经营风险，保证公司和经销商的稳定关系和同步发展。

资料来源　佚名：《九阳公司是如何选择经销商的》，百度文库，http：//wenku. baidu. com/view/14c5a4da50e2524de5187ede. html，2010 – 08 – 12。

实训项目3　营销渠道调整策划

一、实训目的和要求

通过本实训，使学生了解产品的销售渠道，明确营销渠道调整的原因，营销渠道调整、创新的程序和方式，并能够灵活运用这些知识设计营销渠道调整的策划方案。

二、情境设计

情境一：

某大型食品集团以肉类加工为主要业务，是国务院确定的全国重点企业之一。1998年年底开始采用了冷鲜肉技术，并以连锁店方式开展经营活动，在当地获得了成功。2003年年底，集团开拓包括北京在内的省外市场，基于集团的形象和成功经验，吸引了很多经销商加盟，京源商贸公司就是其中之一。京源公司经理在第一家加盟店取得成功后，又接连开了五家，集团也还在不停地开拓新店，但货源却日趋紧张。很多经销商因为缺货，开门就赔钱，不得不悄悄卖别的厂家的肉类产品。半年后，该集团省外开设的500多家连锁店已关门了一大半。请你为其营销渠道调整做参谋。

情境二：

基于我国国情与相关政策，雅芳公司在1998年关闭直销点，建立零售网络进行产品的销售。而雅芳的经销商没有让雅芳失望，为雅芳在中国的发展作出了不可磨灭的贡献。但在2005年4月，雅芳（中国）有限公司被国家相关部门批准为直销试点企业后，引发了经销商集体到公司总部讨说法的“逼宫”行为。如何解决雅芳公司这种人员推销与经销商之间的渠道冲突，请你为公司渠道的调整提供策划建议。

三、相关知识

1. 营销渠道调整前的评估

营销渠道调整前必须先对渠道进行评估。这种评估包括：渠道运作环境评估；渠道战略与战术评估；渠道运作绩效评估；中间商及销售人员评估等。

这里以中间商的绩效评估为例分析评估指标。

对中间商的绩效评估主要有如下指标：

（1）贡献指标评估，包括对销售额的贡献、利润的贡献、对增长的贡献和顾客满意的贡献等内容的评估。

①对销售额的贡献，包括考察过去的一年中，该中间商为企业的销售量、市场渗透率与市场竞争地位和经济增长率的成功提升所做出的贡献；考察上一年度该中间商从企业获得的收益与其他竞争性中间商在同领域获取的收益并进行比较。

②对利润的贡献。包括确定企业为中间商服务的成本开支合理性，确定该中间商获取的业务总量；考察中间商对企业投入的时间、精力、人力等方面的持续要求是否影响企业的利润。

③对增长的贡献。包括确定中间商在企业的已有主要收益来源中的地位；确定以后该中间商为企业提供比其竞争性中间商更多收益的可能性；确定企业与中间商的业务是否一直平稳增长。

④对顾客满意的贡献。包括考察企业接受顾客对该中间商的投诉频率；考察中间商努力争取使顾客满意的行为；考察中间商代表企业向顾客提供良好的产品和服务支持的行为等。

（2）能力指标评估。包括对中间商的业务经营能力、协同能力和适应能力等方面内容的评估。

①中间商的业务经营能力。包括考察中间商的成功经营能力；中间商了解企业的产品和服务特色的能力；中间商和其下游企业对竞争者的产品和服务的了解能力。

②中间商的协同能力。包括考察中间商参与企业各项计划及活动方面的协作态度；中间商执行与企业达成协议的协同行为等。

③中间商的适应能力。包括考察中间商把握经营范围内的市场发展趋势，并及时调整其经营活动的能力；中间商的创新能力；中间商积极参与各种市场竞争活动的能力等。

在对营销渠道进行综合评估后，如果发现现有渠道运作状况或渠道模式与市场环境要求存在差距，就应该对渠道做适当调整，以适应市场的新变化。

2. 营销渠道的调整。

（1）渠道调整程序。包括找出调整原因；确定渠道调整目标；明确调整幅度；选择调整方式。

（2）营销渠道调整的范围和方式。营销渠道调整的范围很广，主要包括调整营销方式（如将原来的独家代理方式改为多家代理方式）；调整渠道政策（如价格政策、铺货政策、信用额度政策、奖惩政策等）；调整渠道成员关系（对于业绩有较大增幅的渠道成员，可提高其在渠道中的地位，反之则降低）；调整局部市场区域的渠道（根据市场结构的变化，可增加该地区市场的渠道数量或撤出该区域市场）；更新整个分销网络（为使厂家目前的渠道模式脱胎换骨，需要重新设计和布局，不过，只有当渠道遭受外部严重威胁或内部发生重大变化时才可做这样的调整）。

具体的调整方式主要有三种：

①增减个别中间商。这只是对某一营销渠道模式中的中间商的局部调整，而不是对整

个渠道模式的调整。因为增加或减少某些中间商会对企业的利润产生影响，所以，企业在进行这种调整决策时，通常需要进行直接增量分析，即增加或减少某渠道成员后，厂家利润将产生怎样的变化，就理论而言，如果取消某些落后中间商，增量分析的结果表明厂家利润提高，然而，取消个别中间商这一决策将会对整个渠道系统产生重大影响，因此，在实际业务中，不能单纯依据增量分析的结果就采取具体行动，而应该对调整将产生的直接收益（如销售量的增加额）和调整对其他批发商的销售量、成本及情绪的影响加以综合考虑。

②增减某一特定的市场渠道。一般而言，在企业市场营销渠道静止不变时，可能某一重要地区的购买类型、市场形势正处于迅速变化之中，这种局面将使企业面临危险。也就是说当企业在某一目标市场上遇到了失去这一市场的危险，通过第一种调整又不能全面解决问题而需要采用另一种调整方式，即增减某一特定的市场渠道。企业进行这种调整决策一般借助损益分析与投资收益率分析来确定增加或减少哪些市场营销渠道。例如，某企业发现经销商只关注其产品的成年人市场而忽视儿童市场，造成儿童市场产品销路受阻，而该企业认为儿童市场值得加大关注，为了使儿童市场销货通畅，就需要增加一条新的销售渠道。

③整个营销渠道模式的调整。这是对生产企业既定的营销渠道进行全盘考察后，对其整个渠道策略的破坏性调整，而不是在原有基础上的修补，因此，这是渠道调整中最难的一种。如某企业根据市场变化和企业自身的发展要求，考虑调整营销渠道模式，即把原来利用独立零售商销售本企业的产品改为自办零售店销售。又如，某企业决定放弃已有的直销模式，采用通过代理商的销售模式。企业对营销渠道的全盘调整不仅会改变已经习惯了的渠道系统，而且还将改变企业已经习惯的市场营销组合，带来营销组合策略上的一系列变化。因此，这是事关全局的重大战略问题，需要由企业最高管理层决策。

营销渠道的调整既有结构性调整，也有功能性调整。企业的营销渠道应不应该调整，调整到何种程度，取决于企业的营销渠道的整体效率，只要效率受到影响或威胁，而矛盾又无法得到解决，调整就是必然的。

四、训练步骤

（1）将全班分为若干个以4~6人为单位的小组，选出1名学生作为小组长。

（2）在指导老师指导下，由各小组组长带领组员根据情境一了解所在城市超市、农贸市场冷鲜肉的经营情况；根据情境二调查雅芳公司现在的渠道运作情况。

（3）运用所学知识针对调研结果进行讨论分析，并提出各小组的渠道调整策划方案。

（4）在指导老师指导下，对各小组的策划方案进行小组交叉分析讨论，并做出相应的评价。

（5）在各小组进行设计方案初评后，由指导老师把关选择具有代表性的小组方案进行班级集中交流、点评。

（6）各组学生根据班级交流、老师点评建议修正与完善本小组的策划、互评、方案等实训项目的内容。

五、注意事项

(1) 注意思考渠道是否需要调整。
(2) 注意思考渠道需要哪种调整。
(3) 注意思考渠道调整是否能够达到预期的目的。

六、示例

海尔的渠道调整

我国家电产品销售渠道大致分为传统渠道和新兴渠道两类。传统渠道以大商场、中小商场和电器专营店为代表。新兴渠道以综合性连锁店、家电类连锁店、电器城、品牌专卖、集团采购、网上订购等为代表。海尔集团在我国家电市场占有重要的地位。海尔在走向国际化的过程中，其营销渠道也经历了一个发展、调整、再发展的过程。海尔初期依靠商场销售，然后进行店中店建设，再到建设自己的品牌专卖店，迅速提升了海尔品牌的知名度和信誉度。海尔在全国县级城市建立了自己的专卖店，在城市家电市场，海尔建起了庞大、完善的自控销售网络体系。海尔拥有上万个服务网点和销售网点。海尔通过设置在全国的42家工贸公司，逐级实施控制，终端的销售信息当天可以反馈到总部。自建营销网络并没有把传统的商场排除，而是剥离中间批发商，将原来由批发商控制的销售终端联合并加以控制利用。在激烈的市场竞争下，生存压力迫使厂家反思自建网络的营运成本问题，但海尔依然坚持大规模的自建网络，并能够保持良好的发展态势，这和海尔的多元化家电定位，多渠道发展分不开。

资料来源　佚名：《浅析海尔集团营销策略》，豆丁网，http://www.docin.com/p-174139831.html，2011-04-08。

七、学习天地

1. 某公司是一家医药保健品企业，在全国拥有近140个经销商，主要分布在地、县一级城市，但这些经销商规模小，缺乏实力；公司对经销商的管理成本偏高，销售政策统一实施时难度大。但公司开发的A产品2008年完成了由地方审批的功能性食品批号向国家“保健食品”批号的升级，这为提升产品销售创造了有利的条件。因此，公司提高了2009年的销售任务要求。问题：该公司是否需要进行营销渠道的调整？如果需要，你认为应该如何调整才有利于提升产品销售？

参考答案：首先，要完成2009年的销售任务，公司必须进行渠道调整。其次，公司现有的经销商主要在地、县城市，省会城市是公司的市场空白。可通过设立省级经销商、对强势市场设立区域经销商的方式进行有效的销售覆盖；经过渠道调整，公司直面的经销商数量将缩减，从而降低市场管理成本，及时落实公司的各项销售政策。

2. 某企业在全国有300多家地市级代理商。今年营销中心李总监决定对代理商实施

"返利型奖励政策"，即公司不预先支持各地区费用，一律按全年的实际业绩对不同销量级别给予不同返点奖励，但这样的渠道奖励政策反而使企业的销售全面下滑。请问这样的渠道政策有何不妥？如何调整渠道奖励政策？

参考答案：这种"一刀切"似的渠道政策将结果导向绝对化，没有考虑部分特殊市场的具体情况。销量排名在前的大代理商会认为企业不管代理商的促销费用，只坐等年底收利，是一种不负责任的态度。大代理商的消极不满又会直接影响中小代理的信心，企业的销售也必然会下滑。调整渠道奖励政策，要注意结果指标与过程指标相结合，避免结果导向的绝对化。总体可以选择"几刀切"的模式，将市场划分为若干大类，每一类采取一种策略。

八、效果评价

本小组成员共同初评出组员个人实训态度成绩，教师和各小组组长共同评出组员个人实训表现成绩（见表4—9），教师评出小组策划效果成绩（见表4—10），在此基础上给出个人最终成绩。

个人最终成绩 = 个人实训态度评价 ×20% + 个人实训表现评价 ×50% + 小组策划效果评价 ×30%

表4—9　**组员个人实训过程评价表**

小组成员个人成绩 / 小组成员姓名	态度（满分为100分）	表现（满分为100分）	
		操作50%	技能50%

注：考评满分为100分，60分以下为不及格；60～69分为及格；70～79分为中等；80～89分为良好；90分以上为优秀。

表4—10　**营销渠道调整策划效果评价表**

评价内容	分值	评分
是否运用了相关的理论知识	10	
资料准备是否详实	20	
策划方案的可行性	40	
实训报告的完整性	30	
总分	100	

注：考评满分为100分，60分以下为不及格；60～69分为及格；70～79分为中等；80～89分为良好；90分以上为优秀。

九、实训案例分析

同仁堂营销渠道的分级式调整

“同仁堂”是一个历经风雨、拥有300多年历史的国药老字号。2000年以前，同仁堂主要通过“坐商式”的方式销售产品，没有设立零售网点，由于营销不力，难以发挥产品资源雄厚的优势。这种营销体系还导致产品价格混乱，窜货现象严重，企业缺乏对终端销售的控制力。从2003年开始，同仁堂对营销渠道进行了诊治，总结了经验和教训，开始了一次渠道的变革，即转变经营方式，选择合适的中间商，自建销售网络。具体调整分为两级：

1. 第一级调整。

（1）经营方式转变。产品销售方式改“坐商式”为“行商式”，面对市场竞争，变被动为主动。

（2）采用首席经销商制度和实行区域经销。同仁堂产品品种众多，但营销资源不足，为了保持在主力产品销售的同时开拓市场，同仁堂对一些已经具备市场基础，但优势表现还不明显的产品采取首席经销商制度，即一个这样的产品品种在全国选择一家经销商作为首席经销商，产品的渠道分销和终端策略由首席经销商全面负责，同仁堂为首席经销商提供全面的产品支持、保证供应和分配奖惩。同时，同仁堂成立产品策划部门，按地区分片对经营机构进行调整，设立北方部、南方部、中原部、华东部及新品部，实施区域经销。

（3）自建销售网络及终端。同仁堂为了提高产品在零售终端的铺货率和首推率，在依靠代理商的同时，加强了自建销售网络及终端的建设。至2004年，同仁堂终端销售网络已近500家。

通过初次调整，公司营销渠道从无到有，建立了新的渠道机制，奠定了未来发展的良好基础。从公司营销渠道的实际运作情况看，效果明显，但随着市场的新变化和公司自身发展的新要求，再次调整显得更加必要。

2. 第二级调整。

（1）废除首席经销商制度，替换10%不合格的经销商，选择自有终端的经销商。

（2）加强对渠道的控制，设立商品流程部和市场次序管理部。

经过第一次调整的运作后，公司认为首席经销商制度长期实施的结果导致公司对营销渠道的控制能力降低，营销渠道容易被经销商控制，而经销商独大将使渠道运作惰性增加，陷公司于被动局面。同时，北方部、南方部、中原部、华东部及新品部五个区域分片经营不利于突出品种责任，对市场秩序井然性的建立产生不利影响。

分析：同仁堂的营销渠道调整是从市场和公司的实际情况出发，没有采取一步到位的做法，而是先实现营销渠道的从无到有。然后，在经过一段市场的检验后，发现渠道运作中存在的问题，总结经验和教训，确立进一步调整的方向和目标，通过再次调整，公司获得了对营销渠道的主控力。从实践效果看，同仁堂公司的渠道调整是成功的。

资料来源　佚名：《同仁堂：营销改革促增长》，搜狐财经，http：//business. sohu. com/20060724/n244413383. shtml，2006－07－24。

模块五　促销策划

促销是企业营销管理的一项重要技能，无论在企业市场部、销售部，还是广告部工作都需要掌握促销技能，需要运用促销策略制订促销计划。促销对企业有效开展营销活动具有重要作用。本模块主要包括7个实训项目，包括广告促销之创意策划训练、广告促销之媒体选择、人员推销之活动组织、人员促销之推销实务、营销推广之工具选择、营销推广之活动方案制定和促销组合策划。

实训项目1　广告促销之创意策划

一、实训目的和要求

通过本实训，使学生熟悉广告创意的环节，学习巧妙地构思广告创意，并能将自己的创意通过文案充分地表现出来。

二、情境设计

情境一：

某出版社出版了一本企业管理百科全书，该书是140位经理人、学者智慧的结晶，由20位专家联合编纂，请你为该书的促销构思广告创意。

情境二：

某公司新生产的标牌衬衫，采用机械防缩处理制作了“特适领”，其最大特点就是不收缩，收缩率连1%都不到。请你进行创意的构思，并制作相应的广告文案，要求新颖独特，突出产品优势。

三、相关知识

（一）广告创意的中心环节

广告创意，就是贯穿于广告创造过程中，紧紧围绕广告主题，选择一定视觉表现和听觉表现所进行的创造性思维活动。广告创意的中心环节是广告主题的选择和提炼以及广告创新的表现。

1. 广告主题的创意。

广告促销主题是广告的中心思想，是广告的核心和灵魂。任何一则广告，必须有鲜明的主题，使广告促销对象在接触广告后，很容易理解和接受广告信息，正确领会广告的意图。广告促销主题也是进行广告促销创意的根本依据和目标，能否正确地策划广告促销主题，是广告创作的关键。广告促销主题的策划要点如下：

（1）充分体现广告促销战略和策略；

（2）凸显促销功能；

（3）针对广告促销对象心理；

（4）较高的审美价值。

2. 广告构思的创意。

广告构思创意是广告促销策划全过程中最富有创造性的思维活动。在长期的广告促销实践中，人们总结出一些具有普遍指导意义的创意模式，值得我们借鉴。

（1）独特销售主张模式。以产品独具的特点作为创意表现的诉求主题，再转化为消费者关心和追求的利益点。如“潘婷”洗发水强调“洗发、润发二合一功效”。

（2）情景模式。将生活情景进行提炼和再现，使消费者在广告情景引导下，产生移情作用，以激励认同或模仿。如“王老吉”电视广告中“幸福家庭，每日相伴”的画面。

（3）证言模式。利用使用过该商品的消费者，现身说法，为商品的效果作证。作为证人的模特形象应与广告促销对象属于同一群体。

（4）名人模式。通过一个具有知名度并富有公众号召力和影响力的名人来推荐产品，或介绍产品特色，以此引起消费者的趋同行为。当然，选定的名人必须与促销品具有内在的联系。

（5）比较模式。以自己的产品与同类型产品或竞争品牌产品进行优劣比较。

（6）叙述模式。采取平铺直叙的方式，叙说产品的特点或功用，让消费者了解、认知。这是一般商品促销广告中最常用的创意模式。

（7）示范模式。将产品操作或功能的要点，通过广告的示范解说，作出简单明了的表达。

（8）拟人模式。以拟人化的戏剧情节展示和表现促销主题。

（9）反诉求模式。以消费者心理诉求的反面作为广告的重点，引起消费者的共鸣和警惕。通常选择消费者最在意、最担心的问题切入。

（二）成功广告创意的途径

广告创意要取得成功，可以从以下几个方面入手：

1. 新颖出奇。

人们天性好奇，倾向于关注新事物，广告要想独树一帜，引人注目，新颖是一个直接的要求。

2. 逆向思维。

广告和人一样，你越是热情满怀，求之甚切，人家反而越不接受；而你冷若冰霜，拒人千里，人家反而心向往之。好的广告，于不可能处行事，利用人们的心理弱点，或顺水推舟，或欲擒故纵，往往能取得出人意料的效果。

3. 文化是永恒的源泉。

文化是能给人的精神带来持久享受的源泉，广告策划者必须认识、选择隐藏在自己所要推出的产品背后的文化，并以含蓄而易于理解的方法表现出来。

4. 唯有真善方为美。

许多人将广告看做自夸的代名词，也有人把广告看作文过饰非的工具，在宣传中极尽夸张之能事，仿佛只有这样才会引人注意，有人问津。但人无完人，商品亦然，一个广告之所以能成立，最根本的是该广告所陈述的事实具有强大的说服力。因此，在广告中，必须遵循真实性原则。事实上，当大多数广告都落入自夸的俗套时，广告策划者采取诚实广告，更令人可敬、可亲、可信，效果自然更好了。

5. 感情是通向心灵的捷径。

广告是一种引导、一种劝说，进行劝说可以以理服人，也可以以情动人。以情动人，选择心灵的脆弱点，渲染氛围，往往能不战而胜。情，可以是爱情、亲情、友情等等，选择哪一种感情作为通路，就要看产品特点而定了。

6. 借来东风。

社会上，名人名物不计其数，在广告中，借他人之名为我所用，对广告策划者来说，关系到辛苦的程度和努力的效果，做得巧，可达到四两拨千斤的效果。在这一点，茅台酒是借东风行的得最远的，而且这股东风甚至不是借的，而是周总理送的，正如有人说，茅台不是没有广告，而是周总理为它做了许多免费广告。

广告创意是整个广告策划的中心，其指导思想，在于一个“活”字，“运用之妙，存乎一心”，在今天的商战中，广告策划更需用得“巧”，用得“活”，不可拘泥。

（三）广告创意文案写作

广告文案的写作，是文案作者针对广告运作目的的要求，选择广告材料、安排广告结构、提炼广告作品主题，并运用精炼的语言文字表现广告主题和创意。在将广告创意进行表现的过程中，文案作者对创意的理解和把握，对创意的表现能力都将直接影响广告效果的实现。

1. 广告作品的创意主题表现。

广告主题像一根红线贯穿于广告之中，使广告各要素有机地组合成一则完整的广告作品，广告主题决定广告文案的创意与整体的传播效果，文案写作要围绕主题选择材料，谋篇布局，遣词造句，通过艺术手段，将广告主题淋漓尽致地表现出来。

2. 广告作品中的形象表现。

广告作品中的形象表现，是指广告作品中出现的人、事物及其活动。消费者主要通过广告所提供的信息、形象、风格形成对产品的印象，因此，突出广告作品中的形象要素，是广告文案抓住消费者的关键之一。

3. 广告作品创意风格的表现。

广告作品的风格是指广告作品在内容和形式的统一中所体现出来的整体特色、风貌。不同的广告创意有不同的风格，广告文案要完美表现与创意相联系的广告风格。广告文案表现创意风格一般有 3 种类型：（1）理性型广告文案，即以理性说服方式，摆事实、讲道理、以理服人，为消费者提供分析判断的信息；（2）情感型广告文案，即以感性诉求方式，通过情绪的撩拨或感情的渲染，让消费者产生情绪反应或心灵震撼，激发他们的购买欲望和行动；（3）情理型广告文案，即避开情感型与理性型的不足，既能采用理性诉求传达客观信息，又能使用感性诉求在消费者情感上大做文章，从而打动消费者。

四、训练步骤

情境一：

创意构思训练步骤为：

（1）将学生分组（约8人一组），每组选出一名组长。

（2）各组内部进行头脑风暴，由组长主持，将每位组员的想法记录下来，并由组员一起选出一或两条优秀创意。创意应该包括以下内容：

①根据背景企业目标市场情况及市场定位设定广告目标。

②确定广告要向消费者诉求什么，向哪些消费者诉求，产品的特性是什么。

③确定广告表现形式。

④决定广告信息的表达形式。

⑤创作广告脚本。

⑥企业广告的预期效果。

（3）每组派一位代表上台讲解自己小组所选的优秀创意（可以用板书或PPT演示）。

（4）各组讲解结束后，全班匿名投票进行创意的排名，最后由指导教师进行点评与总结。

（5）学生撰写实训报告。

情境二：

文案写作训练步骤为：

（1）将学生分组（约8人一组），并由各组自行分工。

（2）由各组自行主持组内讨论（包括创意与文案），进行文案的写作与修改，最后形成文案。

（3）每组派一位代表上台对自己组的文案进行展示与讲解。

（4）各组展示结束后，由指导教师对各组的文案进行点评和总结。

（5）学生撰写实训报告。

五、注意事项

（1）广告创意是否体现产品的特点。

（2）广告创意要立意新颖奇特，但不能离谱。

（3）广告创意要带有艺术性，但并不是纯粹的艺术。

（4）广告创意应该突出主题，不要喧宾夺主。

六、示例

示例1：《消息报》广告文案

亲爱的读者：

1991年《消息报》的征订将于9月1日开始。遗憾的是1991年的订户将不得不增加负担，全年订费为22卢布56戈比。订费是涨了，但在纸张涨价、销售劳务费提高的新形势下，为了让我们的报纸生存下去，我们已无其他出路。而你们有办法，你们完全有权拒绝订阅《消息报》，将22卢布56戈比的订费用在急需的地方。《消息报》一年的订费可以用来：在莫斯科的市场上购买924克猪肉，或在列宁格勒购买102克牛肉，或在车里亚宾斯克购买一瓶好的白兰地……这样的“或者”还可以写上许多。但任何一种“或者”只能享用一次，而您选择《消息报》将全年享用。亲爱的读者，事情就是这样。

资料来源 凌大：《〈消息报〉的征订启事》，载《咬文嚼字》，2007（3）。

示例2：DIPLOMA奶粉广告文案

标题：试图使他们相会

正文：

亲爱的扣眼：

你好，我是纽扣，

你记得我们已经有多久没在一起了吗？

尽管每天都能见到你的倩影，

但肥嘟嘟的肚皮横亘在你我之间，

让我们犹如牛郎与织女般地不幸。

不过在此告诉你一个好消息，

主人决定极力促成我们的相聚，

相信主人在食用DIPLOMA脱脂奶粉后，

我们不久就可以天长地久，永不分离了。

资料来源 佚名：《DIPLOMA奶粉广告文案》，中华广告网，http：//www.a.com.cn/Info/wenzhangye.asp？InfoID=623，2007-03-13。

七、学习天地

1. 自1935年绿色巨人公司成立以来，著名广告人伯内特就一直为其制作广告。为了传达绿色巨人豆质量上乘、新鲜可口的广告信息，他采用了一幅夜间收割的图画，标题为“在月光下收割”，同时还插入一个手捧一罐豆子的巨人。伯内特采取的是何种创意风格？

参考答案：采取的是情感型的创意风格。在“月光中收割”既表现了公司产品的新鲜，又有浪漫色彩，巧妙地注入了情感关怀。

2. “来福灵”除虫剂的电视广告中，蔬菜、瓜果和害虫都会跳舞，而“来福灵”除虫剂成为一队瓶状战士，杀灭害虫，还放声高歌“胜利的来福灵！胜利的来福灵！”请问这则广告的创意中运用了哪种创意模式？

参考答案：这是很典型的拟人模式，将广告中的事物都拟人化了。

八、效果评价

本小组成员共同初评出组员个人实训态度成绩，教师和各小组组长共同评出组员个人实训表现成绩（见表5—1），教师评出小组策划效果成绩（见表5—2），在此基础上给出个人最终成绩。

个人最终成绩 = 个人实训态度评价 ×20% + 个人实训表现评价 ×50% + 小组策划效果评价 ×30%

表 5—1 **组员个人实训过程评价表**

小组成员个人成绩 / 小组成员姓名	态度（满分为 100 分）	表现（满分为 100 分）	
		操作 50%	技能 50%

注：考评满分为 100 分，60 分以下为不及格；60 ~ 69 分为及格；70 ~ 79 分为中等；80 ~ 89 分为良好；90 分以上为优秀

表 5—2 **广告促销之创意策划效果评价表**

评价内容	分值	评分
创意新颖，主题鲜明，运用合适的创意模式	40	
讲解和演示清晰生动，表现自然大方，语言流畅生动，应变能力强	40	
准备工作充分，演示文件精美，脱稿	20	
总分	100	

注：考评满分为 100 分，60 分以下为不及格；60 ~ 69 分为及格；70 ~ 79 分为中等；80 ~ 89 分为良好；90 分以上为优秀。

九、实训案例分析

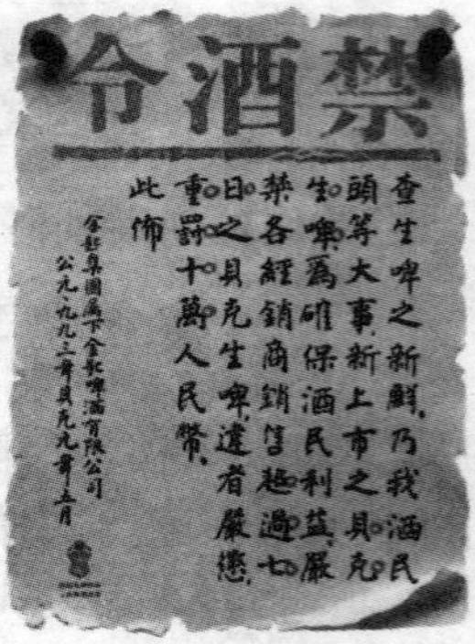

禁酒令

文案：

查生啤之新鲜，乃我酒民头等大事，新上市之贝克生啤，为确保酒民利益，严禁各经销商销售超过七日之贝克生啤，违者严惩，重罚十万元人民币。

分析：此广告文案借用了公文中“令”的写作形式和语言风格特点，将广告信息用规范的公文形式表现出来，产生了一种独特的说服力。整个广告文案句子结构简要、语言表达严正，使人感受到贝克生啤制造商对推出这一营销新举措的严肃、认真的态度。同时，用如此严正的形式来表达，令受众领悟到创意者的幽默。会心一笑间，印象深刻。

资料来源 佚名：《贝克啤酒广告之禁酒令篇》，中国广告人网，http：//www. chinaadren. com/html/file/2005 - 3 - 4/2005342350147990. html，2004 - 10 - 25。

实训项目2　广告促销之媒体选择

一、实训目的和要求

通过本实训，使学生了解媒体选择的各种影响因素，并能够根据这些因素以及各种媒体的特点，依据媒体策划的程序，进行媒体选择的策划。

二、情境设计

情境一：

天益公司新开发了一种以螺旋藻为原料的保健品，名为“螺旋藻”，目前刚刚上市，市场上还几乎有类似的保健品，请你为其广告进行媒体选择策划。（螺旋藻是一类低等植物，又称蓝细菌。经国内外大量科研试验证明，螺旋藻在降低胆固醇和血脂，抗癌，减肥，养胃护胃，治疗贫血及微量元素缺乏，护肝，增进免疫，调整代谢机能等方面都有积极作用，被联合国粮农组织和联合国世界食品协会推荐为“二十一世纪最理想的食品”）

情境二：

麦当劳推出一款烤鸡腿汉堡，其目标群体是成年人，尤其是18～24岁的成年人，请你为其广告进行媒体选择的策划。

三、相关知识

企业投放广告的最终目的是为了宣传产品，提高知名度，促进消费者购买、提高销量，但是并非所有人都会接触到宣传产品的媒体，看到广告的消费者也并非都会成为潜在顾客。这就需要企业选择合理的媒体，并投放优秀的广告。

（一）广告媒体种类

随着现代技术的发展，广告在表现技术和应用新技术、新方法方面也有所突破，新的媒体不断被采用，广告媒体多得不可计数。一般使用的广告媒体，大多是报纸、杂志、广播、电视等，另外，作为一种新兴媒体，网络广告也受到越来越多的关注。

1. 报纸。

报纸媒体是广告媒体中历史最悠久的一个，虽然面对其他各种媒体的竞争，报纸仍然是广告媒体的支柱。作为处于领头地位的一种广告媒体，报纸具有许多优点，例如它版面大、篇幅多，内容可多可少、可深可浅，解释能力强，在报纸中，广告与新闻一同编排，权威性强，可以增加读者的信任感。报纸的另一个优点是易于保存，这也是印刷品广告的普遍优点。当然，报纸广告也有许多缺点，例如广告效果经常受到版面、印刷质量等因素的限制，广告的反复阅读性差等等。

2. 杂志。

杂志不像报纸那样以新闻报道为主，而是以各种专门知识来满足各类读者的需要，是做各类专用产品广告的良好媒介，许多专业化程度较高的行业例如IT业、药品、化妆品、汽车等行业等，都十分重视在专业杂志上的广告投放。杂志具有宣传针对性强、广告有效期长、广告对象理解度高、制作精美等优点。但杂志广告也有不足之处：设计复杂，出版周期长，容易失去广告的时间性；由于杂志专业性强，阅读范围受到较大限制，且其效果受到杂志内容的制约，较缺乏灵活性；插页广告易被忽略，而封面、封底广告较昂贵，所以使用受到限制。

3. 广播。

广播是以电波为载体，通过语言和音响效果来传递信息。其优点主要表现在：速度快、时效性强、覆盖面广，内容丰富、受众层次多样，周期短、可重复性强、具有较高的灵活性，价格便宜。而其主要缺点在于：保存性差、直观性差，给人印象不如视觉媒体深刻和容易理解，一般来说，复杂、新奇、外观较吸引人和使用较难的商品不适于运用广播广告。在选择广播广告时，要注意节目编排情况，安排时间、次数和播音水平等。

4. 电视。

电视是一种兼有听觉、视觉的现代化广告媒体，现阶段，电视广告是所有广告中的霸主，拥有任何媒体难以比拟的优势：首先，它声形兼备，仿真性强，可以展现产品的各种特点，且时效性强，不受时空限制，令人身临其境；其次，电视广告覆盖面广，受众范围广泛，层次多样；再次，电视节目内容使受众有当面交流的亲切感，受众基本不存在抗拒心理，渗透性强。可见，电视广告成为主流形式理所当然。然而，电视广告的缺陷也很明显，主要是：费用昂贵，制作成本与播出成本高，且电视广告时间短，需要靠反复重播来加强记忆，直接导致成本的上升；另外，由于电视广告时间短，所传播的信息量也受到限制。

5. 网络。

网络广告是近十年发展起来的新事物，在中国，网络广告更只是出现姿容而已，但其发展速度不容忽视。网络广告的特点，在于互动式的交流，选择面广，且具有像电视广告一样图像、声音兼备的特点，是电视广告的有力竞争者。网络广告有一个电视广告无法比拟的优势，就是用户可以通过菜单选择某一产品相关方面的信息，其信息量比电视更大，也超过报刊广告。通过网络，顾客和商家可以直接商定成交。但网络广告到现在为止仍是不成熟的，对于浏览广告是否该向商家收费、网络广告是否可以具有强制性等问题，意见仍不统一。但只要大家达成共识，在技术上是可以得到解决方案的。因此，作为一种新生事物，网络广告的前途不可限量。

除了以上几种主要广告媒体，还有一些辅助的广告媒体也是必要且有益的补充，利用率较高的主要有：户外广告（海报、路牌、霓虹灯、电子屏幕、大型充气模型等）、交通广告（车身广告、车厢内广告、座椅套广告、车票广告等）、直邮广告（奖购券、折扣券、附订单的产品说明、商品目录、广告信等）和 POP 广告（购物场所外的条幅、灯箱、海报等，购物场所内的柜台陈列、柜台广告、模特广告等）。以上这些辅助广告媒体，也有其优势、劣势，必须根据产品、受众等特点，进行选择与运用，如果运用得当，可以取得事半功倍的效果。

（二）广告媒体选择因素

在众多的广告媒体中，广告策划者必须选择一个最为恰当的来推进其广告活动，当然也有可能采用两种或两种以上媒体。在进行广告媒体选择时，应考虑下面的因素：

1. 目标市场的媒体习惯。

不同的观众通常会接触特定的媒体。有针对性地选择为广告对象所易于接收的媒体，是增强广告促销效果的有效方法。例如，对于青少年，广播、电视是最有效的广告媒体；而生产或销售玩具的企业，在把学龄前儿童作为目标沟通对象的情况下，绝不会在杂志上做广告，而只能在电视或电台上做广告。

2. 产品。

选择广告媒体，应当根据企业所推销的产品或服务的性质与特征而定。因为各类媒体在展示、解释、可信度、注意力与吸引力等各方面具有不同的特点。工业品与消费品，技术性能较高的复杂产品与技术性能较低的普通产品，应采用不同的媒体进行广告宣传。

3. 广告内容。

广告媒体选择要受到广告信息内容的制约。如果广告内容是宣布明日的销售活动，报纸、电视、广播媒体最及时。而如果广告信息中有大量的技术资料，则宜登载在专业杂志上或邮寄广告媒体上。

4. 广告传播范围。

选择广告媒体，必须使媒体所能触及的影响范围与企业所要求的信息传播范围相一致。如果企业产品是行销全国的，宜在全国性报纸或中央电视台、中央广播电台作广告。而在某一地区或城市销售的产品，则可以选择地方性报纸、电台等传播媒体。

5. 成本。

不同媒体所需成本也是选择广告媒体的依据因素。依据各类媒体成本选择广告媒体，最重要的不是绝对成本数字的差异，而是媒体成本与广告接收者之间的相对关系，即千人成本。比较千人成本，再考虑媒体的传播速度、传播范围、记忆率等因素之后择优确定广告媒体，可以收到较好的效果。

一般来说，电视是最昂贵的媒体，而报纸则较便宜。但如果用每千人成本来计算，可能会发现：在电视上做广告比在报纸上做广告更便宜。

（三）广告媒体选择程序

广告媒体选择大体分为四个过程，具体如下：

1. 调查研究。

调查研究是广告媒体选择的首要环节。这一阶段包括了解与分析各个广告媒体的覆盖面、收视（听）率、触及率、频率、广告成本及其他方面的情况，以明确广告计划的目标与广告媒体之间存在的差距，其中心是分析广告媒体的数量与质量问题。

广告媒体调查研究分为四个具体步骤：①分析媒体的性质、特点、地位、作用；②分析媒体的传播数量与质量；③分析受众对媒体的态度，他们是经常阅读报纸、杂志，还是收听广播、收看电视或浏览网页；④分析媒体的广告成本。

在媒体调查研究的诸多方面中，媒体传播的数量和质量是最紧要的问题。媒体的量，即指媒体所能传播的受众的数字与广告成本的比例关系，比如报纸的发行量等是评估媒体传播量的标准。所谓媒体传播的质量，是指某种媒体的影响力和声誉，以及它在表现形式上所产生的心理效能。其衡量指标具体包括以下几项：①权威性，是衡量广告媒体本身带给广告的影响力大小的指标；②覆盖面，是指广告媒体在传播信息时主要到达并发挥影响的地域范围；③触及率，是指一则广告借助某一媒体推出后，接收到的人数占覆盖区域内总人数的百分比。

2. 确立媒体目标。

（1）明确传播对象，即明确媒体向谁传递信息，这是决定广告效果的重要因素。

（2）明确传播时间，消费者购买商品往往具有一定的时间性和季节性，需要选择恰当合适的时间作为广告推出的时间，力争最优化地利用媒体资源。

（3）明确传播区域，即确定目标市场的位置，并按照市场的位置选择广告媒体。

（4）明确广告次数，即明确传递广告信息的次数，这是一个受众率和频率的问题。一般说来，广告推出的次数愈多，对受众的影响当然也就愈大。

（5）明确推出方法，即指广告形式的选择。一般来说，广告的总体表现形式有两种，一种是理性诉求，一种是感性诉求。

（6）明确媒体方案。一般说来，可供选择的媒体方案有 2 种：

方案一，单一媒体方案，是指只选择运用某一种媒体作为传播广告信息通道的方案。

方案二，多媒体组合方案，是指在同一时期内，选用两种或两种以上的媒体作为传播广告信息的手段。充分发挥各式各样的媒体的优势与特长，科学有效地构成多层次、全方位、立体式的广告宣传网络。同单一媒体运用相比，两种或多种媒体交错配合使用，同时展开广告宣传，可以产生出乎意料的良好效果。这种方案效果最佳，符合整合营销的传播理念，但广告费用庞大。

3. 媒体方案评估。

为了精心选择广告媒体，减少广告计划制定过程中的偏差失误，必须对广告媒体方案进行充分严格的分析与评价。媒体方案评估的主要内容包括以下 3 个方面。

（1）可行性分析。

分析媒体方案实施的客观条件是否具备，有可能遇到的麻烦或阻碍等。例如，分析媒体经营单位的广告制作水平或传播信息的能力，考虑其是否能圆满完成媒体方案的传播任务。

（2）危害性分析。

广告是超越时间与空间的信息传播，是一种负有责任的信息传播，对社会有着重大的影响。对媒体方案进行评估，必须具有风险意识，着力分析评价方案实施后可能造成的危害与不良影响。

（3）效益性分析。

确定媒体方案时，必须充分考虑方案的经济效益、社会效益、心理效益。对经济效益的分析，应考虑广告投资额度与广告效果的比例关系；对社会效益的分析，主要考虑广告对社会风气等的正面效应；对心理效益的分析，主要是媒体传播应有效刺激消费者心理购买欲望，促使其达成购买行为。

4. 组织实施。

组织实施，是对前面广告媒体方案的具体落实，是媒体选择程序的最后一个阶段。这一过程也包括4个具体步骤：①与广告主签订媒体费用支付合同；②购买广告媒体的版位、时间与空间；③推出广告，并监督实施；④搜集信息反馈，并对传播效果做出及时的评价。

四、训练步骤

（1）将学生分组（每组约5人），分别安排若干组学生根据情境一、情境二进行媒体选择策划。每组选择一名组长，由组长对本组进行分工，主持组内讨论。

（2）组员一起撰写策划方案，方案内容包括：

①产品的特点，目标顾客，目标市场。

②评价各种媒体在覆盖范围、频率和影响等方面的特性。

③决定背景企业广告的媒体组合。

④决定背景企业广告的媒体传播时序。

⑤背景企业广告的预期沟通效果。

每组提交一份策划方案，由教师选出四份（每个情境两份）优秀的策划方案，由相应的小组派代表上台讲解，并在讲解完毕后，对同学提出的问题进行解答。

（3）教师对各组的方案进行点评和总结。

（4）学生撰写实训报告。

五、注意事项

（1）注意广告对象和销售范围。是大众型还是重点型？是耐用品还是消耗品？

（2）注意广告费用。

（3）注意广告媒体的影响力

（4）注意各种广告媒体的配合。

六、示例

宁波“八仙”汤圆广告媒体选择策划

（一）媒体选择方案

由于本次的广告活动旨在将“八仙”牌宁波汤团导入市场，并要求在一段时期内迅速扩大其一定区域范围内的品牌认知度，企业也将投入较多的广告花费，因而我们将突破只做一到两个媒体的模式，改而采用全方位的媒体方案（即综合性的媒体方案）。

1. 以电视广告为主导，利用电视这一媒体针对目标消费者做重点诉求，争取以电视广告形式对目标消费者达到最广泛的覆盖。

2. 以报纸广告为补充，向目标消费者做进一步的诉求，以报纸广告的形式将产品介绍给广大的目标消费者，同时也将信息传达给电视广告未能传达到的那一部分目标消费者。

3. 以广播广告为更进一步的补充，向目标消费者传达关于产品更丰富的信息，同时各种促销活动的内容信息等也将通过广播广告及时告之消费者。

4. 以车身和候车亭广告形式作为扩展，活泼醒目具有强烈视觉冲击力的广告画面强化目标消费者对产品信息的记忆。

5. 以招贴广告和实物广告作为售点广告，在各大商场、超市、地方旅游点饭店、旅游点小吃摊等区域以招贴和实物的形式对消费者作提醒性的广告宣传，促使他们即时采取购买行动。

（二）所选媒体及原因

1. 所选媒体。

（1）宁波电视台第4套节目：该套节目以电视剧播放为主，是宁波的地方有线电台的电视剧频道，该频道颇受女性消费者的关注。

（2）《宁波晚报》：目前发行量已达19万份，是宁波市发行量最大的综合性报纸，并且在浙东沿海享有一定的声誉和影响。它以“心系寻常百姓，可读可用可亲”为办报宗旨，是以面向家庭为主的报纸，因而它的广告覆盖面广。此外，它的广告费用也相对要低于《宁波日报》。

（3）宁波电台交通音乐频道：宁波电台交通音乐频道在宁波地区有较高的收听率，消费者群体除本身有收听习惯外，在乘坐公交车、出租车时也能收听到其中的广告内容，它的覆盖面也很广，能有效地对报纸广告进行补充。

（4）宁波公交车身广告与候车亭广告：车身广告与候车亭能全面覆盖城市空间，巨大的广告幅面，能让产品的信息得到充分的表现，而且，在城市中这种广告形式的受众注意力高，能充分引起目标消费者的注意。

（5）招贴、海报等。

2. 媒体选择原因。

“八仙”汤圆的目标消费者定位在21～50岁的中青年妇女，其中又以31～50岁的中年妇女为主。处在这一年龄段的妇女又大致可以划分为两个层次，一是完全以家庭为中心的职业家庭妇女；二是职业女性同时又兼顾家庭生活。此时正是“八仙”汤圆导入市场的前期，为了尽快和尽可能地吸引到目标消费者的注意力，在媒体选择上，采用了电视、报纸、广播、车身、候车亭、招贴、实物等多种形式全方位地来投放广告，以此来保证广告的到达率。

（1）31～50岁的女性无论是否属家庭妇女，生活都较忙碌，基本上无暇有意地去接触媒体。电视是这一群体接触频率较高的媒介，这一年龄层次的目标消费者习惯在忙碌的生活之余以看电视作为消遣。因此，在媒体策略的制定上，选择了电视广告作为将产品导入市场的主导方式。本次广告活动旨在为“八仙”汤圆在宁波打开市场，并逐步将市场扩大至整个浙江省地区，因而在媒体选择上，宜采用地方性有影响的媒体。宁波电视台第4套节目是以电视剧为主的地方性电视频道，一般家庭都有收看这一台的节目，女性消费者对该频道的关注度较高，并且广告花费也较低。

（2）这一群体也有着了解外界变化、关心自己生活的要求，她们越来越多的通过读报纸来掌握一些讯息。在媒体的选择上，以报纸作为补充，对电视媒体的覆盖面做进一步的扩大和完善。《宁波晚报》是宁波市发行量最大的综合性报纸，在宁波市范围内有着一定的影响，“八仙”产品的目标消费者相比于《宁波日报》、《东南商报》等报纸更常阅读《宁波晚报》，且《宁波晚报》上的新闻等也更多地关注于老百姓生活中的细节，在这份报纸刊登汤圆产品的广告也更具有说服力。

（3）将广播广告作为电视和报纸的补充，是因为这一目标消费者群体仍有收听广播的习惯，例如职业家庭妇女，会边收听广播边做家务，这种无意识的信息接收比强制性的信息接收来的有效。在广播广告的投放上，选择宁波电台的交通音乐频道基于两点考虑：一是交通音乐频道本身的听众类型和高收听率；二是宁波电台的交通音乐频道能在公交、出租车等车辆上为受众所收听。

（4）无论是家庭妇女还是职业妇女，和公交的联系都是密不可分的，利用车身与候车亭广告，可以吸引她们的注意，并使她们有足够的时间思考里面所包含的讯息。这类广告的投放地点，应主要集中于宁波市几个主要干道和往返于超市、小区间的车辆、站台上。

（5）在各大商场、超市、地方旅游点饭店、旅游点小吃摊等区域布置的招贴和实物广告形式则相对真实，对既定的目标消费者群体具有一定的吸引力，现场广告能有效地促成购买。

（三）广告发布时机与频率

1. 各媒介的广告在广告活动开始时同时发布，不存在先后的顺序，以达到全方位的广告宣传的效果。

2. 广告发布频率：各媒介在广告发布的时间和频率上互为补充，以期达到最佳的广告效果。在广告活动一开始时，为了迅速地打开市场，在广告策略的采取上，应使用密集型的策略，即在各个媒介上持续发布广告，保持一个较高的广告频率。同时实物展示的广告形式也在各大商场、超市、地方旅游点饭店、旅游点小吃摊等区域展开，以迅速吸引消费者的目光，促成购买。两个月后则采取间歇发布的策略，此时，消费者对该产品已有了一定程度的了解，至少对该产品已有所耳闻，间歇的广告发布策略能时不时地对受众的记忆进行提醒，既节约了广告费用，同时也达到了宣传效果，广告的连续性在，广告的持续说服和提醒作用也在。

（四）各媒体的广告表现

1. 系列电视广告：以抒情性的故事为主。

2. 系列广播广告：同样以抒情性的故事为主。

3. 报纸广告：系列平面广告，文案以简洁为先，不以故事为核心。

4. 招贴、车身、候车亭广告：以鲜艳色彩的图案为核心再加之以广告语。

（五）各媒体的广告规格

1. 电视广告：15 秒，尽管产品仍处于上市期，但是 15 秒的时间已经足够传达广告信息，进行有力的说服，既避免让观众产生厌烦的心理还节约了广告费用。

2. 报纸广告：以半版的广告形式为主，具有一定的视觉冲击力，采用套红。

3. 广播广告：15 秒。

4. 招贴广告：4 开。

资料来源　叶文：《宁波“八仙”汤圆广告媒体选择策划》，中国广告人网，http://www.chinaadren.com/html/file/2005-3-4/2005342351108491.html，2004-11-27。

七、学习天地

1. 目标沟通对象是学龄前儿童，适合选择什么媒体做广告？如果广告内容比较专业，又适合选择什么媒体呢？

参考答案：在把学龄前儿童作为目标沟通对象的情况下，适合选择在电视或电台上做广告。如果广告内容比较专业，则适合在专业杂志上做广告或采取邮寄广告的形式。

2. 李经理想要为其产品进行广告促销，他有哪些广告媒体方案可选？

参考答案：①单一媒体方案；②多媒体组合方案；③综合性媒体方案。

八、效果评价

本小组成员共同初评出组员个人实训态度成绩，教师和各小组组长共同评出组员个人实训表现成绩（见表 5—3），教师评出小组策划效果成绩（见表 5—4），在此基础上给出个人最终成绩。

个人最终成绩 = 个人实训态度评价 ×20% + 个人实训表现评价 ×50% + 小组策划效果评价 ×30%

表 5—3　**组员个人实训过程评价表**

小组成员个人成绩 / 小组成员姓名	态度（满分为 100 分）	表现（满分为 100 分）	
		操作 50%	技能 50%

注：考评满分为 100 分，60 分以下为不及格；60～69 分为及格；70～79 分为中等；80～89 分为良好；90 分以上为优秀。

表 5—4　　　　**广告促销之媒体选择效果评价表**

评价内容	分值	评分
创意的合理性、可行性、完整性	40	
讲解和演示清晰、生动，表现自然大方，语言流畅生动，应变能力强	40	
准备工作充分，演示文件精美，脱稿	20	
总分	100	

注：考评满分为 100 分，60 分以下为不及格；60～69 分为及格；70～79 分为中等；80～89 分为良好；90 分以上为优秀。

九、实训案例分析

贝克啤酒在海南的广告媒体选择

贝克啤酒的广告代理商是上海奥美广告公司，为了使贝克啤酒迅速地占领海南市场，上海奥美广告公司为贝克啤酒精心制作了三个颇有创意的广告片并陆续在海南某些电视台播放。第一则广告片是：一群向日葵围着太阳转，唯独只有一棵向日葵不向太阳却向着贝克啤酒！广告口号是："喝贝克，听自己的！"第二则电视广告是：沙滩上有一群螃蟹在横着爬行，唯有一只螃蟹独具一格地直行着向贝克啤酒爬去。广告口号还是："喝贝克，听自己的！"这两则广告表现了贝克啤酒的独特个性，同时也传达着喝贝克啤酒的人也是有个性的、有独立见解的、有自己的品味的、有自己的选择的人这一寓意。第三个广告片主要表现这种品牌是舶来的。许多人在一只绿色帆船上喝着贝克啤酒，感觉清凉爽快，这群人极富活力和朝气，表现了现代人的现代生活。

中国的啤酒很多，喝起来也没多大的差异，不同的只是感觉而已。这三个广告都没有讲啤酒花、泉水和酵母如何，只讲了气氛、感受和品味，讲了无拘无束的个性和扬帆远航的自由。不论是从创意还是从制作的角度来看，三个广告可谓是上乘之作。但出人意料的是三则广告在海南某些电视台播放后，收效甚微。奥美公司的人带着困惑到海口进行了实地的市场调查。通过调查，他们恍然大悟，原来海南人不爱看电视。通过调查他们了解到海南的人口特点是：年轻人多，流动人口多，想要发大财、做淘金梦的人多，这是一种特殊的亚文化群，他们无时无刻不在奋斗，他们的心像浮萍一样漂游不定，他们当中很少有人安居乐业，拥有电视机的人不多，而能每天晚上安安心心坐在电视前看电视的人更少。他们关心的是寻找一个赚钱更多、机会更好的职业。他们虽然不看电视，却十分爱看报纸。因为当地报纸上经常有一些"人求事"或"事求人"的广告。

针对这样一种与众不同的文化及人口环境，上海奥美公司在海南迅速推出系列报纸广告。第一幅报纸广告是一则悬念式广告。整幅画面中只有一个贝克啤酒瓶盖占据正当中。下面是一行很不起眼的小字：最近千万别丢掉它！它即将价值千万！这幅广告引起了许多人的注意。许多人开始喝贝克啤酒，并注意保留瓶盖。这次广告活动的中心议题是：谁收集贝克啤酒瓶盖最多，谁将“做海南的首富”三天。开奖的日子煞是热闹，许许多多的人，带着许许多多的瓶盖来领奖了。最后，由一个海鲜店老板荣获此次广告活动大奖。他一共收集了6万个贝克啤酒瓶盖。这位幸运者吃着最豪华的饭菜，驾着劳斯莱斯在海南风光了三天，记者关注着他的一举一动。这次活动不但是一次效果极佳的广告活动，也起到了不同凡响的公关效应。

分析：“广告要做给买家看”，必须选择买家看的媒体，广告才能出效果。因此，在实施广告活动之前，一定要先了解周围的营销环境，只有这样才能有的放矢，百战不殆。贝克啤酒开始时没有针对目标消费群体的特点选择有效的媒体，发现这个问题后便迅速作出反应，并选择了海南人关注得更多的媒体——报纸，因而收到了不同凡响的效果。

资料来源　佚名：《广告定位与媒体选择》，中国办公网，http：//www.365u.com.cn/WenZhang/Detail/Article_5512.html，2005-10-28。

实训项目3　人员推销之活动组织

一、实训目的和要求

通过实训，使学生能够了解人员推销的形式、队伍组建的内容及其他相关工作，能进行人员推销基本活动的组织。

二、情境设计

你是某一化妆品公司的人力资源部经理，现在公司要招一批促销员。你认为本公司的产品人员推销适合用什么形式？你打算如何组建这支促销员队伍？请将你的想法写成一份具体的方案。

三、相关知识

（一）人员推销的基本形式

人员推销的队伍组建，首先需要根据企业的实际情况（如企业实力、市场网络的实际情况以及市场发展的实际情况等）以及产品的特点，确定适合产品销售的人员推销形式。一般来说，人员推销的基本形式有以下几种：

1. 上门推销。上门推销是最常见的人员推销形式。它是由推销人员携带产品样品、说明书和订单等走访顾客，推销产品。这种推销形式可以针对顾客的需要提供有效的服务，方便顾客，故为顾客广泛认可和接受。

2. 柜台推销。又称门市，是指企业在适当地点设置固定门市，由营业员接待进入门市的顾客，推销产品。柜台推销与上门推销正好相反，它是等客上门式的推销方式。由于门市里的产品种类齐全，能满足顾客多方面的购买要求，为顾客提供较多的购买方便，并且可以保证产品完好无损，故顾客比较乐于接受这种方式。

3. 会议推销。会议推销是指利用各种会议向与会人员宣传和介绍产品，开展推销活动。譬如，在订货会、交易会、展览会、物资交流会等会议上推销产品。这种推销形式接触面广、推销集中，可以同时向多个推销对象推销产品，成交额较大，推销效果较好。

（二）人员推销的队伍组建

确定了人员推销活动的形式，接下来，就要确定所需要的销售人员的特点与数量。首先，推销人员扮演着企业的形象代表、服务人员、信息情报员、客户经理等角色，因此，推销人员选拔和培训，就需要根据这些要求进行，建立一支具有高水平、高素质，能成功扮演以上角色的销售人员的队伍。其次，要根据人员推销活动的形式，确定销售人员的数量，销售人员的数量不在多，而在于精干、细致，具备良好的执行能力。

1. 推销员的选拔。

（1）外形条件。推销员是企业派往目标市场的形象代表，因此，一般应选择外表较为端庄的应聘者。特别是一些对外形条件要求较高的产品，如美容、护肤等产品，更应该根据产品的特性，选择外形符合条件的推销员。

（2）除先天条件外，性格是决定取舍的重要指标，必须选择具有适合推销工作的性格的应聘者，如应选择开朗、乐观、较为外向、较有亲和力的人。有些推销员虽然各方面条件都很优越，可就是无法开口向消费者介绍产品，这种“哑巴”推销是不起任何作用的。

（3）个人品行与习惯也是影响推销员选择的重要因素。在推销员的选择过程中，要选择品行端正、诚实、自律的人；另外，在选择推销员时，还应关注其言行举止，挑选具有良好个人习惯的人。

（4）对消费者心理需求的领悟能力、是否有强烈的工作激情，也是选择推销员应关注的重要方面。一个悟性极差的促销人员往往不能很好地把握消费者心理，使促销效果大打折扣；只有有促销激情的人才能不倦地向消费者推荐、讲解，而不会在遇到困难时中途逃脱。

2. 推销员的培训。

（1）要培养推销员一些必备的道德品质，包括：正确处理与企业的关系；正确处理与促销对象的关系；正确处理与竞争对手的关系。

（2）要培养推销员良好的个人修养，使其拥有仪表端庄、举止文雅、作风正派、谦虚礼貌、平易近人等良好的气质和外表风度，给消费者一种亲切、愉快的直观感觉，以赢得他们的信任，为销售工作的顺利开展奠定基础。

（3）对推销员进行一些必要的知识培训，包括企业知识、产品知识、用户知识以及一些必要的法律知识，并劝导推销员不断学习，丰富自身的知识储存，扩大知识结构所涉及领域的宽度。

（4）对推销员进行销售技能的培训，如洽谈艺术、沟通技巧、谈判技术等，使其具有良好的市场开拓能力、成功谈判能力、业务控制能力、业务组织能力以及敏锐的洞察力、应变创新能力。

（三）推销活动的其他工作

要使推销活动顺利、富有成效，除了建立一支精干的销售队伍，还需要做好其他的一些配套工作。例如，为了推广、提升企业形象，统一理念、规范推销员的行动，企业可以制作推销手册，其具体内容可包括企业背景，产品知识，推销员的工作意义、岗位、职责、工作流程、工作礼仪、工作守则等。具体的配套工作，需要视企业和产品的实际情况以及销售形式而定。

四、训练步骤

（1）以小组为单位，每组选出一名组长。

（2）编写方案，方案可包括以下内容：

①该产品的特性，产品的目标顾客，目标顾客的特点，阐明适合采用的推销方法。

②推销人员的选拔标准，推销人员的选拔过程，推销人员的考核标准，推销人员的考核过程。

③推销人员的培训时间，培训的考核等。

（3）指导教师对方案进行点评。

五、注意事项

（1）各种推销形式各有利弊，在实际运用中应该扬长避短，选择最为适用的推销方式。

（2）推销形式可以配合使用。

六、示例

喜得乐哈密瓜酒人员促销策划

喜得乐哈密瓜酒从 2002 年 1 月 14 日试销以来，在短期内取得了相当不错的市场反应，取得了一定的市场基础。但是，由于试销产品的香味、口感与消费者的要求差距太大，前期试销产品的回头率不高，给新品上市造成了极大的阻碍。为了让更多的消费者接受喜得乐哈密瓜酒，必须从提高消费者的首次消费开始入手，从而带动市场的整体推进速度。因此，本公司将于 2002 年“五一”黄金周期间举行一次人员促销活动。

1. 活动形式：柜台推销（在已供货的终端由公司的促销员进行产品介绍和免费品尝促销活动）。

2. 促销队伍组建。

（1）促销人员的招聘：由片区市场负责人自行招聘，工资、考勤制度、岗位职责由市场负责人自行编制，报请公司审批，办公室、财务备案。

（2）促销人员的培训：培训内容分为两部分，产品专业知识、企业简介、促销礼仪部分由销售公司统一培训；当地人文、心理、销售技巧由片区市场负责人培训；促销总结、促销执行方式、方法的临时更改由片区市场负责人进行调整，上报销售公司。

3. 促销手册的印刷，内容包括：

（1）公司背景。

（2）什么样的哈密瓜能酿出优质哈密瓜酒。

（3）喜得乐哈密瓜酒原料产地及原料特色。

（4）喜得乐哈密瓜酒的产品结构。

（5）促销员的工作意义、岗位、职责。

（6）促销员的工作流程。

（7）促销员的工作礼仪。

（8）促销员的工作守则。

（9）酒楼及市场推广注意事项。

（10）应对刁难范例（顾客疑难解释）。

（11）公司最佳促销员评选及奖励办法。

资料来源 佚名：《2002年喜得乐哈密瓜酒促销运作方案》，文秘114，http：//www.wenmi114.com/wenmi/fanwen/qihuawenan/2007-01-29/200701299856.html，2007-01-29。

七、学习天地

1. 小刘在一家服装外贸公司工作，每年都去参加广交会，通过广交会接到大量订单，请问小刘的这种推销形式属于哪种形式的推销，这种推销形式有哪些好处？

参考答案：属于会议推销。好处是接触面广、推销集中，可以同时向多个推销对象推销产品，成交额较大，推销效果较好。

2. 小王要组织新进公司的推销员进行培训，请问他需要考虑哪些培训内容？

参考答案：首先，要考虑一些推销员必备的道德品质的培养；其次，要考虑推销员良好的个人修养的培养；第三，要让推销员掌握企业、产品、用户等方面知识；第四，要使推销员掌握洽谈艺术、沟通技巧、谈判技术等销售技能。

八、效果评价

本小组成员共同初评出组员个人实训态度成绩，教师和各小组组长共同评出组员个人实训表现成绩（见表5—5），教师评出小组活动组织效果成绩（见表5—6），在此基础上给出个人最终成绩。

个人最终成绩=个人实训态度评价×20%+个人实训表现评价×50%+小组策划效果评价×30%

表5—5 组员个人实训过程评价表

小组成员个人成绩 / 小组成员姓名	态度（满分为100分）	表现（满分为100分）	
		操作50%	技能50%

注：考评满分为100分，60分以下为不及格；60～69分为及格；70～79分为中等；80～89分为良好；90分以上为优秀。

表5—6　　**人员推销之活动组织效果评价表**

评价内容	分值	评分
创意的合理性、可行性、完整性	40	
讲解和演示清晰、生动，表现自然大方，语言流畅生动，应变能力强	40	
准备工作充分，演示文件精美，脱稿	20	
总分	100	

注：考评满分为100分，60分以下为不及格；60～69分为及格；70～79分为中等；80～89分为良好；90分以上为优秀。

九、实训案例分析

郑州一诚酒业公司的促销队伍组织

在"终端为王"的今天，拥有一支促销员队伍是郑州市一诚酒业公司马经理最大的愿望。2005年1月，马经理迎合市场发展趋势，开始着手打造促销员队伍，他从管理入手，大胆创新，经过近一年的辛勤摸索和苦心打造，马经理终于"修成正果"，建立了一支能征善战的促销员队伍。那么，从其促销员的招聘和培训方面来说，马经理是如何操作的呢？

（一）从"源头"入手，巧妙选人打基础

很多企业招聘促销员往往喜欢从人才市场招录，其招聘对象也往往都要求年轻、有相关工作经验等等，但马经理却一反常规做法，而是自己推出了独特的选人、用人机制。

1. 人从"源头"找，即撇开人才市场，摒弃经验限制，另辟蹊径，从大中专院校挑选即将毕业而进入实习期的大中专毕业生，其理由是：首先，这些学生虽然社会经验少，阅历浅，但悟性高，可塑性强，培养提升后对企业的忠诚度高；其次，这些学生因为能力、社会阅历欠缺，对待遇往往不是太在意，较为注重能力提高；最后，这些学生组织、纪律性强，易于公司统一管理。

2. 注意男女比例搭配。很多人都认为，酒类促销员都是女孩的专利，但马经理却不这么想，他认为，女促销员有她的认真、细腻的优势，但男促销员也有干练的有点，如果促销员当中搭配有一定比例的男性，他们能够取长补短，互相学习，对于团队的打造将是非常有利的。在一些人流量、客流量较大的星级酒店、KA大卖场，马经理将人员分组，不仅男女协调分工，而且充分利用他们的能力和优势互补，既解除了他们形单影只的单枪匹马作战现象，同时又充分地调动了他们的积极性。

人从"源头"找，并讲究"男女搭配，干活不累"，促销员内在的工作激情被充分挖掘，收到了较好的效果，特别是促销员统一的装束，醒目的标志，既显示了男性促销员的阳刚之气，也彰显了女性促销员的柔性之美。

（二）强化培训，提升技能造声势

对促销员进行多元化、全方位的培训是马经理摸索出来的促销员管理“绝招”，通过强化培训，马经理不仅提升了他们的操作技能，较好地灌输了公司的经营理念，教会促销员如何扩大销量，而且，通过全方位的培训，还提升了促销员的整体素质，增强了凝聚力、向心力，使他们更好地从事本职工作。

1. 心态培训。促销员在推销过程中，要面对很多的拒绝和挫折，因此，培养其良好的心态至关重要。心态培训主要是通过一些案例及活动，让他们明白作为促销员所应具备的自信、积极、吃苦耐劳以及敬业等心态。通过心态培训，不仅鼓足了其挑战困难的勇气，而且还强化了其心理素质，让他们能够坦然面对失意和困难。

2. 技能培训。人员推销是一种一对一、面对面促销，在与消费者接触交流当中，其推销能力非常重要。马经理从以下几个方面对促销员进行技能培训：

（1）沟通能力，即促销员要有较强的语言表达能力，能抓住客户的心理需求，察言观色，伺机而动，从而让客户接受你的产品。

（2）推销能力，即在与消费者沟通过程中，怎样更好地推销你的产品。通过哪种方式，能够引起消费者的注意，使其产生兴趣，并马上产生购买欲望，通过比较权衡，来达到最终购买。

（3）异议处理能力，即在消费者产生购买异议时，及时冷静、妥善处理的能力。

3. 拓展培训，即潜能激发培训，主要是通过一些富含哲理的游戏或活动，让人挑战生理极限，打破心理坚冰，从而更好地寻找生存和发展机会。

通过强化培训，马经理不仅让促销员很快地成长起来，而且，系列培训特别是拓展培训的举办，鼓舞了团队的士气，让人认识到团队的力量、组织的力量。

除了创新性的、有计划的人员招聘和培训，马经理还对促销员的管理制度进行完善，例如根据促销员的特点，制定了《促销员管理手册》、《促销员管理规定》等一系列的规章制度，并制定了相应的促销员约束激励机制。经过这些环节的有效操作，一诚酒业公司拥有了一支作风扎实、行为规范的促销员队伍。促销员所在酒店的销售额和利润额每月以30%的比例大幅增长，并由餐饮渠道拉动零售终端，顺势打开了批零市场通路，最终达到了企业、员工、消费终端三方多赢的大好局面。

分析：案例中的马经理在促销员队伍的组织中，从招聘到培训，都根据酒类产品的特点，进行细致的分析和周到的考虑，并大胆创新，为打造有组织、有纪律、有活力的促销员队伍做了很好的铺垫，实现了企业与员工的双赢。

资料来源　崔自三：《促销员管理：步步为营步步赢》，聚杰网，http：//www.itjj.net/pinpai/shichang/tuandui/20070628/193777.html，2007-6-28。

实训项目 4　人员推销之推销实务

一、实训目的和要求

通过本实训，使学生掌握一些推销的策略和推销技巧，面对一项推销任务，能够系统地进行推销过程的策划（如推销前准备、推销过程如何洽谈等），从而较成功地完成一件产品的推销，真正提高自身推销能力。

二、情境设计

詹佳是汇金文化用品公司业务销售员。罗亚是美味食品公司的行政经理。詹佳身穿一套藏青色西装，当他走进罗亚的办公室时，年近 60 的小个子罗亚正坐在沙发上看报纸，手臂与两腿都交叉着。

詹佳：（走近罗亚，伸出他的手）早上好，罗经理。很高兴见到你，今天你看上去特别精神。

罗亚：是的，你迟到了。

詹佳：刚才地铁出现了故障，害得我耽搁了，不过只是 5 分钟。

罗亚：（用手指摸了摸自己的鹰钩鼻，双臂抱得更紧了）那么好吧，我能为你做什么？

詹佳：我们公司刚进口了一批全新的文具，我想你们可能用得上。

罗亚：那我就实话实说了，我们刚与红星文具社（汇金公司的竞争对手）签了一份订单。

詹佳：（刚从公文包中拿出的产品样本的手在颤抖，音调变高，声音变得结结巴巴）哦，听、听到这太遗憾了。我只是迟到了 5 分钟，我们在电话中都已经谈妥了，你们应该等着我来的，我们公司的定价比他们要低 10%～15%。

罗亚：（突然松开交叉的手臂和两腿，手托着下巴，身体向前倾斜着）是吗？

詹佳：（自说自话地站起身来，眼睛紧盯着天花板，整了整藏青色西装）对不起，我想我已经错过了一次机会，既然你们已经下了订单，下次我们再谈，好吗？

不等罗亚回答，詹佳有礼貌地道了声再见，径直走出罗亚的办公室。当詹佳离开时，罗亚刚站起的身子又重重地坐在沙发上。

要求：进行情境模拟训练，请思考在推销过程中，詹佳犯了什么错误。如果你是詹佳的话，你会如何与罗亚沟通？

三、相关知识

（一）推销过程

第一步：等待机会。

等待顾客上门。营业员应遵循以下 5 个原则：（1）营业员站在规定的位置上，还应注重重要位置递补。(2) 要以良好的态度迎接顾客。(3) 没有顾客上门时，可以做些整理、检查商品的工作，为下次销售做好准备工作。(4) 应该时时以顾客为念。(5) 应做出积极的行动来吸引顾客的注意，包括移动商品、整理商品、清扫橱柜等。

第二步：接近顾客。

接近顾客的机会有以下 7 种：(1) 当顾客注视特定的商品时。(2) 当顾客手触商品时。(3) 当顾客表现出寻找商品的状态时。(4) 当顾客停下脚步时。(5) 当与顾客的视线相遇时。(6) 当顾客抬起头来时。(7) 当顾客与同伴交谈商品时。

第三步：商品展示。

要让顾客了解商品，激发顾客对商品的兴趣。展示商品时，要着重把它与旧商品的不同之处展示出来，展示名牌产品时，要着重把厂牌、商标展示出来。还应注意对顾客的感官刺激，尽可能提供一些操作实验，如试听、试看、试穿等等。

展示商品应遵循由低档向高档逐级展示，满足顾客虚荣心的需要。营业员特别要注意展示商品时的动作、语调与神态，必须适应消费者心理反应的速度与强度。

第四步：商品说明。

这体现了商品知识的重要性，只有熟悉商品知识，才能让顾客明白商品用途。介绍商品时，优点要有节制，不要和盘托出，要捡顾客需要的说，留一些优点让顾客慢慢体会，这样会增加产品的可信度。一定要记住，不可以诋毁同类产品，这是一种不道德的行为。

第五步：诱导劝说。

一般可以采取以下措施：(1) 对不满意的地方以委婉诱导说服，使之不满理由发生动摇，继续购买。(2) 站在顾客立场委婉如实的解释产品优缺点，满足顾客反复权衡的心理需要。(3) 实在无法让顾客满意，不可强人所难。明智的做法是诱导其建立新的“拥有观念”。(4) 抓住要领推荐连带性或代用性商品，提示购买的方便；避免价格上的心理阻碍，给予较多的思考机会，使之产生周到之感，满足顾客求方便、求实惠的心理。(5) 尽可能让顾客实际使用一下，体验商品的好处。(6) 从商品的命名、商标、包装、造型、色彩和价格等方面，适当揭示某些迎合顾客心理的有关寓意或象征，增加商品的魅力，丰富顾客对商品各方面的联想，帮助顾客确立购买信心，促进其实际购买行动。

第六步：促进成交。

最佳成交时机是顾客购买欲望最强、最渴望占有商品的时候。一般有以下几种信号：(1) 顾客突然不再发问时。(2) 顾客话题集中在某一个商品时。(3) 顾客征求同伴意见时。(4) 顾客提出成交条件时。(5) 当顾客不断点头时。(6) 顾客关心售后服务问题时。

以下介绍三种促使顾客决定购买的方法：(1) 将商品介绍的焦点集中在 3 ~ 5 种商品上。(2) 通过顾客的视线焦点、顾客触摸商品的次数、顾客摆在手边的商品、顾客作为比较中心的商品来确定顾客喜欢的商品。(3) 通过使用二选一法、动作诉求法、感情诉求法促进顾客的购买决心。

第七步：办好成交手续。

做好以下几项工作：(1) 表示谢意与赞许。(2) 包装商品。(3) 收取货款。(4) 递交商品。(5) 送走顾客。

(二) 推销策略

1. 试探性策略，亦称刺激—反应策略。就是在不了解客户需要的情况下，事先准备好要说的话，对客户进行试探。同时密切注意对方的反应，然后根据反应进行说明或宣传。

2. 针对性策略，亦称配合—成交策略。这种策略的特点，是事先基本了解客户的某些方面的需要，然后有针对性地进行“说服”，当讲到“点子”上引起客户共鸣时，就有可能促成交易。

3. 诱导性策略，亦称诱发—满足策略。这是一种创造性推销，即首先设法引起客户需要，再说明我所推销的这种服务产品能较好地满足这种需要。这种策略要求推销人员有较高的推销技术，在“不知不觉”中成交。

(三) 推销技巧

1. 上门推销技巧。

(1) 找好上门对象。可以通过商业性资料手册或公共广告媒体寻找重要线索，也可以到商场、门市部等商业网点寻找客户名称、地址、电话。

(2) 做好上门推销前的准备工作。首先，要做到“知己知彼”：一方面，要对自己企业的情况和产品、服务的内容材料十分熟悉、充分了解并牢记，以便推销时有问必答；另一方面，对客户的基本情况和要求应有一定的了解，可以通过同事、其他客户、其他厂家推销员、上司、该客户的下游或上游客户等途径来初步了解该客户。其次，要将见面的目的写出来，把即将要谈到的内容写出来，考虑怎样表述，进行语言方面的组织。

(3) 掌握“开门”的方法，即要选好上门时间，以免吃“闭门羹”，可以采用电话、传真、电子邮件等手段事先交谈或传送文字资料给对方并预约面谈的时间、地点，也可以采用请熟人引见、名片开道、与对方有关人员交朋友等策略，赢得客户的欢迎。

(4) 把握适当的成交时机。应善于体察顾客的情绪，在给客户留下好感和信任时，抓住时机发起“进攻”，争取签约成交。

(5) 学会推销的谈话艺术。

2. 洽谈艺术。

(1) 注意自己的仪表和服饰打扮，给客户一个良好的印象。尽管不同行业的推销员可能需要不同的衣着，但是大体上说来，推销员的穿着仍然应以稳重大方、整齐清爽、干净利落而且合乎企业形象或商品形象为基本原则。

(2) 言行举止要文明、懂礼貌、有修养，做到稳重而不呆板、活泼而不轻浮、谦逊而不自卑、直率而不鲁莽、敏捷而不冒失。如敲门要轻，且离门稍远；问候应主动、热情、适当；谈话时态度亲切、温和；坐态端正并稍向前倾，倾听认真、用心；谈话时不慌不忙，动作适度；交换名片时应双手呈递和双手接受；必须注意克服不断眨眼、挖鼻孔、掰手、咬嘴唇、搔头、挖耳朵、颤腿等坏习惯。

(3) 在开始洽谈时，推销人员应巧妙地把谈话转入正题，做到自然、轻松、适时。

可采取以关心、赞誉、请教、探讨等方式入题，顺利地提出洽谈的内容，以引起客户的注意和兴趣。

（4）在洽谈过程中，推销人员应谦虚谨言，注意让客户多说话，认真倾听，表示关注与兴趣，并做出积极的反应；遇到障碍时，要细心分析，耐心说服，排除疑虑，争取推销成功；在交谈中，语言要客观、全面，既要说明优点所在，也要如实反映缺点，切忌高谈阔论、"王婆卖瓜"，让客户反感或不信任。

（5）洽谈成功后，推销人员切忌匆忙离去，这样做，会让对方误以为上当受骗了，从而使客户反悔违约。应该用友好的态度和巧妙的方法祝贺客户做了笔好生意，并针对合约中的重要细节和其他一些注意事项对其做好指导。

3. 排除推销障碍的技巧。

（1）排除客户异议障碍。若发现客户欲言又止，应主动少说话，直截了当地请对方充分发表意见，以自由问答的方式真诚地与客户交换意见。对于一时难以纠正的偏见，可将话题转移；对恶意的反对意见，可以"装聋扮哑"。

（2）排除价格障碍。当客户认为价格偏高时，应充分介绍和展示产品、服务的特色和价值，使客户感到"一分钱一分货"；对低价的看法，应介绍定价低的原因，让客户感到物美价廉。

（3）排除习惯势力障碍。实事求是地介绍客户不熟悉的产品或服务，并将其与他们已熟悉的产品或服务相比较，让客户乐于接受新的消费观念。

四、训练步骤

（1）学生分组，由一部分人扮演詹佳，另一部分人扮演罗亚，进行情景模拟训练。剩余学生中，挑选一名学生做主持人，一名学生做计分员，其他学生做评委。如果时间允许，表演完一轮后可以角色互换。

（2）每次结束后，其他组员点评。

（3）指导老师点评。

（4）学生撰写实训报告。

五、注意事项

（1）精心组织，妥善安排，特别是表演的学生要提前准备，避免怯场。

（2）开始前教师要强调评分标准，要求评委公平打分。

（3）每组学生模拟的时间控制在10分钟之内，进行模拟的学生人数视时间而定，在时间允许的前提下保证每个人都有实训的机会。

（4）主持人要按规范的程序和标准来主持，并注意控制时间（到9分钟时提示一次，10分钟喊停）。

六、示例

王玉松的一次成功推销

王玉松——M 乳品公司大客户经理

宋卫东——华惠连锁超市（一家大型超市）的采购经理

星期一早上，王玉松拨通了宋经理办公室的电话。

王玉松：早上好，宋经理，我是 M 乳品公司大客户经理王玉松，想和您谈一谈我产品进店的事宜，请问您现在有时间吗？（通过前期了解，王玉松已经知道卖场的负责人姓名及电话）

宋卫东：我现在没有时间，马上就要开部门例会了。

王玉松：那好，我就不打扰了，请问您什么时间有空，我再打电话给您。（这时一定要对方亲口说出时间，否则你下次致电时他们还会以另一种方式拒绝）

宋卫东：明天这个时间吧。

王玉松：好的，明天见。（明天也是在电话里沟通，但“明天见”可以拉近双方的心理距离）

星期二早上，王玉松再次拨通了宋经理办公室的电话。

王玉松：早上好，宋经理，我昨天和您通过电话，我是 M 乳品公司大客户经理王玉松。（首先要让对方想起今天致电是他认可的，所以没有理由推脱）

宋卫东：你要谈什么产品进店？

王玉松：我公司上半年新推出的乳酸菌产品，一共 5 个单品，希望能与贵卖场合作。

宋卫东：我对这个品类没有兴趣，目前卖场已经有几个牌子正在销售了，我暂时不想再增加品牌了，不好意思。（显然已经准备结束谈话了）

王玉松：是的，卖场里确有几个品牌，但都是常温包装，我们的产品是活性乳酸菌，采用保鲜包装，您当然了解消费者在同等价格范围内肯定更愿意购买保鲜奶。而且我们的产品已全面进入餐饮渠道，销售量每个月都在上升，尤其是您附近的那几家大型餐饮店，会有很多消费者到卖场里再次消费。我们公司采用“高价格、高促销”的市场推广策略，所以我们的产品给您的返点一定高于其他乳产品。（用最简短的说辞提高对方的谈判兴趣，在这段话中王玉松提到了产品卖点、已形成的固定消费群体、高额毛利，每一方面都点到为止，以免引起对方的反感从而结束谈判）

宋卫东：（思考片刻）还有哪些渠道在销售你的产品？（对方已经产生了兴趣，但他需要一些数据来支持自己的想法）

王玉松：现在已经有 100 多家超市在销售我们的产品了，其中包括一些国际连锁超市，销售情况良好，我可以给您出示历史数据。（通过事实情况的述说增强对方的信心）

宋卫东：好吧，你明天早上过来面谈吧，请带上一些样品。

资料来源　贯越：《电话销售谈判技巧》，推销员门户，http://www.top-sales.com.cn/Article/dhxs/200712/9685_3.html，2007-12-30。

七、学习天地

1. 小李是某服装公司的销售员，张老板有意开一家服装专卖店，小李对此已有一些了解，现在他正与张老板洽谈，小李可以采取什么策略，这种策略的特点什么？

参考答案：针对性策略。这种策略的特点是事先基本了解客户的某些方面的需要，然后有针对性地进行“说服”，当讲到“点子”上引起客户共鸣时，就有可能促成交易。

2. 在示例“王玉松的一次成功推销”中，王玉松在排除销售障碍时采取了哪种技巧？

参考答案：采取了排除习惯势力障碍的技巧：实事求是地介绍客户不熟悉的产品或服务，并将其与他们已熟悉的产品或服务相比较，让客户乐于接受新的消费观念。

八、效果评价

本小组成员共同初评出组员个人实训态度成绩，教师和各小组组长共同评出组员个人实训表现成绩（见表5—7），教师评出小组推销效果成绩（见表5—8），在此基础上给出个人最终成绩。

个人最终成绩 = 个人实训态度评价 ×20% + 个人实训表现评价 ×50% + 小组策划效果评价 ×30%

表5—7　　组员个人实训过程评价表

小组成员个人成绩 / 小组成员姓名	态度（满分为100分）	表现（满分为100分）	
		操作50%	技能50%

注：考评满分为100分，60分以下为不及格；60～69分为及格；70～79分为中等；80～89分为良好；90分以上为优秀。

表5—8　　人员促销之推销实务效果评价表

项目	评价内容	分值	评分
推销技巧	1. 推销策略符合所设情境	20	
	2. 洽谈艺术	20	
	3. 排除障碍的技巧	10	
	4. 临场经验和应变能力	10	
形象风度	1. 衣着整洁	10	
	2. 仪表大方，举止得体	10	
销售效果	1. 推销成功（欣然接受） 2. 达成意向（买主考虑交易） 3. 推销失败（根本不予考虑）	10	
综合印象	由评委根据表演者的临场表现做出综合素质的评价	10	
总分		100	

九、实训案例分析

一次失败的推销

书店里，一对年轻夫妇想给孩子买一些百科读物，推销员过来与他们交谈。

客户：这套百科全书有些什么特点?

推销员：你看这套书的装帧是一流的，整套都是这种真皮套封烫金字的装帧，摆在您的书架上，非常好看。

客户：里面有些什么内容?

推销员：本书内容编排按字母顺序，这样便于资料查找。每幅图片都很漂亮逼真，比如这幅，多美。

客户：我看得出，不过我想知道的是……

推销员：我知道您想说什么！本书内容包罗万象，有了这套书您就如同有了一套地图集，而且还是附有详尽地形图的地图集。这对你们一定会有用处。

客户：我是为孩子买的，让他从现在开始学习一些东西。

推销员：哦，原来是这样。这个书很适合小孩的，它有带锁的玻璃门书箱，这样您的孩子就不会将它弄脏，小书箱是随书送的。我可以给你开单了吗?（推销员作势要将书打包，给客户开单出货。）

客户：哦，我考虑考虑。你能不能留下其中的某部分比如文学部分，我们可以了解一下其中的内容?

推销员：本周内有一次特别的优惠抽奖活动，现在买说不定能中奖。

客户：我恐怕不需要了。

分析：在推销时，必须弄清楚客户关注的利益点，接下来的推销中，就要时刻围绕利益点展开，顺带进行一些附加利益的介绍。案例中的推销员的失误非常明显：没有弄清楚顾客的中心利益点，虽然不停地罗列此书的优点，但都不是顾客最感兴趣的方面；在销售过程中，忽略了顾客的感受，自始至终以自己为主，按照自己的计划、步骤、节奏来介绍产品。这样的推销必然会以失败告终。

资料来源　肖坤梅：《打造金牌推销员的"四板斧"》，业务员网，http://www.yewuyuan.com/article/200809/200809220134.shtml，2008-09-22。

实训项目5　营业推广之工具选择

一、实训目的和要求

通过本实训，使学生了解营业推广工具选择的影响因素，并能够分析这些因素及各种营业推广工具的特点，选择合适的工具进行促销。

二、情境设计

在美国洗涤品市场上，各式各样的折扣、优惠券、小礼品是洗涤品市场进行激烈厮杀的惯常工具。最近，宝洁公司 Cheer 品牌组的 Seth 在考虑 Cheer 牌洗涤剂的促销问题。Cheer 在美国洗涤品市场排名第二，Cheer 牌洗涤剂是专门为开顶式洗衣机设计的一种白色并有蓝色和绿色微粒的洗涤产品。经过测试，他发现一种蓝绿色交织有红斑纹的长腿橡胶玩具很受欢迎，又安全经用，于是他选择这种玩具作为促销物。根据采购部门的估计，这个玩具的成本大约是每个 6 美分。这包括制造成本和从亚洲的产地运到辛辛那提的运费。如果你是 Seth，你将如何选择合适的营业推广工具，是否运用这种小玩具进行促销？请将你心中的具体方案描述出来。

三、相关知识

营业推广，就是通过鼓励购买或短期刺激使购买者更快地购买产品和服务的促销方式，其具体的工具有很多，如赠品、竞赛等。所谓选择营业推广工具，就是指企业为了达到促销目标而选择最恰当的营业推广方式，使活动既能达到预期的目标，又能节约公司的财力、物力、人力的促销工具。营业推广工具选择得当，可收到事半功倍的效果，相反，若工具使用不当，则可能与营业推广目标南辕北辙。

（一）营业推广工具的种类

通常的营业推广工具大致分为对消费者、对中间商和对企业内部 3 大类。

1. 消费者营业推广工具：赠送样品；优惠券；付现金折扣；特价包装；赠品；奖励；免费品尝（试用）；消费者组织化；销售现场陈列和表演等。

2. 中间商营业推广工具：折扣政策，如购买折让、广告折让、陈列折让等等；销售竞赛；广告技术合作；派遣店员等。

3. 企业内部营业推广工具：公司内部公共关系；营销人员销售竞赛；营销业务员教育培训；销售用具制作；促销手册等。

（二）促销工具选择的因素

选择有效的促销工具，应该考虑以下几个方面：

1. 促销目标。选择促销工具，必须与促销目标一致，使促销活动尽可能达到所制定的促销目标。两者的对应关系见表 5—9。

2. 产品因素，即选择工具时要考虑产品的种类、品牌成熟度、所处的生命周期、产品定位等等。

（1）产品种类。商品按销售后的用途不同可分为生产资料和消费品两类，消费品又可按购买习惯分为日用品、选购品和特殊品三类。企业对这些不同类别的产品由于促销对象及促销目标的不同而应选用不同的营业推广工具。

（2）产品品牌成熟度对促销工具的选择有很大影响，比如新品上市，在大多数消费者对该品牌根本没形成价格概念的时候，较不适宜选择特价的促销形式，而较宜采取现场演示或免费品尝等方式，引起消费者的关注，扩大产品影响面。

（3）产品的生命周期也影响着促销工具的选择。例如，在产品引入期的营业推广工具选择，应以推动产品试用为目的；在成长期，市场发展迅速，可以适当降低促销成本，选择一般性的营业推广工具。在产品成熟期和衰退期，由于市场的竞争日趋激烈，选择营业推广工具多以同竞争品进行有效区隔的促销为主。具体可参考表5—10。

表5—9 **针对不同目标选择不同工具**

营业推广目标 \ 营业推广工具		POP广告	优惠券	样品赠送	价格折扣	竞赛	赠品	酬谢包装
短期效果	争取试用	*	*	*	*	*		
	改变购买习惯	*			*			*
	增加购买量		*		*		*	*
	刺激潜在消费者	*	*	*		*		*
	吸引中间商				*	*		
长期效果	提升广告形象					*		
	巩固品牌形象					*	*	

表5—10 **产品生命周期对营业推广工具选择的影响**

所处阶段	营业推广工具		
	对销售人员	对中间商	对消费者
投入期	培训、推销手册、销售竞赛	企业刊物、新产品发布会、派员指导	POP、现场演示、示范、样品派送、宣传小册子、广告派送
成长期	销售竞赛	价格折扣、派员协助	POP、产品展示会、示范表演、附赠品
成熟期	加强培训、新的销售用具和资料	价格折扣、销售竞赛	附赠品、竞赛抽奖、成立消费者组织、分期付款
衰退期	以折扣、降价等方式处理库存，减少促销投入		

（4）产品的定位同样影响着营业推广工具的选择。产品定位的不同决定着不同层次的消费群，同样营业推广工具也应改变，例如，低溢价产品多采取全面渗透的方式进行营销；高溢价产品则采取高举高打的战术。

3. 企业因素。营业推广工具的选择要充分考虑企业的竞争地位、企业的资源等因素。

（1）企业的竞争地位。不同的竞争格局和企业所处的竞争地位，会影响企业对营业推广工具的选择。处于竞争优势的企业，更多考虑选用能产生长期效果的工具，而较少采用即效性的方法。如消费者教育、消费者组织等方式有利于为企业创造一支忠诚的顾客队伍。而处于竞争劣势的企业，则以为消费者和中间商提供更多的实惠为原则，在营业推广工具的选择上也要体现差异化的策略思想。

（2）企业资源也是影响营业推广工具选择的重要因素。例如，任何企业用于营业推广方面的资金总是有限度的，并且有了初步的预算值，为了达到企业促销目的，使有限资金发挥最大效益，就需要充分考虑各种营业推广工具的效果。

4. 消费者心理。首先，不同类型的消费者，购买心理也是不同的。例如，对于忠诚品牌使用者，可以考虑以会员制的方式进行促销；对于竞争性品牌忠诚者，可以以客户体验的方式（试用、品尝等等）进行影响等等。其次，选择营业推广工具时，应抓住人们好奇的心理，尽量选择新颖出奇的方式，吸引消费者的眼光，提高产品知名度。

在一次促销活动中，往往采用的不只是一种营业推广工具，把各种营业推广工具组合在一起，形成互补，往往会达到 1 +1 >2 的效用。在进行营业推广工具的选择组合时，策划者必须仔细分析企业的目标和环境，分析各种工具的优缺点所在，找到它们中可以互补的地方，尽量追求效用的最大化和成本的最小化。

四、训练步骤

（1）将学生分组（每组约 8 人），并各选出一名组长。

（2）由组长对本组进行分工，主持组内讨论，最后组员一起撰写具体方案。

（3）组织全班范围的大讨论，由各组组长将自己小组所确定的方案展示出来，并说明具体理由。

（4）各组长展示方案后，其他同学可就其方案提出疑问，由该组成员进行解答。

（5）所有方案展示结束后，进行点评和总结。

（6）学生撰写实训报告。

五、注意事项

（1）各种促销工具可配合使用。

（2）注重学生判断能力和综合能力的培养。

六、示例

小店也促销

王鹏一年前用 5 000 元退职费开办的一个小面店，不仅在有 1 000 多户人家的一家国企的家属区站住了脚，而且盈利颇丰。实际上，在家属区已经有五六家专业的面店，而且还有颇具规模的职工食堂亦兼营面食。但经过一年多时间的营业推广，王鹏的面店顾客是最多的，这证实了自面店开张以来，王鹏陆续进行的促销活动是有效的。

（一）促销定位

在小面店开张初期，根据经济基础薄弱的客观情况，王鹏既没有花大手笔对门面进行装修（其实作为一个小食店不宜大兴土木，以免给潜在的顾客造成一种高消费的错觉），也没有以比其他面店低的价格进行倾销（这不仅会产生偷工减料之嫌，而且直接与其他面店形成针锋相对的矛盾，对面店的发展是十分不利的)，而是将促销定位在一个“新”字上。

（二）促销工具选择

1. 设立阅报栏

针对大部分顾客是上班族这一特点，王鹏在面店内设立了一个阅报栏，阅报栏报纸在每天清晨面店开业时更换，包括时事、体育、股市、趣闻等篇幅不长、阅读起来不需要耗太长时间的内容。这样，面店吸引了一大批习惯在外吃早餐的年轻人。

面店这一促销方式，在后来的经营中被证明是十分成功的。它不仅给面店带来了相当规模的顾客群，同时也巧妙地实现了顾客分流。早餐不仅仅是为了填饱肚子，大多数上班族也想借此机会了解当前社会（包括政治、经济、文化、体育、娱乐等）状况，为此，部分顾客早早地来到面店，吃面倒成了附属的消费行为。

2. 简化就餐程序

（1）签名就餐。对于前来就餐的本单位职工，可先煮面，后在一个登记簿上签名并注明就餐品种、数量即可就餐（减少了购票、找零环节，提高了工作效率）。

（2）在企业发放工资当天把签名就餐人员应付金额整理成表进行清收（无形中扩大了面店的顾客群，对于平时资金吃紧的职工也不会因袋中无银而免于就餐）。

由于允许签名就餐者都是家属区的本单位职工，与王鹏都较为熟悉，且当前企业处于相对平稳期，职工工资水平不低，能够每月定时兑现所欠费用，经过几个月时间的运作，面店签名簿上就有了数量可观的长期稳定顾客名单。

3. 送就餐儿童上学的服务

就餐顾客从年龄上可细分为老年顾客群、中青年顾客群、少年儿童顾客群。既有的顾客群是以中青年为主，而老年顾客大多是没有在外吃早餐习惯的。为此，拓展顾客群应以少年儿童为主。为此，王鹏在增加适合儿童的早餐品种的同时，实施了相应的配套服务：针对上学（幼儿园）要过一条马路的实际情况，面店安排服务员做好送在本店就餐小孩安全上学的服务（考虑细致入微：其一，年轻的父母早餐后急于上班；其二，小孩穿过马路上学令父母担心；其三，小孩与父母早餐就餐速度存在较大差距）。这种既附加给到面店就餐的父母的服务，又附加给少年儿童的服务一直保持到现在，在家属区建立了面店多方位服务的良好形象，直接或间接地吸引了许多层次的顾客。

通过一年多时间的营业推广，面店的促销工作成绩斐然，不仅为面店换来了丰厚的回报，而且树立了良好的公共形象，面店成为超越“面店”的“全心全意为广大职工服务”的早餐服务公司。现在，王鹏正准备利用面店的利润、信誉以及形象，投资建立一个颇具规模的饭店呢！

资料来源　吴连芹：《我的促销》，载《经济管理者》，2003（2）。

七、学习天地

1. 小林所在的化妆品公司推出一款新的护肤霜，为了让顾客试用这款新品，他可选择哪些工具进行促销？

参考答案：较适合采用发放试用品的方法进行促销。因为在大多数消费者对该品牌根本没形成价格概念的时候，较适合采取免费试用的方式，引起消费者的关注，扩大产品影响面。

2. 张小姐要为公司的产品策划一场营业推广活动，她还未选择合适的营业推广工具，请问她需要考虑哪些因素？

参考答案：（1）促销目标；（2）考虑产品的种类、品牌成熟度、所处的生命周期、产品定位等产品因素；（3）考虑公司的竞争地位、资源等因素；（4）消费者心理。

八、效果评价

本小组成员共同初评出组员个人实训态度成绩，教师和各小组组长共同评出组员个人实训表现成绩（见表5—11），教师评出小组营业推广策划效果成绩（见表5—12），在此基础上给出个人最终成绩。

个人最终成绩 = 个人实训态度评价 ×20% + 个人实训表现评价 ×50% + 小组策划效果评价 ×30%

表5—11　**组员个人实训过程评价表**

小组成员个人成绩 / 小组成员姓名	态度（满分为100分）	表现（满分为100分）	
		操作50%	技能50%

注：考评满分为100分，60分以下为不及格；60~69分为及格；70~79分为中等；80~89分为良好；90分以上为优秀。

表5—12　**营业推广之工具选择效果评价表**

评价内容	分值	评分
方案的合理性、可行性、完整性	40	
讲解和演示清晰、生动，表现自然大方，语言流畅生动，应变能力强	40	
准备工作充分，演示文件精美，脱稿	20	
总分	100	

注：考评满分为100分，60分以下为不及格；60~69分为及格；70~79分为中等；80~89分为良好；90分以上为优秀。

九、实训案例分析

奇特的啤酒促销活动

比利时一家啤酒厂推出了一种新型啤酒，为了迅速打开市场，厂家想尽了各种办法，但是效果不大。一天厂家企划人员来到了布鲁塞尔市区一个公园游玩，这里有一个大广场，经常人山人海，公园中央有一尊小男孩撒尿的雕像。关于这个正作撒尿状的小男孩有一个动人的传说，早在比利时抗法战争时，法军安放炸药要毁灭这座城市，导火索点燃后，恰巧一个小男孩路过这里，情急之下，这个小男孩立即撒尿把导火索浇熄，从而保全了城市。人们为了纪念他而雕塑了这尊雕像。面对此景，厂家企划人员灵光一闪，想出了一个促销创意。

啤酒厂经有关部门同意，将小男孩雕像清洗干净，选择一个节日，做好了准备。节日这天，人山人海，中心公园无比热闹。天气很热，许多人口渴难耐。忽然，人们闻到从小男孩雕像处传来阵阵浓厚的啤酒芳香。有人大呼小男孩撒出的是啤酒（厂家事先安排），有人试着用杯子接啤酒，一喝，哇！好啤酒！消息传来，人们蜂拥而至，附近专门有人免费发放一次性纸杯。这一举轰动全城，很快，这家啤酒厂的啤酒就迅速占领了市场。

分析：这个案例的营业推广工具选择新颖独特，虽只是免费试喝，但其场地选择、时间选择都恰到好处。营业推广地点选择在城市广场，时间选择在节日，人山人海、天气炎热，保证了促销的诱惑力和轰动性。另外，营业推广借助小男孩雕像，推陈出新，一方面，巧妙地借用历史人物表达了企业的服务思想，小男孩当年是用自己的尿拯救了城市及人民，今天小男孩撒出的高质量“啤酒”是为了满足城市人民的需求；另一方面，小男孩雕像喷泉需求量若以循环形式进行，至少需要几十吨啤酒，用这么多啤酒进行喷泉演示及免费试喝，显示了厂家的经济实力。这次营业推广步骤连贯、内容新颖、形式奇特，达到了厂家的预期效果。

资料来源　舒明武：《尿啤酒的小男孩》，阿里巧巧，http：//www. aliqq. com. cn/softgoods/base/95801. html，2007－07－31。

实训项目6　营业推广之活动方案制订

一、实训目的和要求

通过本实训，要求学生了解营业推广活动方案所包括的内容，并能够根据活动特点与要求，制订一份营业推广活动方案。

二、情境设计

星河制筷公司生产了一种“抗菌功能筷”，具有杀毒、抗菌的功能，对人们的健康多了一份保障。这种功能筷在超市、药店均有销售。为了扩大产品认知度，公司准备为“星河抗菌功能筷”进行一次营业推广活动，请你们团队为这次活动进行策划，并撰写策划方案。

三、相关知识

一份完善的营业推广活动方案包括活动的目的、范围、对象、主题、方式、时间与地点等十个部分。

（一）活动目的

对市场现状及活动目的进行阐述。市场现状如何？开展这次活动的目的是什么？是处理库存，提升销量，打击竞争对手，新品上市，还是提升品牌认知度及美誉度？只有目的明确，才能使活动有的放矢。

（二）活动范围

确定活动的范围，包括两个方面的问题：

一是产品范围。推广活动是针对整个产品系列还是仅对某一项产品进行？是针对目前市场上正在销售的商品还是针对特别设计包装的产品？

二是市场范围。一次推广活动是在所有的销售地区同时开展，还是只在某一特定的市场区域进行。在确定这一问题时，主要考虑企业的财务支出能力、企业推销队伍的力量和不同地区的销售状况。

（三）活动对象

活动针对的是目标市场的每一个人还是某一特定群体？哪些人是促销的主要目标？哪些人是促销的次要目标？这些选择的正确与否会直接影响到促销的最终效果。例如，优惠券针对购买额达到一定量的消费者发放；样品赠送给符合特定条件的对象等等。

（四）活动主题

在这一部分，主要是解决两个问题：

1. 确定活动主题，主要是选择合适的促销工具（详见实训项目7）。

2. 包装活动主题：在确定了主题之后要尽可能艺术化地包装主题，淡化促销的商业目的，这一部分是促销活动方案的核心部分，应该力求创新，使活动具有震撼力和排他性。

（五）活动方式

这一部分主要阐述活动开展的具体方式。有两个问题要重点考虑：

1. 确定伙伴：是拉上政府做后盾，还是与媒体合作？是厂家单独行动，还是和经销商联手，或是与其他厂家联合促销？与政府或媒体合作，有助于借势和造势；和经销商或其他厂家联合可整合资源，降低费用及风险。

2. 确定刺激程度：要使促销取得成功，必须要使活动具有刺激力，能刺激目标对象参与。刺激程度越高，促进销售的反应越大，但消费者反应与刺激并不是按比例增长的，当刺激超过一定量时，促销效果会呈递减趋势。因此，需要考察两者的变化关系以确定一个最佳刺激程度。确定的方法有两种：一是依据经验积累作出判断；二是通过小范围的试验来确定。

（六）活动时间和地点

促销活动的时间和地点选择得当会事半功倍，选择不当则会费力不讨好。

在活动时间上，要考虑几个方面：一是举行活动的时机，好的时机能提高促销效果。二是活动持续的时间。活动持续的时间太短，信息传达的面有限，可能使许多目标顾客还来不及接受促销的信息；而促销活动持续的时间过长，又会使消费者的兴趣下降，甚至对产品的品质与品牌产生怀疑。最佳的活动持续时间应该是商品的平均购买周期。三是举办活动的频率。科学地确定促销活动的频率，通常要考虑营业推广的目标、竞争者的促销表现、消费者的购买习惯和反应、活动本身持续的时间和效果、促销的整体计划等因素。

在活动地点的选择上，要考虑地点对于受众是否方便，而且要事前与城管、工商等部门沟通好。

（七）广告配合方式

一个成功的促销活动，需要全方位的广告配合。选择什么样的广告创意及表现手法？选择什么样的媒体炒作？这些都意味着不同的受众抵达率和费用投入。

（八）费用预算

没有利益就没有存在的意义，对促销活动的费用投入和产出应作出预算。营业推广费用通常包括两项：一是管理费用，包括印刷费、邮寄费、对推销员的教育和培训费等；二是诱因成本，如赠品费、优惠或减价的成本、兑奖成本等。对活动的策划者和组织者来说，确定预算的目的是为了保证该项营业推广活动所需费用的落实；同时也是为了找到促销成本和促销收益的收支平衡点。这样，活动组织者就能做到心中有数，加强对整个促销活动过程的控制，保证最低销售量的实现。

最低销售量的计算公式为：

$$\text{最低销售量}=\frac{\text{非促销期间的正常销售量}\times\text{正常边际利润}}{\text{促销期的边际利润}}$$

（九）前期准备

前期准备一般考虑人员安排、纪律规定、物资准备、意外防范、试验方案五个方面。

1. 在人员安排方面，要“人人有事做，事事有人管”，无空白点，也无交叉点。谁负责与政府、媒体的沟通？谁负责现场管理？谁负责礼品发放？谁负责顾客投诉？要各个环节都考虑清楚，否则就会临阵出麻烦，顾此失彼。

2. 纪律是战斗力的保证，是方案得到完美执行的先决条件，在方案中应对参与活动人员各方面纪律作出细致的规定，使活动时能够做到忙而不乱，有条有理。

3. 在物资准备方面，要事无巨细，大到车辆，小到螺丝钉，都要罗列出来，然后按单清点，确保万无一失，否则必然导致现场的忙乱。

4. 每次活动都有可能出现一些意外。比如政府部门的干预、消费者的投诉，甚至天气突变导致户外的促销活动无法继续进行等等。必须对各个可能出现的意外事件作必要的人力、物力、财力方面的准备。

5. 由于活动方案是在经验的基础上确定的，因此有必要进行必要的试验来判断营业推广工具的选择是否正确，刺激程度是否合适，现有的途径是否理想。试验方式可以是询问消费者，填调查表或在特定的区域试行方案等。

（十）效果预估

预测这次活动会达到什么样的效果，以利于活动结束后与实际情况进行比较，从刺激程度、促销时机、促销媒介等各方面总结成功点和失败点。

以上十个部分是促销活动方案的一个框架，在实际操作中，应大胆想象，小心求证，进行分析比较和优化组合，以实现最佳效益。

有了一份有说服力和操作性强的活动方案，才能让公司支持你的方案，也才能确保方案得到完美的执行，使营业推广活动起到四两拨千斤的效果。

四、训练步骤

（1）将学生分组（每组约 8 人），并各选出一名组长。

（2）由组长主持所在组的策划工作（分工、调研、讨论、方案写作等）。

（3）各组制作演示文件，并派代表上台展示自己的方案，其他同学可以就其方案提出疑问，由该组成员进行解答，每组的时间约为 15 分钟。

（4）所有方案展示结束后，教师进行点评和总结。

（5）学生撰写实训报告。

五、注意事项

（1）此训练特别体现学生的书面表达能力，力求简洁明了，避免歧义。

（2）可根据具体情况适当地增加或者减少相关知识中活动方案的十个组成部分。

六、示例

“非典”期间之“祖丝”洗手液非常策划

（一）背景

广州诗维娅公司的“祖丝”品牌曾经是中国洗手液市场的开山鼻祖，1999 年上市推出的洗手液产品对中国洗涤市场格局产生深远影响，并引发亿万中国人洗手习惯的变革。然而由于各种原因“先行者”并未成为“领导者”，面对蓝月亮、开米等主力品牌以及威露士、滴露等专业消毒品牌，“祖丝”一直在寻求突破。2003 年“非典”期间，诗维娅公司积极抓住机遇，配合“祖丝”洗手液的广告、公关活动，策划了一系列的营业推广活动。

（二）活动策划方案

“非典”肆虐，危及全球，为了提高社会对健康的关注度，为社会公众的健康提供一份保障，为抗击“非典”贡献公司的一份力量，同时，提高祖丝洗手液的品牌知名度、美誉度，扩大销量，本公司将于 2003 年 4—6 月，推出以下几项活动。

活动一：

主题：紧急除菌行动。

目的：全面推广新品，提高品牌认知度。

时间：2003 年 4 月 20 日—4 月 30 日。

地点：广州市销售本产品的各大卖场。

广告：宣传单（条件具备的卖场货架旁设立人员派发宣传单页，并对各类推广活动的产品及内容加以推介）；在卖场推出海报；在卖场广播中进行活动介绍。

方式：活动期间凡购健康除菌洗手液一瓶赠送补充装一袋，并在所有产品上贴上“防非典，勤洗手”、“紧急除菌行动”字样的不干胶贴。

效果预估：在“非典”渐渐抬头之期，预防“非典”，成为全民行动，此次促销活动，一方面能扩大新品的销量，另一方面，产品上“防非典，勤洗手”、“紧急除菌行动”的提示也对公众预防“非典”起了提示作用，获取公众的好感，可以提高品牌认知度。

活动二：

主题：祖丝环保行，空瓶抵现金。

目的：扩大产品销量，提升品牌形象。

时间：2003 年 5 月 1 日—5 月 31 日。

地点：广东省销售祖丝洗手液产品的卖点。

广告：在活动地点推出海报或宣传板、在产品包装上进行活动介绍等。

方式：活动期间凭任何洗手液空瓶购祖丝洗手液产品均可抵两元现金或以两元优惠价换购洗手液补充装一小袋。

效果预估：活动既便于顾客参与，又传达了环保健康的生活理念，实现品牌购买的转换，将会是一个成功的促销活动。

活动三：

主题：祖丝手选健康行。

目的：提高品牌美誉度，提升品牌形象。

时间：2003 年 5 月 1 日—6 月 30 日。

地点：待定。

广告：在广东较有影响力的报纸中刊登软文；在卖点推出海报；在捐赠现场邀请电视台及报社记者参加等。

方式：进入 5 月“非典”逐步平息，诗维娅公司推出“祖丝手选健康行”活动，消费者每购买一瓶祖丝洗手液，祖丝公司将代为向红十字会捐赠 2 毛钱，这些钱将用于购买卫生防护用品以加强农村及社区医疗机构建设。首次捐赠活动拟在 5 月 12 日护士节举行，届时祖丝公司将向广州市红十字会捐赠价值两万元的洗手液，真正体现祖丝品牌取之于社会，用之于社会的精神。

效果预估：这一促销活动与公益活动相结合，在这个特殊环境下可以大大强化品牌在消费者心目中的地位，直接拉动终端购买，既能提高品牌形象，又可使销量获得提升。

资料来源　吴志刚：《借力营销，成就“手选”——“祖丝”非常营销纪实》，中国营销传播网，http：//www.emkt.com.cn/article/110/11036.html，2003－06－27。

七、学习天地

小杨的公司准备为其新品策划一场营业推广活动，小杨负责前期准备工作的策划，请问她需要考虑哪些方面？

参考答案：要考虑人员安排、纪律规定、物资准备、意外防范、试验方案五个方面。

八、效果评价

本小组成员共同初评出组员个人实训态度成绩，教师和各小组组长共同评出组员个人实训表现成绩（见表5—13），教师评出小组广告策划效果成绩（见表5—14），在此基础上给出个人最终成绩。

个人最终成绩＝个人实训态度评价×20%＋个人实训表现评价×50%＋小组策划效果评价×30%

表5—13　**组员个人实训过程评价表**

小组成员个人成绩 / 小组成员姓名	态度（满分为100分）	表现（满分为100分）	
		操作50%	技能50%

注：考评满分为100分，60分以下为不及格；60～69分为及格；70～79分为中等；80～89分为良好；90分以上为优秀。

表5—14　**广告促销之创意策划效果评价表**

评价内容	分值	评分
方案的合理性、可行性、完整性	40	
讲解和演示清晰、生动，表现自然大方，语言流畅生动，应变能力强	40	
准备工作充分，演示文件精美，脱稿	20	
总分	100	

注：考评满分为100分，60分以下为不及格；60～69分为及格；70～79分为中等；80～89分为良好；90分以上为优秀。

九、实训案例分析

20×1年春节活动策划案

一、活动主题：

1. 礼动新春贺佳节——来店有喜，买即送拜年礼。

2. 金猪送福迎财神——满100省60元、50元、40元、30元、20元。

二、活动时间：

20×1年2月9日—20×1年2月25日。

三、活动内容：

1. 礼动新春贺佳节——来店有喜，买即送拜年礼。

活动时间：20×1年2月18日（初一）—20×1年2月20日（初三）。

活动地点：1—4楼。

活动内容：活动期间，凡在本商场1~4楼购百货商品的顾客即送拜年礼一份，每日限量派送，先购先送，送完为止。（赠奖地点：大门外赠奖处）

赠品：新春红包袋或新春对联。

赠品数量：300×3=900（份）

预算：2.2×900=1 980（元）

2. 金猪送福迎财神——满100省60元、50元、40元、30元、20元。

活动时间：20×1年2月9日—20×1年2月25日。

活动地点：1—4楼。

活动内容：活动期间，顾客凡购买参加此项活动的商品，单柜消费满100元以上（含100元），均在售价基础上按每100元减60元（或50元、40元、30元、20元）的价格支付，不足部分不减，单柜可累计。（部分专柜除外）

印刷气氛招贴：3 000张。

费用预算：1 680元（单色单面）。

分析： 春节活动是每年所有商家必搞的活动，花样繁多，各商家对春节活动策划方案制订和实施也最为娴熟。本例列举了最常见的一种春节活动策划方案，但需要注意的是，活动策划方案必须要不断推陈出新，才能给人以耳目一新的感觉，才能在“春节大战”中吸引更多的消费者。

实训项目7　促销组合策划

一、实训目的和要求

通过本实训，使学生了解促销组合决策包含的内容，根据促销组合各方面影响因素，有效整合各种促销方式，进行促销组合策划。

二、情境设计

每个团队自行联系一个企业，要求根据企业与产品的实际情况，整合各种促销方式对其产品进行促销组合策划。

三、相关知识

促销组合是指企业在促销活动中，为实现以最低的促销费用达到更好的整体促销效果，对人员推销、广告、营业推广和公共关系等促销方式实行综合运用使其形成的有机整体。

（一）促销组合的决策

1. 确认促销对象。通过企业目标市场的研究与市场调研，界定其产品的销售对象是现有购买者还是潜在购买者，是消费者个人、家庭还是社会团体。明确了产品的销售对象，也就确认了促销的目标对象。

2. 确定促销目标。不同时期和不同的市场环境下，企业开展的促销活动都有着特定的促销目标。短期促销目标，宜采用广告促销和营业推广相结合的方式。长期促销目标，宜采用公关促销。须注意企业促销目标的选择必须服从企业营销的总体目标。

3. 促销信息的设计。须重点研究信息内容的设计。企业促销对目标对象所要表达的诉求是什么，并以此刺激其反应。诉求一般分为理性诉求、感性诉求和道德诉求三种方式。

4. 选择沟通渠道。传递促销信息的沟通渠道主要有人员沟通渠道与非人员沟通渠道。人员沟通渠道向目标购买者当面推荐，能得到反馈，可利用良好的“口碑”来扩大企业及产品的知名度与美誉度。非人员沟通渠道主要指大众媒体沟通。大众媒体沟通与人员沟通的有机结合才能发挥更好的效果。

5. 确定促销的具体组合。根据不同的情况，将人员推销、广告、营业推广和公共关系四种促销方式进行适当搭配，使其发挥整体的促销效果。应考虑的因素有产品的特点、企业的特点等。

6. 确定促销预算。在企业的营销实践中，促销组合就表现为一定时期的促销预算在各种促销方式上的分摊，因此企业应从自己的经济实力和宣传期内受干扰的程度决定促销组合方式。如果企业促销费用宽裕，则可几种促销方式同时使用；反之，则要考虑选择耗资较少的促销方式。

（二）促销组合的影响因素

各种促销方式分别有着不同的影响力，例如广告、公关在消费者认知和兴趣方面有强烈的影响力，可使客户对企业或产品产生好感，但在产品的立即购买方面影响力较弱。而人员推销由于面对面的口头沟通，在评价、试用、催促、采用阶段，就有重大影响力。企业要想制定出最佳组合策略，就须根据不同促销工具的特点，对促销组合进行选择。企业在选择最佳促销组合时，应考虑以下因素：

1. 促销目的。

如果目的是提高知名度和建立品牌形象，则以公共关系和广告为主；如果目的是销售产品（服务）回笼资金，则以广告和营业推广为主。

2. 产品类型。

产品类型不同，购买差异就很大，不同类型的产品应采用相应的促销策略。一般来说，消费品主要依靠广告，然后是营业推广、人员推销和公关；生产资料主要依靠人员推销，然后是营业推广、广告和宣传，如图5—1所示。

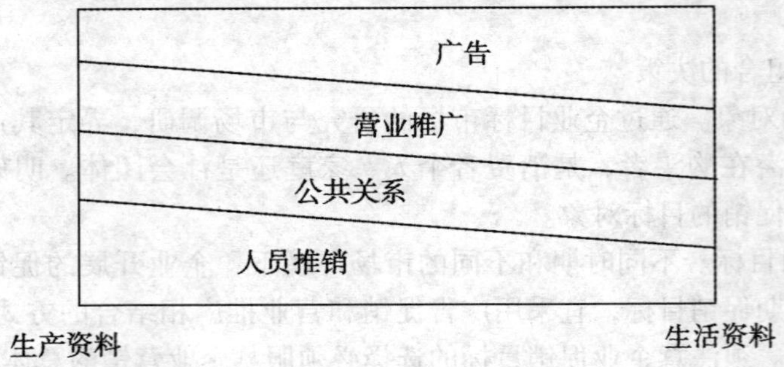

图5—1　不同产品类型各种促销方式的相对重要程度

3. 产品生命周期。

处在不同时期的产品，促销的重点目标不同，所以采用的促销方式也有所区别，见表5—15。

表5—15　**产品生命周期与促销方式**

产品生命周期	促销的主要目的	促销主要方法
导入期	使消费者认识商品，使中间商愿意经营	广告介绍、公关，对中间商采用人员推销
成长期、成熟期	使消费者感兴趣，扩大市场占有率，成为消费者的“偏爱”	增加营业推广，搞好广告宣传
衰退期	保持市场占有率，保持老顾客，推陈出新	适当的营业推广

从表5—15可以看出，在导入期和成熟期，促销活动十分重要，而在衰退期则可降低促销费用支出，缩小促销规模，以保证足够的利润收入。

4. 市场状况。

市场需求情况不同，企业应采取的促销组合也不同。一般来说，市场范围小、潜在顾客较少以及产品专用程度较高的市场，应以人员推销为主；而对于无差异市场，因其用户分散，范围广，则应以广告为主。市场规模小且相对集中时适合于人员推销和营业推广。

5. 促销时机。

一般来说，销售时机（季节性商品、流行期、节假日等）以广告和营业推广为重点；非销售时机则以公共关系和人员推销为重点。

6. 渠道因素。

一般来说，直销以人员推销和营业推广为主；分销（渠道销售）则以广告和公共关系为主。

当然，促销不是孤立存在的，因此，进行促销组合必须和其他营销组合策略和手段紧密配合才能有效发挥作用。另外，进行促销还要注意活动的连续性，在产品走向市场那一刻起，就连续推出多次有着各自明确目的而又环环相扣的一系列促销活动，各种促销方式适当搭配，形成合理的促销组合，就可以收到最佳的促销效果。

四、训练步骤

（1）将学生分组（每组约 8 人），并各选出一名组长。由组长主持所在组的策划工作。

（2）在组长的带领下，选择一家企业作为研究对象，并对该企业目前的产品及产品组合进行调研。在调研结束之后，各小组讨论总结研究成果，并写成调研报告。

（3）每组各派 4 名代表上台展示自己的方案（陈述及展示约 10 分钟），其他同学可以就其方案提出疑问，由各组代表上台进行答辩（答辩约 5 分钟）。

（4）所有方案展示结束后，教师进行点评和总结。

（5）学生撰写实训报告。

五、注意事项

（1）调研对象最好是那些产品种类较多，产品比较常见的企业。

（2）在展示自己的方案之前，可以先展示企业目前的促销方案和该方案的业绩，并指出优缺点，以便和自己的方案进行比较。

六、示例

嘉善黄酒之西塘老酒的促销

背景：

嘉善黄酒股份有限公司，地处黄酒之乡，是一个有着数百年酿酒历史的老黄酒厂，在国内曾经多年产销量名列前茅。然而，在风云突变的市场中，嘉善黄酒前进的步伐却显得缓慢而沉重，尤其在高端市场，嘉善黄酒鲜有作为。公司推出力图进军中高端黄酒市场的西塘老酒，几年来仍然未见起色。2006 年年初，嘉善黄酒公司与凯纳策划合作，由凯纳策划担当西塘老酒的促销策划工作。凯纳经过全面调研，了解了西塘老酒品牌高不成、低不就，市场形象暗淡无光，且公司资金有限等现状，基于“经典化”对西塘老酒进行形象再造，将西塘老酒的品牌核心口号浓缩为八个字“千年古镇，百年陈酿”，提出西塘老酒不仅卖酒，更“卖”古镇，“卖”历史，“卖”经典。

（一）广告创意

在“千年古镇，百年陈酿”理念的基础上，凯纳从包装到各类广告形式的主要画面（如图 5—2 所示）为西塘进行了视觉形象再造工程，其中借助古镇、石桥、小河为主要视觉意象，高度还原了品牌背后的经典古镇文化气息，赋予了品牌浓郁的经典魅力，使西塘老酒真正成为一款经典好酒。

为丰富品牌的个性，做足品牌的文化韵味，凯纳还对西塘老酒的品牌内涵进行了延伸，提出“烟雨西塘，老酒情长”的广告语，并设计了一系列的广告宣传品，使古镇老酒的经典魅力更加地突显，而酒的韵味也得到了提升，古镇与黄酒得到了更深入的融合。

图 5—2　凯纳从包装到各类广告形式的主要画面

（二）广告 + 营业推广组合——四波攻势令销量腾飞

1. 第一波攻势，中国旅游小姐决赛，旅游 + 黄酒的营销嫁接初露锋芒。

3 月初，中国旅游小姐决赛将在西塘举办，这是 2006 年西塘的一件大事。经过短暂、深入的思考，凯纳策划立刻找到了一个有利的营销切入点。经过对赛事活动进行全方位的了解，在活动前夕和进行期间展开了一系列巧妙的推广手段。

（1）与旅游局合作，深度嫁接旅游资源。在许多可利用的旅游景点处设立了西塘老酒专卖店，使西塘老酒成为古镇的文化产品之一，海内外游人将之作为馈赠礼物，纷纷购买。我们借西塘的旅游资源贩卖西塘老酒，西塘古镇也借我们的酒而得以吸引更多的游客前来游玩。

（2）旅游小姐决赛举行期间，在决赛现场投放广告，同时在各个旅游景点发放品牌宣传单页，在西塘备受海内外关注的关键期，一系列的宣传动作为西塘老酒赚足了人气，决赛举行期间，随处可以看见拿着西塘老酒的各地游客，品牌影响力得到很大程度的提升，嘉善的经销商反馈信息显示销量出现了显著增长，在终端，消费者提及西塘老酒的频率明显提高。

2. 第二波攻势，借“唱响 2008，走进西塘”大型晚会大显身手。

2006 年 4 月 16 日晚，“唱响 2008，走进西塘”大型晚会在西塘盛大开演，这场晚会是西塘有史以来最大的晚会，万余名观众在现场观看演出，晚会不仅有本地观众，大量嘉兴、苏州、杭州等地的观众也赶来观看，晚会期间同时举行了“2006 中国嘉善古镇 · 西塘国际文化旅游节闭幕式”，影响力非常大。

（1）在晚会门票的背面印制西塘老酒形象广告，直接影响近 1 万名消费者，费用低廉，效果却不亚于其他广告形式。

（2）在晚会现场建“西塘老酒观众方阵”，方阵激情四射，给消费者留下很深的印象。

（3）晚会现场投放高 2.8 米、宽 6 米的广告牌，独具韵味的形象广告与时尚高雅的舞台艺术融为一体，在观众心目中建立了极好的品牌形象。

（4）晚会前后共发放了 4 万份宣传单页，20 余万份宣传海报，借助晚会的巨大影响力，品牌认知度和美誉度再上一个台阶。

活动结束几周后，嘉善、嘉兴两地的经销商频频传来喜讯，产品销量大幅抬头，更多的经销商对西塘老酒产生了兴趣，松江、苏州等地的经销商向嘉善黄酒寻求合作。同时，另一些新的想法也正在孕育之中。

3. 第三波攻势，赞助“2006 浙江丁栅 · 嘉善田歌节”，深入当地文化。

由嘉善县委宣传部、县文广局和丁栅镇联合举办的“2006 浙江丁栅 · 嘉善田歌节”将于 5 月 21 日在丁栅镇拉开序幕。丁栅田歌节已有数百年的历史，具有相当浓厚的民间文化特色，曾被列入第一批浙江省非物质文化遗产代表作名录。本次田歌节，历时 8 天，期间安排有风情展示、田歌创作研讨会、书画摄影创作、名优农产品推介、经贸洽谈交流等一系列精彩纷呈的活动，活动的影响力波及其他市县。

嘉善黄酒方面积极与主办方磋商，多方探讨，最终成为田歌节晚会全场用酒，在晚会现场，西塘老酒投放了巨大的活动背景板广告，同时赞助上海皮影剧团、浙江省歌舞团活动道具，田歌节期间，西塘老酒不仅得到了政府官员的垂青，也得到了各地文艺家们的青睐。在此过程中，西塘老酒得以与当地文化密切融合，消费者对其的关注度呈现稳步上升的趋势，老酒浓郁的文化气息得到了沉淀和突显。

4. 第四波攻势，实效促销，令销量持续飞跃。

借助品牌影响力的腾飞，嘉善黄酒推出简易而又实效的促销活动，使销量高速增长。西塘老酒的促销基本上采用买赠的形式，赠品包括打火机、台历等，活动非常简单，经销商反应热烈，终端得到了有效的控制。

经过几轮促销组合，西塘老酒的品牌文化力和销售力齐头并进。2006 年 10 月份，凯纳在嘉善及周边市县的调研中发现，近 7 成消费者都对西塘老酒有一定程度的认知，消费者对品牌的认知非常清晰，对品牌的品质、档次感知明确。在嘉兴，西塘老酒受到经销商的强烈追捧；在松江，整体销量比 2005 年翻一番；在嘉善，销量扩大的范围则更大；在省外西塘老酒也开始迎来曙光。2006 年年底，统计显示，西塘老酒不仅销量高幅增长，而且为企业的盈利做出了不俗的贡献，同时高端的品牌形象为嘉善黄酒整体形象的提升打下了基础，推动了其他产品销量的提升。伴随着西塘老酒走出区域，走向全国，嘉善黄酒将整体迎来品牌新的辉煌期。

资料来源　沈国梁：《高端黄酒的低成本崛起之道——嘉善黄酒之西塘老酒营销战全案纪实》，中英 MBA 教育网，http：//www.inter-mba.org/zhishiku/lxzs/7369.html，2009－03－15。

七、学习天地

1. 某生活用品公司一新款纸巾刚上市，要对其进行促销活动，应选择的促销方法主要有哪些？

参考答案：促销主要针对消费者，可选择广告宣传、营业推广、人员推销、公关活动等方式。

2. 肖云是某公司的营销策划部经理，准备为其公司产品策划促销活动，需要综合运用各种促销方式，请问他需要考虑哪些因素？

参考答案：肖云需要考虑促销目的、产品类型、产品生命周期、市场状况、促销时机、渠道等因素。

八、效果评价

本小组成员共同初评出组员个人实训态度成绩，教师和各小组组长共同评出组员个人实训表现成绩（见表5—16），教师评出小组策划效果成绩（见表5—17），在此基础上给出个人最终成绩。

个人最终成绩 = 个人实训态度评价 ×20% + 个人实训表现评价 ×50% + 小组策划效果评价 ×30%

表5—16　　**组员个人实训过程评价表**

小组成员个人成绩 小组成员姓名	态度（满分为100分）	表现（满分为100分）	
		操作50%	技能50%
总分			

注：考评满分为100分，60分以下为不及格；60~69分为及格；70~79分为中等；80~89分为良好；90分以上为优秀。

表5—17　　**营业推广之活动方案制订效果评价表**

评价内容	分值	评分
创意的合理性、可行性、完整性	40	
讲解和演示清晰、生动，表现自然大方，语言流畅生动，应变能力强	40	
准备工作充分，演示文件精美，脱稿	20	
总分	100	

注：考评满分为100分，60分以下为不及格；60~69分为及格；70~79分为中等；80~89分为良好；90分以上为优秀。

九、实训案例分析

雅芳促销组合的新战略

“雅芳小姐”把雅芳化妆品和香水直销给朋友和邻居已有107年的历史了。通过为顾客提供便利和个人美容建议，雅芳的营销战略取得了巨大成功。但是20世纪80年代以来，环境和文化的变化威胁着雅芳的传统促销战略。

从1970年到1980年，美国国内环境发生了巨变。第一，越来越多的女性希望走出家门去工作。其结果是，当雅芳小组按响门铃时，常常无人应声。第二，许多雅芳小姐觉得兼职远远不能满足她们的需要，公司某些职位的年辞职率已超过200%。第三，其他竞争对手，如Amway，Mary Kay和Tupperware也在积极争取那些对兼职或全职直销工作感兴趣的人们为自己工作。第四，美国人口的流动性，即顾客和推销人员时常迁居，也为销售人员建立可靠、稳定的顾客群增加了困难。

针对这些情况，雅芳公司于1988年任命詹姆斯·普瑞斯顿为公司首席执行官。普瑞斯顿把注意力转向雅芳的促销战略。促销战略的第一步是削减广告费用。1988年雅芳开始削减广告费，部分原因是想弥补收购风潮所造成的损失。1988年雅芳将广告费用从2 200万美元削减至1 100万美元，1990年又减到460万美元。现在，普瑞斯顿则认为雅芳需要通过减少奖金和其他促销支出而加强广告预算和支出，为此，公司将集中在印刷媒体上进行广告宣传。

普瑞斯顿坚信雅芳流失了多达1 000万的老顾客和潜在顾客。这些顾客想购买雅芳产品，但是由于销售人员的更替，他们不知道如何与销售人员取得联系或如何买到雅芳产品。据调查，14%的美国妇女为雅芳的忠实顾客，62%的妇女属于边缘顾客，她们对雅芳持肯定态度但并不定期购买雅芳产品；另外还有15%的美国妇女可能会接受雅芳产品却不会喜欢同传统的雅芳销售代表打交道。

促销策略修订的第二步就是进行目录直邮销售。调查表明雅芳的顾客一般在45岁左右，平均年收入在3万美元以下，目录直邮销售则要争取青年和高收入阶层顾客群。通过目录邮购活动，雅芳顾客的平均年龄可降至38岁，平均年收入也会提高到3万美元以上。

雅芳开展目录业务算比较晚的。早在1991年后期，Tupperware就已经进行了目录业务实验，他们把2 500份目录寄给由销售代表识别的潜在顾客。雅芳的另一个主要竞争对手，Beanti-control化妆品有限公司，1984年就曾开展过目录业务，依靠销售人员提供的顾客名单，公司每年6次在全国范围内发行60万份目录。另外一个直销商费尔·布鲁斯经过几年的实践已于1990年放弃了目录经营，集中精力进行直销。

在决定进行目录经营之前雅芳进行了市场测试。他们在测试中发现购买雅芳产品的顾客有75%是由于从未买过雅芳产品或在前6个月中未买过雅芳产品。同以往2%~3%的平均购买率相比，收到目录的人中有近11%购买了雅芳产品。但是，雅芳也意识到购买率偏高可能是由于把目录寄给老顾客的缘故。

按照公司的计划、销售人员要备有那些迁居的或不再是主动购买的顾客的名单。雅芳计划要寄出近10万份目录，收到目录的人可以直接向公司或销售人员订货。如果他们向公司直接订货，雅芳将付给销售人员20%的佣金，大约是标准佣金的1.5倍。接到订单后，雅芳将直接把货邮给顾客而不是让销售代表把货交给顾客。

为使目录计划成功，雅芳推出了以“雅芳——城里最时髦的商店”为标语的印刷广告。顾客可以根据广告上的免费电话号码索要目录，公司会把他们介绍给最近的雅芳销售代表。目录印刷广告产生了极好的效果，在一月之中咨询的顾客猛增到9 000人。公司预计1992年目录工程将带来2 000万到2 500万美元的销售额，在3年至5年内直邮业务将带来3亿美元到5亿美元的收入。

雅芳促销战略修订的第三步，是计划在1993年打出一系列电视广告。1988年以来雅芳一直未做过任何电视广告，这次电视广告计划是想鼓励妇女们使用免费电话买雅芳产品，公司准备发起新的印刷广告活动来实施这项计划。分析家们估计1993年雅芳将通过降低成本和减少推销人员的激励费用来筹集资金。广告投资约为3 400万美元，雅芳还准备在国外投资7 000万美元做广告——这比1992年的3 500万美元的广告费要多出一倍。

除了广告、直销和促销活动，雅芳的公关计划——“成功女性奖”也在逐步实施(1987年以前，雅芳公司曾主办过网球、长跑等比赛)。1987年以来雅芳已为此项大奖取得几百个妇女组织的签名，该奖将授予那些战胜不幸、歧视或个人不利条件而在事业上取得成功的女性。每年雅芳都在纽约召开包括企业家、公司职员和新闻记者在内的1 200人参加的年会，在会上把该奖授予五位获奖者。

分析：促销手段的选择，必须根据社会环境、文化的变化进行调整，方能找到最合适的促销组合。雅芳的促销战略修订，不仅灵活运用了目录直邮销售、电视广告、公关活动等多种促销方式，且这些方式能与美国女性生活方式的转变相适应，因而获得了成功。

资料来源　佚名：《雅芳营销组合的新战略》，圣才学习网，http：//guanli.100xuexi.com/HP/20101014/DetailD1505595.shtml，2010－10－14。

模块六　终端促销策划

当今的市场上，随着商品同质化越来越严重，零售终端的促销战已经到了白热化的地步。因此，终端促销策划也就成为了耐用消费品、快速消费品、家电、奢侈品等行业企业在营销工作中的关注重心。同时，优秀的促销员、促销管理者和策划人员成为了各大商家争夺的焦点，因此，掌握终端促销策划的操作技能是学生未来职业道路上非常重要的砝码。此模块包括卖场布局与商品陈列策划训练、主题促销之新店开业促销策划训练和主题促销之节日促销策划训练三个实训项目。

实训项目1　卖场布局与商品陈列策划

一、实训目的和要求

通过本实训，使学生能初步了解零售店商品配置与陈列的基本原则与要求，并掌握零售店是如何通过有效的布局与商品陈列来达到促销目的的技能。

二、情境设计

某一零售超市（营业面积4 000平方米，其长为80米，宽为50米，占一个楼层）即将开业，你作为超市的企划人员，将对整个卖场的布局与商品陈列做出一个总体性的策划方案，包括各大类商品、特价商品和促销商品、季节性商品等的布置与陈列，以及入口、出口、通道、收银台等的设计。

三、相关知识

（一）零售店入口、出口设计

1. 零售店入口设计。

零售店卖场入口要设在顾客流量大、交通方便的一边，通常入口较宽，出口相对窄一些，入口比出口大约宽1/3。卖场通道应根据出入口的位置来设计。零售店的入口与卖场内部配置关系密切，在布局时，应以入口设计为先。

在零售店的卖场内，入口的地方最好陈列对顾客具有较强吸引力的商品，不仅可以发挥招徕作用，也能够增强卖场对顾客的吸引力。

2. 零售店的出口设计。

零售店卖场的出口必须与入口分开，出口通道宽应大于1.5米。出口处设置收银台。出口附近可以设置一些单位价格不高的商品，如口香糖、图书报刊、饼干、饮料等，供排队付款的顾客选购。

（二）零售店的通道设计

店面内的通道是根据商品的配置位置与陈列的整体布局是否达到了最佳效果来设计的，良好的通道设计，能便利而通畅地引导顾客到达卖场的每个角落，接触所有的商品，使卖场空间得到最有效的利用，提高零售店的商品销售业绩，同时还能保障通道的疏通和顾客的安全。对于便利店或个体商店而言，店面里大多只有两条通道。但是对于大型的店面，通道有主通道和副通道之分，主通道是诱导顾客行动的主线，副通道是指顾客在店内移动的支流。至于量贩店和购物中心，还有人流通道、物流通道和车流通道之分。一般情况下，零售店卖场中的通道可以分为直线式通道和回形式通道两类。

1. 直线式通道设计。

直线通道也被称为单向通道。这种通道的起点是卖场的入口，终点是零售店的收款台。直线式一般用在多层结构的且有深度无宽度的店内。由于层数多所以为不让顾客感觉到麻烦，顾客依照货架排列的方向单向购物，以商品陈列不重复，顾客不回头为设计特点，它使顾客在最短的线路内完成商品购买行为。

2. 回形通道设计。

回形通道又被称为环型通道，通道布局以流畅的圆形或椭圆形按从右到左的方向环绕零售店的整个卖场，使顾客依次浏览商品，购买商品。回形通道一般用在单层结构的且深度和宽度都比较大的店内，或为确保更多的位置能让顾客所“顾及”，也可设计成回形通道。而这种回形通道的设计，在百货店和购物中心用的较多。在实际运用中，回形通道又分为大回形和小回形两种线路模式。

（1）大回形通道。这种通道适合于营业面积在 1 600 平方米以上的零售店。顾客进入卖场后，从一边沿四周回形浏览后再进入中间的货架。它要求卖场内部一侧的货位一通到底，中间没有穿行的路口，如图 6—1 所示。

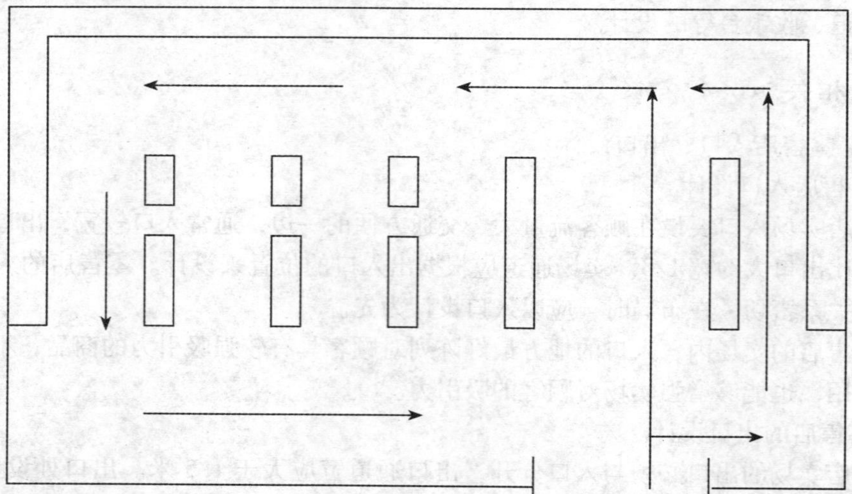

图 6—1　零售店的大回形通道

（2）小回形通道。它适用于营业面积在 1 600 平方米以下的零售店。顾客进入零售店卖场，沿一侧前行，不必走到头，就可以很容易地进入中间货位。图 6—2 就是一典型的小回形通道。

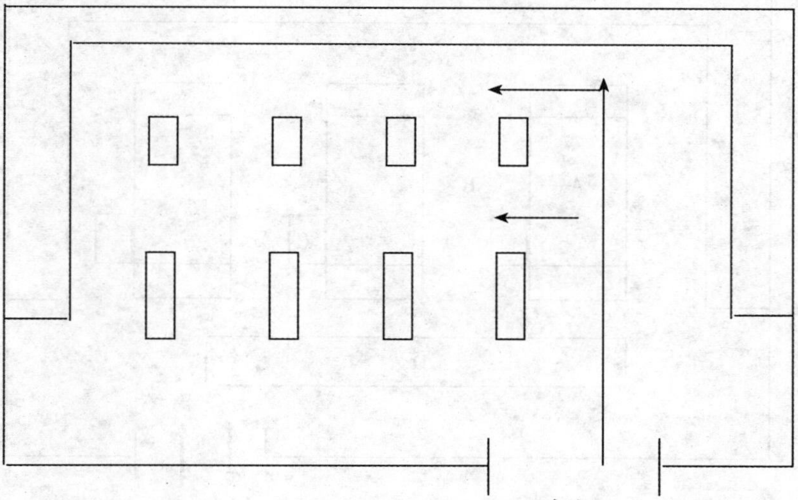

图 6—2　零售店的小回形通道

在设计通道时还应注意不能给卖场留有“死角”。“死角”就是顾客不易到达的地方，或者顾客必须折回才能到达其他货位的地方。顾客光顾“死角”货位的次数明显少于其他地方，非常不利于商品销售。

（三）零售店商品陈列的主要区域

在零售店的卖场里，商品陈列的主要区域有货位区、走道区、中性区和端架区。具体分布如图 6—3 所示。

1. 货位区。零售店中的大多数商品都被陈列在正常的货位区，美观、整洁地摆放在货架上，以供顾客浏览、选购。

2. 走道区。为了吸引顾客的注意力，突出一些商品独特的个性以及售点促销的效果，在零售店卖场的大通道中央摆放一些平台或筐篮，陈列价格优惠的商品。

3. 中性区。中性区是指零售店卖场过道与货位的临界区，一般进行突出性商品陈列，例如，在收款台附近摆放一些小商品或自有品牌商品。

4. 端架区。它是指整排货架的最前端或最后端，即顾客流动线转弯处所设置的货架，常被称为最佳陈列点。端架区所处位置优越，因此很容易引起顾客的注意，常常陈列一些季节性商品、包装精美的商品、促销商品或新上市的商品。

（四）零售店商品位置的配置

零售店中各类商品的具体布置，应按照商品在消费者生活中的重要性递减的规律依次陈列，如图 6—4 所示。

将图 6—4 中规律进一步拓展开来，顾客在零售店中购买食品的基本顺序为：生鲜食品→半生鲜食品→冷冻食品→调味品→一般食品→膨化食品→日用食品。其中，具体到生

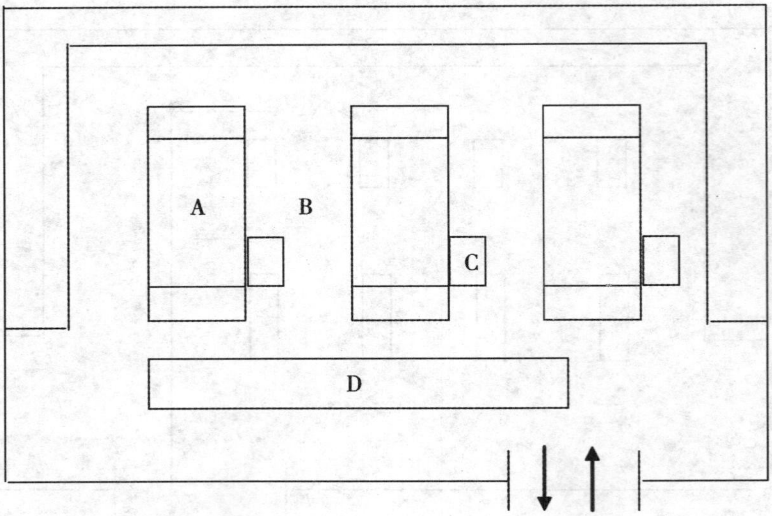

A：货位区　　B：走道区　　C：中性区　　D：端架区

图 6—3　零售店商品陈列的主要位置图

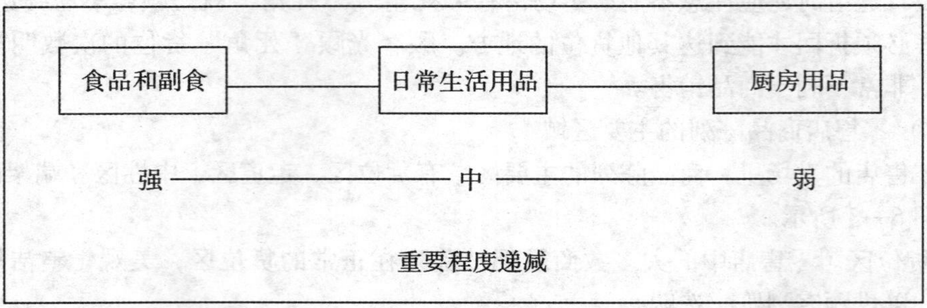

图 6—4　零售店中商品对顾客的重要性

鲜食品，顾客的一般购买顺序是：蔬菜→水果→鱼类→加工肉类→加工半成品。

依据以上规律，为了配置好零售店的商品，可以将零售店经营的商品划分为以下商品部：

1. 面包及果蔬菜品部。由于它们的关联性，顾客在购买面包时，也会购买部分蔬菜水果。这一部分可以用岛式陈列，也可以沿着零售店的内墙设置。

2. 肉食品部。一般应沿着零售店的内墙摆放，方便顾客一边浏览一边选购。

3. 冷冻食品。主要用冷柜进行陈列，它们的摆放既可以靠近蔬菜，也可以放置在购物通道的最后段。

4. 膨化食品部。包括各种饼干、方便面等。它们多被摆放在零售店卖场的中央，用落地式的货架陈列。具体布局以纵向为主，突出不同的品牌，满足顾客求新求异的偏好。

5. 饮料。饮料与膨化食品有相似之处，但消费者更加注重饮料的品牌。饮料的摆放也应该以落地式货架为主，货位要紧靠膨化食品。

6. 奶制品部。零售店中的顾客一般在其购买过程的最后阶段才购买容易变质的奶制品，奶制品一般摆放在蔬菜、水果部的对面。

7. 日用品部。包括洗涤用品、卫生用品和其他日用杂货，一般摆放在卖场的最后部分，采用落地式货架，以纵向陈列为主。顾客对这类商品持有较高的品牌忠诚度，他们往往习惯于认牌购买。

由于面积和模式的不同，各个店面在布局上是存在差异的。便利店或个体商店由于面积小，其布局的特点是：进口处和收银处设在一起，货架采取由低到高层次性展开，使顾客对商品一览无余。一般超市的主力商品是生鲜食品，所以把水果蔬菜、冷冻品和冷藏品布局在进口处，并把生鲜品集中放置在一起，以达到吸引顾客并方便其一次性购买的目的。大型超市和量贩店的卖场面积大，有的甚至达到一两万平方米，商品也非常丰富，其布局一般采取5种方法：①食品与非食品区域分开，甚至分布于不同楼层、不同通道；②主通道两侧配置促销商品；③副通道配置一般商品；④用较大面积的特别展示区来配合高频率的促销活动；⑤生鲜食品区布局在主通道末端，以保证与收银区的衔接。

（五）磁石配置理论

磁石就是指零售店中吸引注意力的商品。运用磁石理论就是在配置商品时，在各个吸引顾客注意力的地方陈列合适的商品，来诱导顾客逛完整个卖场，并刺激他们的购买欲望，促进零售店的商品销售。根据商品对消费者吸引力的大小，可以将其分为五类磁石。表6—1是零售店中磁石商品的类型划分。

在零售店中，人们普遍认为“第一磁石”是食品。食品是零售店的主力商品，应该被陈列在主通道的两侧，这些位置是顾客必须要经过的，购买频率高，消费量大，能为零售店带来丰厚的经济利益。

第二磁石应该是洗涤用品，这些商品具有华丽、清新的外观，能使顾客产生眼前一亮的感觉，外观效果明显。常常被陈列在卖场通道的末端，即零售店的最里面，吸引顾客进入到零售店最里面。

第三磁石应该是个人卫生用品，它们常被陈列在零售店出口面对着的货架上，发挥刺激顾客、留住顾客的作用。第三磁石商品的作用在于吸引顾客的视线，使顾客看到配置在第三磁石商品背后的辅助商品。

第四磁石应该是其他日用小商品。它们一般被陈列在零售店卖场的副通道的两侧，以满足顾客求新求异的偏好。这类商品在陈列时，要突出POP效果，例如大量的筐式陈列、赠品促销等，以增加顾客随机购买的可能性。

第五磁石主要是指相对于前四类磁石商品而言吸引力较小的商品。

表 6—1　　零售店中磁石商品的类型划分

磁石类型	商品类型
第一磁石商品销售区（沿主通道）	1. 销售量大的商品
	2. 购买频率高的商品
	3. 主力商品
	4. 进货能力强的商品
第二磁石商品销售区（在主通道沿线穿插）	1. 前沿品种
	2. 引人注目的品种
	3. 季节性商品
第三磁石商品销售区（在陈列端架）	1. 特价品
	2. 大众化的品牌、自有品牌商品
	3. 季节性商品
	4. 时令性商品
	5. 厂商促销商品（新产品）
第四磁石商品销售区（每一陈列架上有一二种）	1. 贴有醒目的促销标志的商品
	2. 廉价品
	3. 大量陈列的商品
	4. 大规模广告宣传的商品
第五磁石商品销售区（陈列在显眼、必经的地方）	1. 低价展销的商品
	2. 非主流商品

（六）零售店商品配置的关联

所谓关联商品是指在用途上密切联系的商品，例如录音机与磁带、皮鞋与鞋油等。配备关联商品的目的是适应顾客在购买活动途中便利的消费倾向，也可以增加主力商品的销售，扩大商品销售量。由于大多数顾客习惯于沿着货架的陈列方向浏览商品，一般不愿意回头选购商品，因此卖场中落地式货架的两侧部分不能陈列关联性的商品，关联性商品只能陈列在通道的两侧，如图 6—5、图 6—6 所示。

在运用关联性陈列时，需要注意以下几点：

1. 通道两侧应尽量陈列同样购买频率、同一价格带的关联商品。当某类商品不足以占满一侧的陈列货架时，为了保持两侧的关联商品属性的一致，宁可使其中断，也不能陈列购买频率不同、价格带不一样的关联商品。

2. 转弯处的关联性陈列。在零售店陈列货架的转弯处，尽量不要使商品陈列出现中

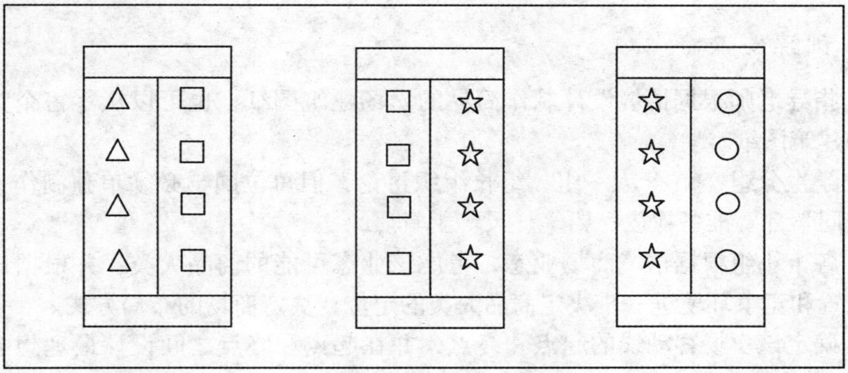

图 6—5　正确的关联性陈列

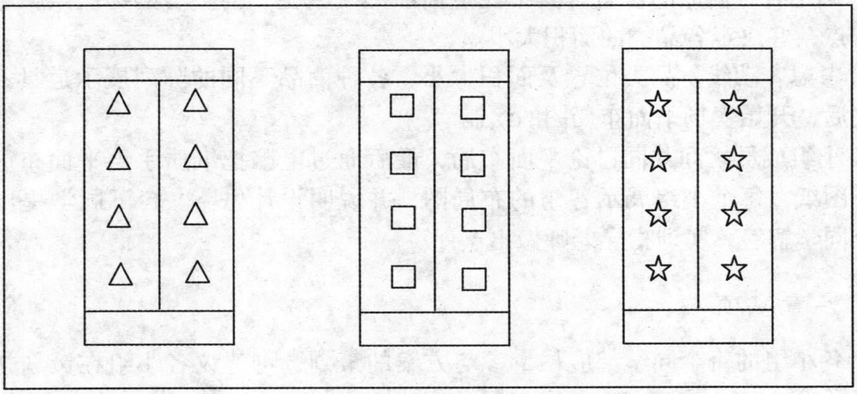

图 6—6　错误的关联性陈列

断现象，为了保持商品陈列的连续性，最好在转弯的两侧陈列同一类商品（可以是不同品牌的同类商品）。

3. 大类商品的关联性陈列。所谓的大类商品主要是指：

①主力商品与辅助商品。

②食品与非食品。

③购买频率高的商品与购买频率低的商品。

④单位价格高的商品与单位价格低的商品。

⑤女性购买的商品与男性购买的商品。

⑥成人购买的商品与儿童购买的商品。

大类商品的关联配置，其基本规律是：由主力商品到辅助商品；由食品到非食品；由购买频率高的商品到购买频率低的商品；由单位价格低的商品到单位价格高的商品；由女性购买的商品到男性购买的商品；由成人购买的商品到儿童购买的商品。

在实际操作过程中，到底如何对商品进行有效的配置，除了以上有关内容以外，还要根据零售店卖场的具体形状、位置而定，以确保获得最佳的展示效果。

四、训练步骤

（1）指导老师根据情境设计制作简易的卖场建筑图纸，也可以从零售企业处寻找一些卖场的建筑图纸。

（2）学生分组，6~8人一组，组长组织讨论，但每位同学必须单独制作一份设计图纸，每位同学都要准备橡皮、铅笔、尺等工具。

（3）各个小组根据情境商场业态，考虑该业态可能的商品大类，并根据该商场所处的地理位置和竞争环境进一步决定商品大类的定位，决定商场的布局方式。

（4）确定该卖场客动线的起点和终点，并在起点和终点之间设计最理想的顾客行进路线。

（5）确定各种商品的位置，其中注意商品的关联性、消费者购物决策树、管理的便利性等特点，并决定各品类的面积大小。

（6）考虑客动线、品类位置及面积大小，各种商品不同的陈列展示道具，各种设施的位置之后，开始卖场平面布局图的绘制。

（7）小组成员之间共同讨论平面布局，最后通过电脑把纸质手绘平面布局图变成电子版标准图纸，每个小组展示各组的布局图，并说明设计思路。台下同学提出意见并提问，台上同学解答，实训指导老师做出点评。

五、注意事项

（1）各小组的每个同学都应尽量参与方案的策划，可建议各小组在策划初期采用头脑风暴等形式。

（2）安排行进路线时，要避开柱子对通道的干扰。在最佳行进路线的基础上，考虑顾客可能的行进路线和理想的行进路线的差别，并对此进行调节。

（3）图示和文字说明相结合。

（4）注意方案的可行性。

六、示例

××两层卖场平面布局设计

一、前期需要了解一些超市周边交通、人口数量、顾客消费习惯、临近商圈和竞争对手等资料。

二、对卖场布局进行设计

1. 确定每层楼面的经营范围，楼面经营的商品决定了超市动线的布局和电梯的运动方向。多层卖场层与层之间上下需要电梯，在设计卖场布局前需要先确定电梯位置，电梯位置关系到卖场楼层间上下及客流动线是否通畅。

2. 百货楼层动线要“先松后紧”，百货楼层入口设计宽大的入口和过道，布置众多的促销品把顾客吸引到超市内部，在百货楼层到食品楼层的过道稍微设计窄些，增加顾客在百货楼层逗留时间。

3. 在食品区楼层动线设计是“由主到次”，顾客进入食品区楼层后，会有一条主的通道引导顾客按照设计路线到达食品区货架或散货区，顾客再进入区域内的次通道买到自己需要的商品。

4. 商品过渡自然，布局商品区块时，不同类商品区域要通过关联性商品实现自然过渡。比如文教办公用品区域可以通过办公电器（如电话机、传真机、打印机等）过渡到小家电，也可以通过体育用品（如羽毛球拍、健身器械等）过渡到休闲百货，这些都属于自然过渡；如果从小家电一下子跳到服饰、清洁用品，这样跨度就太大了，商品陈列也很难做。

三、根据设计方案，绘制平面布局图

平面布局图如图6—7所示。

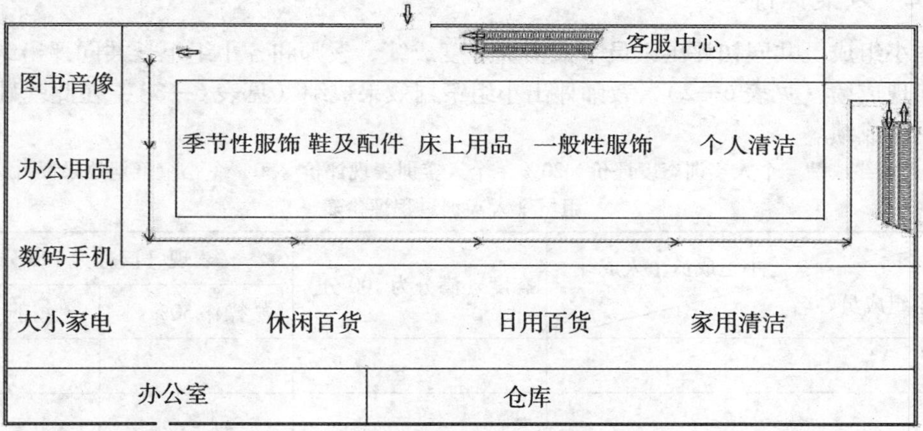

一层平面布局图

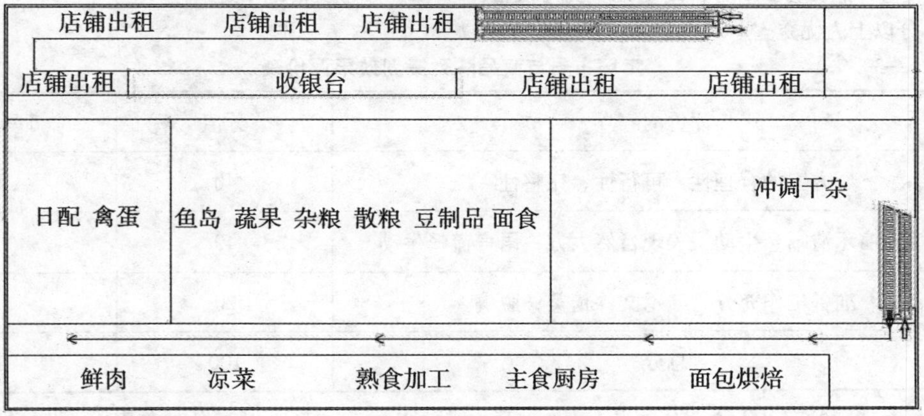

二层平面布局图

图6—7 平面布局图

资料来源　潘光永：《两层卖场动线设计要点》，载《中华合作时报·超市周刊》，2010（9）。

七、学习天地

从促销角度来看，判断卖场一个排面的商品陈列好坏可以从哪些因素入手？

参考答案：（1）货架上的商品是否易于接近，要尽可能地让顾客产生接触商品的冲动；

（2）保持货架的外观整洁；

（3）整个层板，不能陈列同一种商品；

（4）商品价格标签、POP等标志是否与商品一一对应；

（5）不要隐藏缺货。

八、效果评价

本小组成员共同初评出组员个人实训态度成绩，教师和各小组组长共同评出组员个人实训表现成绩（见表6—2），教师评出小组策划效果成绩（见表6—3），在此基础上给出个人最终成绩。

个人最终成绩＝个人实训态度评价×20%＋个人实训表现评价×50%＋小组策划效果评价×30%

表6—2　组员个人实训过程评价表

小组成员个人成绩 / 小组成员姓名	态度（满分为100分）	表现（满分为100分）	
		操作50%	技能50%
总分			

注：考评满分为100分，60分以下为不及格；60～69分为及格；70～79分为中等；80～89分为良好；90分以上为优秀。

表6—3　卖场布局与商品陈列策划效果评价表

评价内容	分值	评分
方案的合理性、可行性、完整性	40	
讲解和演示清晰、生动，表现自然大方，语言流畅生动	40	
准备工作充分，演示文件精美，脱稿	20	
总分	100	

注：考评满分为100分，60分以下为不及格；61～69分为及格；70～79分为中等；80～89分为良好；90分以上为优秀。

九、实训案例分析

家乐福卖场布局设计

连锁门店的卖场规划实际就是对于门店的一个初步的设计，其规划的主要工作是门店内部的布置。有些卖场是多层的，如家乐福，门店上下两层，进入卖场后先是随扶梯上二楼，然后才能下一楼交款，不能直接在一层购物，这样的目的在于将顾客在卖场内的逗留时间延长，以便有更多的机会向顾客展示商品。卖场的设计也是本着这一目的，就是要让顾客在门店内滞留时间最大化。

超市的规划设置仍是通过将高购买率、最吸引顾客的商品放在门店的最深处或主要的通道上，以便吸引顾客将自己的门店完全地光顾一遍。在家乐福二楼主要是展示一些非食品的商品。从二楼卖场入口进入后，最右边主要是家电（如电视机、空调、电扇等）和手机售卖区。在卖场中部主要划分为四部分：音像制品（VCD 等）、家居用品（睡衣、拖鞋等）、日常用品（电池、水杯、饭盒等）、衣物（成衣、内衣）。在卖场最靠后的左手边位置主要是卫生洗化用品等，如皂类、卫生纸、牙刷等；中间位置主要是 10 排左右的落地货架，主要放置洗护品（如洗发水、洗面奶等类似品）；最右边（最里面）主要是雅芳、美宝莲等化妆品的销售，有醒目的品牌标志。接下去是一楼食品类的布局。熟食、生鲜、速冻食品等最吸引顾客的商品设置在门店的最内部，一方面靠近后场的作业区，另一方面还可以吸引顾客走遍全场。果蔬区一般被认为是高利润部门，通常的布局是满足顾客的相关购物需求，安排在肉食品的旁边。由于奶制品和冷冻品具有易融化，易变质的特点，所以一般它被安排在顾客购买流程的最后，临近出口，同时奶制品和冷冻品通常在一起，这样有利于设备的利用。烘焙品的主力商品是面包，销量大，毛利高，大多被安排在第一货架和靠近入口的地方，这样不仅会刺激高价位的面包的出售，而且还会避免被顾客遗忘。杂品部分主要在超市卖场的中央，采取落地货架形式，布局为纵向陈列，这样顾客就可以透视纵深。还有就是一般部门的设置商品规划本着防盗防损的目的，一些丢失率较高的商品会专门安排在一些特定的角落，例如：口香糖总是在收银台前，化妆品总是在门店内醒目的地方。

分析：以消费者为中心，为消费者服务，是零售商业企业经营管理的核心。因此，零售企业的卖场布置与设计应研究消费者的心理特点，并与之相适应，为消费者提供最适宜的环境和最便利的服务设施，使消费者乐意到商店并能够舒适、方便地参观选购商品。而要达到这一要求，就必须研究商店卖场设计与消费者心理的关系。家乐福超市售货现场的规划，正是在充分研究消费者购买行为的基础上，以便于消费者参观与选购商品、便于展示和出售商品为前提而进行的布置与陈列，既满足了消费者的需求，又扩大了商品的销售量，从而使企业获得较好的经济效益。

资料来源　逸马：《从家乐福卖场布局分析卖场设计》，中国服装网，http：//www. efu. com. cn/data/2006/2006 - 02 - 22/138523. shtml，2006 - 02 - 22。

实训项目2　主题促销之新店开业促销策划

一、实训目的和要求

通过该课题的实训，使学生了解和掌握零售终端在开业促销时所涉及的关键环节和步骤，培养学生在此策划过程中对相关促销工具综合运用的能力。

二、情境设计

情境一：

某连锁超市将在A市外来民工聚居区开设一家大型超市，开业时间定在9月1日，请你为该超市制订一份开业促销策划方案。

情境二：

某商业集团抓住B市高端百货零售店尚处空白的机遇，定于1月1日在B市的黄金地段开设该市首家定位于高端品牌的××精品购物中心，请你为该精品百货店的开业制订一促销策划方案。

三、相关知识

（一）主题促销方案的制订

主题促销方案的内容主要包括促销的出发点、促销策略、预算依据、人员安排等，围绕主题促销，帮助零售店选择促销主题、促销工具以及预测促销过程中应注意的问题。

1. 确定促销主题。

确定促销主题也就是首先要明确“为什么作主题促销”，是新店开业、新品推广、节日庆典、换季打折、清仓处理，还是其他。确定了这些，才能确定主题促销的目标。确定了促销主题以后，最好提出一个口号，比如“中秋购物在××　美味月饼送给你”。

2. 确立主题促销目标。

主题促销目标主要是说明主题促销活动要达到什么样的目的。一般来说，主题促销的目标主要有以下几种：

①形成价格优势，向消费者不断传达价廉物美的信息。

②吸引更多的顾客更频繁地光顾，增加商品销售量，提高零售店的市场占有率。

③推广一些新的商品品种。

④有效地应对竞争者的降价行动。

主题促销目标的制定要适当，不能过高或者过低，确定主题促销活动合适的目标有利于激发主题促销人员的积极性，这是主题促销活动进行的意义所在。总的来说，达到一定的利润目标，是任何一个企业开展主题促销活动的最终目标。

3. 确定主题促销对象。

主题促销对象的确立与零售店主题促销活动的目标和出发点有密切关系。主题促销对象的确定一定要和活动本身的目标紧密结合。主题促销对象是所有的消费者还是某一部分特定的消费者，其范围有多大，哪些消费者是主攻目标，促销选择的目标人群是否恰当，会直接影响到主题促销的最终效果。

4. 确定促销政策。

完整的促销政策包括举办哪些活动以及活动的时间、地点、怎么安排等内容。

零售店主题促销期限和主题促销活动本身的隆重程度是结合在一起的。具体的主题促销期限应综合考虑商品的特点、消费者的购买习惯、主题促销目标、竞争者的策略以及其他因素，按照实际需求而定。

一般而言，节日主题促销中的春节、中秋节是隆重的节日，其主题促销期限一般较长：春节可持续3周以上，而中秋节则是从节日前半个月就开始准备。另外，一些如国庆、五一、圣诞等规模比较小的主题促销一周即可。

零售店的开业主题促销和店庆主题促销也根据门店的规模和实力来选择促销期限。开业促销活动是为了将顾客的消费购买力提升到最高，同时也必须注意到开业的次日会有客流量的滑坡。策划建议是简化第一天的活动，加强其后几天的活动，使营业额能保持较高的持续性。

促销活动地点一般都选择在零售店内部，有些公益活动主题促销会在门店附近举行。

具体而言，促销政策必须包括以下内容：

（1）主题促销形式。

常用的促销形式有：买赠（满就送）；特价（折扣、返现）；品尝；派样；游戏；换购；抽奖；积分等等。

（2）具体内容。

这是指促销活动的内容细则，例如，买什么赠什么或买多少送多少等。

（3）限制条件。

主要是指限时还是限量。例如，什么商品在哪一天哪个时间段特价，或者什么赠品“每日限前××位顾客”等都属于这一类。

（4）活动地点。

活动地点的选择应主要考虑客流量、促销信息传达的效果、是否符合预算要求等因素。

5. 预测及资源分配。

（1）效果预测。

根据零售店的历史销量，综合考虑主题促销政策对产品流速带来的影响，做出主题促销期间销量的预测。这种效果评估有利于对主题促销活动的实施过程进行控制。

（2）费用预算。

根据销量预估配备相应的物品如宣传品、礼品、奖品等支出，并根据所选零售店的规模和主题促销期长短，准备相应的主题促销人员人工费用预算。

（3）资源分配。

零售店主题促销活动要制订合理的人员和物品的分配计划，以便于对其活动实施更有效的控制。

（二）开业促销策划

1. 常用促销手段。

零售店在开业期间开展的促销活动会综合多种手段，其中常用的有如下几种：

（1）会员制促销。

①公司会员制。消费者不以个人名义而以公司名义入会，零售店向入会公司收取一定数额的年费。

②终身会员制。消费者一次性向零售店缴纳一定数额的会费，成为该零售店的终身会员，可长期享受一定的购物优惠，并可以长年得到店方提供的精美商品广告，还可以享受一些免费服务，如电话订货和免费送货等。

③普通会员制。消费者无需向零售店缴纳会费或年费，只需在店内一次性购买足额商品便可申请到会员卡，此后便享受一定的购物价格优惠和一些服务项目。

④内部信用卡会员制。适用于大型高档零售店。消费者申请某店信用卡后，购物时只需出示信用卡，便可享受分期支付贷款或购物后 15 ~ 30 天内现金免息延迟付款的优惠，有的还可以进一步享受一定的价款折扣。

零售店目前常用的会员制促销属于普通会员制。这种会员制的入会门槛很低，一般在新店开业、庆典活动或购买足额商品时就可以申请到会员卡。一般在购物结束后收款台会要求出示会员卡，一方面可以累计积分，另一方面可以会员价享受优惠。并且当积分或者购买金额累计到一定额度时，可以凭此获得礼品或者现金返还。

（2）折扣促销。

折扣促销的主要目的是开拓新顾客。这是目前零售店使用频率最高的促销手段。其主要形式有商品特卖、限时折扣、满就减、满就送等方式，让消费者以低于商品平时的销售价格购买商品。折扣这种促销方式可提高消费者对零售商品的关注度，在提升零售店短期销量方面具有立竿见影的效果。

在开业促销中使用商品折扣促销要注意以下要点：

①价格要足够低。

一般来说，特价销售要比市场价格低 20% ~ 40%。根据经验，通常小数量大降价的效果比大数量小降价更能吸引消费者，而当减价只有 6% ~ 7% 时，几乎不会有什么大效果，它只会吸引老顾客的注意。

开业促销力度一般都比较大，因此进行特卖促销时，要把有限的让利集中在特定的少量品种上，使促销商品有较大的价格优势。当然促销品种也不能太少，太少对消费者的吸引力也会下降，其数量以从全品类商品中选出一两种商品进行促销为宜。

另外，在特卖商品的标签上作特价表示，如用锯齿形、旗帜形 POP 广告作显著说明。

②选择顾客需求最旺的商品。

开业是门店第一次与消费者见面，商品设置很重要。由于特卖商品的作用主要是吸引客流量而并非盈利，因此在选择特卖商品时，需要选择那些能够对大众产生吸引力的商品。为此，在促销活动前必须进行详细的市场调研，了解市场需求，通过选择对消费者有吸引力的商品来引起消费者注意。

③将特价商品陈列在十分显眼的位置。

特卖商品的陈列位置应该突出醒目的特点，一般在第三磁石点、第五磁石点的位置比较好。

④特价商品的供应数量要充足。

大部分特卖商品，特别是快讯商品广告（DM）上载明的商品，数量要准备充足，以产生足够的客流量吸引力，防止商品脱销影响零售店信誉。当然在开业促销时，对小部分价格特别低的商品也可以实施限量供应，售完为止。

（3）赠品促销。

赠品促销也是零售店开业促销中惯用的手段，主要有“买就赠”和“满就赠”两种形式。

（4）有奖促销。

有奖促销的关键是如何使消费者获得奖项，吸引消费者再次光临。通常来讲，主要是进行奖项设置和抽奖方式的设计。尽可能营造一种热烈的购物氛围是该促销手段的关键。具体而言，有奖促销主要有满额抽（规定凡购物满一定金额即可参加抽奖），或利用比赛等活动和奖项结合等形式。

（5）娱乐促销。

利用游戏、表演等娱乐活动与现场消费者进行互动，聚集新店人气。

2. 开业促销 POP 广告策略。

POP 广告在实际运用时，可以根据不同的标准对其进行分类，不同类型的 POP 广告，其功能也不尽相同。

（1）按 POP 广告的体现形式可以将其分为六类，具体见表 6—4。

表 6—4 **按体现形式对 POP 的分类**

POP 的种类	POP 的具体形式	POP 的功能
招牌 POP	店面、布幕、旗帜、条幅、电动字幕等	向顾客传达企业识别标志、销售信息
粘贴 POP	海报	反映店内商品信息及活动信息
悬挂 POP	悬挂在零售店中的气球、吊牌、吊旗、装饰物、包装盒等	活跃卖场气氛
标志 POP	零售店内的卖场引导标志牌	向顾客传达购物方向，商品摆放位置

续表

POP 的种类	POP 的具体形式	POP 的功能
包装 POP	礼品包装、赠品包装等	促进商品的销售
灯箱 POP	固定在货架的端侧或者上侧的灯箱	指定商品的陈列位置和形成品牌专卖的形象

（2）按 POP 的摆放位置，可以分为三类，即外置 POP、店内 POP、陈列现场 POP，其各自的具体形式及功能见表 6—5。

表 6—5　**外置 POP、店内 POP 及陈列现场 POP 的比较**

名　称	具体形式	功　能
外置 POP	零售店的招牌、旗帜、布幕、条幅等	告知顾客：这里有家零售店；这家零售店所售商品的种类；这家零售店正在作促销活动
店内 POP	卖场引导 POP、特价 POP、气氛 POP、厂商通报、广告牌	告知顾客：某种促销商品的陈列位置；某种商品的促销形式及优惠幅度；传达商品情报及厂商信息
陈列现场 POP	展示卡、分类广告、价目卡等	告知顾客零售店某种商品的品质、使用方法和厂商信息等；帮助顾客挑选商品；告诉顾客广告品或推荐品的位置、尺寸及价格；告诉顾客商品的名称、数量、价格，以便顾客做出购买决定

（3）按照 POP 广告所起的作用，又可以分为两大类：气氛类 POP 和促销类 POP。气氛类 POP 主要作用是烘托卖场气氛，构建卖场与众不同的个性文化风格与理念；促销类 POP 的功能主要在于通过简洁的信息，有效地刺激顾客的购买冲动，实现交易。具体见表 6—6。

表 6—6　**气氛类 POP 和促销类 POP 的比较**

名　称	具体形式	功　能	使用期限
气氛类 POP	形象 POP、消费 POP、张贴画、悬挂小旗	制造店内气氛	一般长期使用且有季节性特征
促销类 POP	手制的价目卡、拍卖 POP、商品显示卡	代替店员出售商品；帮助顾客选购商品；促进顾客的购买欲望	拍卖期间或特价日，多为短期使用

3. 开业促销宣传策划。

（1）媒体选择。

开业促销的媒体选择依据是零售店促销的主要目标人群所接触的主流媒体的种类，一般可选择当地主要报纸、电视、电台等在开业前一段时间及开业期间进行零售店整体形象和促销活动等的宣传推介。

（2）DM 派送。

在开业前及开业促销活动期间，零售店可将开业促销活动、特价商品信息等印制成小册子派送给潜在顾客，以吸引顾客前来购买。

四、训练步骤

（1）学生分组。每5~8人为一组，进行独立操作，每个小组做一套策划方案。各小组在实训指导教师指导下选择一家卖场，讨论该卖场附近消费者的消费习惯，并假定该卖场是新店开业的情况下，寻找开业促销方案策划的切入点。

（2）分组讨论得出草案。每一小组的学生讨论确定开业促销主题和促销目的，并轮流展示各小组的促销主题草案。

（3）制订具体方案。各小组学生在吸取其他小组优点和指导老师给出修改意见的基础上确定各组开业促销活动的具体方案和注意事项。主要包括：

①参加促销活动的商品选择。

②促销活动宣传计划的确定。其中包括活动广告语的设计、店内气氛营造及店外广告宣传。

③促销费用预算。

④制订详细的公司内部分工计划。根据公司组织结构对各部门、各岗位制订在此次促销方案中的详细分工计划，如明确企业部负责什么、售后部负责什么、采购部负责什么等，并根据分工计划，制订出公司内部实施方案。

（4）制订评估方案。根据此次开业促销目的，制订评估方案，制定有针对性的效果评估指标体系，如客流量、客品数、品单价、毛利率、净利润、现金流等。

五、注意事项

（1）实训报告中要体现新店开业的主题。

（2）注意方案的可行性。

六、示例

××购物广场开业促销实训示例

一、促销活动主题：××购物广场开业

二、促销活动目的：

（只有明确了促销的目的，后续的策划才能做到有的放矢）

1. 推出强有力活动，创造销售佳绩。

2. 争取一炮打响，增强供应商合作信心。

三、市场分析

（门店周边商圈分析、消费者行为分析是有针对性的促销策划的基础。此处主要应针对目标消费群体的阶层、收入，周边竞争对手的情况进行分析）

1. 该购物广场周边消费群体为打工一族，且租房者居多。

2. 主体消费人群消费水平较低。

3. 周边已有同类型竞争店的存在。

四、促销活动策划总体指导原则

（根据前述市场分析，确定此次开业促销活动方式的指导原则）

贴近大众，贴近低端消费者的需求。

五、活动细则和内容的确定

（根据上述促销活动指导原则，确定详细的促销方案。注意活动内容应结合目标消费群的行为及心理特征）

1. 促销活动的具体形式及活动细节安排。

例如："新店大奖酬街坊，手机彩电天天送"开业促销主题活动，需要确定活动日期、地点、目的、内容、奖项设置和抽奖时间等活动内容。

日期：6月11日~6月13日（三天）。

地点：服务中心。

目的：以大奖刺激消费，产生轰动效应，达到宣传商场知名度和提高营业额的双重目的。

内容：凡在开业期间，在XX购物广场超市区一次性购物满28元，服装专柜区一次性购物满58元可领取抽奖券1张；超市区购物满56元，服装区购物满116元，可领取抽奖券2张，依此类推，单张小票最多可领取3张抽奖券（电脑小票不可累计）。

奖项设置如下（分三轮抽奖，每天一轮）：

一等奖（3名）：29寸彩电一台。

二等奖（6名）：彩屏手机一部。

三等奖（30名）：高级自行车一辆。

四等奖（90名）：名牌电风扇一台。

五等奖（300名）：现金券5元一张。

抽奖时间表：

第一轮：6月11日晚7：30。

第二轮：6月12日晚7：30。

第三轮：6月13日晚7：30。

2. 促销活动工作安排及职责确定。

（1）企划部负责宣传、氛围布置、舞台抽奖、抽奖券和现金券印制、抽奖箱的制作。

（2）人事部负责奖品的采购以及人员的安排。

（3）防损部负责抽奖现场秩序维持和监控。

（4）服务中心负责奖券的派发。

（5）财务部负责费用核算以及现金券和抽奖券的盖章事宜。

六、配套宣传活动

（根据前述店内促销活动，确定活动进行前店内外宣传的形式和内容）

例如：

1. 宣传方式。

A. 店外 POP、店内海报喷绘 2 张。

B. DM 20 000 份。

C. 条幅、巨幅宣传。

2. 广告语。

A. 真诚服务每一天。

B. 服务社区，回报顾客。

C. 日日超低价，永做低价王。

D. 我们做的一切都是为了您 100% 的满意。

七、费用预算

（1. 确定促销活动奖品的费用。2. 确定宣传品制作及派发的费用）

八、活动评估方案确定

（1. 可通过某一时段内的客流量、客品数、品单价、毛利率等指标的计算，尤其是对品单价指标进行评估，来评估消费者的消费金额是否被促销活动所拉动。2. 评估整个开业促销成本占销售额的比重）

资料来源 佚名：《商场开业策划方案》，财经咨询，http：//cj. 2000y. com/index. asp？xAction = xReadNews&NewsID = 4107，2010 - 10 - 05。

七、学习天地

请根据生活中的案例交流各种常用开业促销方法的特点。

参考答案：（1）广告促销。费用高，为获得较为广泛的传播效果。

（2）公共关系促销。短期内不一定有直接效果，旨在长期效应。

（3）价格促销。效果立竿见影，可短时间内聚集人气。

八、效果评价

本小组成员共同初评出组员个人实训态度成绩，教师和各小组组长共同评出组员个人实训表现成绩（见表 6—7），教师评出小组策划效果成绩（见表 6—8），在此基础上给出个人最终成绩。

个人最终成绩 = 个人实训态度评价 ×20% + 个人实训表现评价 ×50% + 小组策划效果评价 ×30%

表6—7　　**组员个人实训过程评价表**

小组成员个人成绩 / 小组成员姓名	态度（满分为100分）	表现（满分为100分）	
		操作50%	技能50%

注：考评满分为100分，60分以下为不及格；60～69分为及格；70～79分为中等；80～89分为良好；90分以上为优秀。

表6—8　　**主题促销之新店开业促销策划效果评价表**

评价内容	分值	评分
方案的合理性、可行性、完整性	40	
讲解和演示清晰、生动，表现自然大方，语言流畅生动	40	
准备工作充分，演示文件精美，脱稿	20	
总分	100	

注：考评满分为100分，60分以下为不及格；60～69分为及格；70～79分为中等；80～89分为良好；90分以上为优秀。

九、实训案例分析

××大药房开业策划方案

××大药房开业在即，为吸引消费者来参加开业活动。迅速提高××大药房的知名度，搞旺开业人气。策划方案如下：

一、策划目的

提高开业期间的销售业绩，从而为发展连锁作好铺垫。

二、策划思路

1. 策划吸引消费者的活动，让开业时××大药房充满人气。

2. 提炼诉求卖点，在宣传中突出卖点来吸引消费者产生购买欲望。

3. 设计有吸引力的促销方案，让消费者重复购买，提高市场竞争力，提高销售额。

三、策划方案

1. 提炼诉求（宣传）卖点。

（1）首家社区理想药店。

（2）打造社区理想药店。

（3）价格低、服务好、质量过硬。

（4）足不出户也可以享受到真正的实惠。

2. 设计促销方案。

（1）方案1：开业演出及开业仪式。

利用全天演出来吸引消费者。

（2）方案2：向消费者告示“打造社区理想药店”。

①突出“理想”也就是价格、服务。

②用报纸向社会公告。

③用户外广告向社会公告。

④在进门处，向消费者告示（或用吊旗告示）造成价格低的强烈感觉。

（3）方案3：开业有礼，红包多多。

将2元的代金券设计成红包的形式，开业期间，见人发一张代金卷，目的是引诱消费者产生购买行为。

（4）方案4：每天推出特价药×款。

①可以长期推行。

②要推销售额大的，影响才会大。

（5）方案5：累计购药达×××元，赠礼。

①赠送实用的生活用品或者药品。

②开业一个月后，可考虑送其他低价高质的产品。

（6）方案6：每天限时开展5折销售活动（与药店、医院比）。

开业1个月后推行。

3. 设计促销活动。

（1）方案1：人体广告宣传。

①宣传点选择人群聚集的地方。

②选择人流量大的时候，比如早晨上班、晚上下班的高峰期。

③要有10人以上才有气势，才有宣传效果。

（2）方案2：每天一台戏（连续10天）。

①开支控制在平均每天500～1 000元。

②以炒热场地为目的。

③找文艺老师来合作（青少年宫的老师）。

④内容包括唱歌、跳舞、器乐、体育、绘画、时装、小品等。

四、广告宣传：

1. 宣传卖点。

（1）“首家社区理想药店落户××路××社区”。

（2）××大药房8月5日全新开业。

2. 媒体选择与宣传内容。

（1）墙体巨幅广告（大药房外墙）：

①打造社区理想药店。

②××大药房 8 月 5 日全新开业。

（2）宣传单广告：

①一份以介绍门店为主的宣传单广告（员工发放）。

②一份以特价品种和促销内容为主的宣传单广告（夹报发放）。

3. 其他宣传。

（1）开业彩旗。

（2）开业气球。

（3）开业条幅。

（4）开业室外灯光。

（5）开业音响。

（6）开业军乐队或秧歌队。

4. 费用预算。（略）

分析： 本案例紧密围绕社区药店的定位，突出低价格、高服务、亲民等特点，并以此为主线确定开业促销活动的目的、思路和具体方案。可见，开业促销方案制订之前对商圈和消费者行为特征的调研，才是整个促销活动方案制订的基石。

资料来源　佚名：《杏康大药房开发策划方案》，天霸商场网，http：//salesaura. tbshops. com/Html/news/29/14421. html，2009－11－05。

实训项目 3　主题促销之节日促销策划

一、实训目的和要求

通过本实训，使学生了解和掌握零售终端节日促销策划的步骤及要点，并一定程度上培养学生与节日文化相结合的策划创意能力。

二、情境设计

情境一：

离中秋节（国家法定假日）还有两个月的时间，你作为某中型零售超市的企划人员，请制订一份该年中秋节的促销策划方案。

情境二：

“雄鹰”体育用品专卖店是一家位于某市高教园区的体育用品零售商店，情人节将至，请你为该店制订一份节日促销方案。

三、相关知识

（一）节日促销方案的制订

1. 确定促销主题。

确定促销活动的主题是节日促销最首要的工作，因为其他所有策划都是围绕着促销主题来展开的。节日促销与一般的促销意义不同，更加需要注意节日的各种风俗、礼仪、习惯等民族特点。节日促销主题应更加讲究与节日内涵的匹配，以达到吸引消费者眼球的目的。

2. 明确节日促销的目标。

（1）扩大营业额，增加来客量。

节日促销最直接的目的就是短期内迅速提高销售量，扩大营业额并提高毛利。而这主要是通过吸引更多的顾客或是刺激顾客更多地进行消费来实现。

（2）提升企业形象。

零售店常常借助一些特殊节日的促销活动来提升零售企业在消费者心中的形象，提高其知名度。

（3）促进商品的周转。

商品是零售店的命脉，良好的商品周转会带来良性循环。零售店可借助一些换季节日如清明节或五一、十一长假等节日促销活动推动商品的周转。

（4）对抗竞争对手。

随着零售业竞争主体的不断增加，零售店之间的竞争也日趋激烈，越来越多的经营者都开始关注和把握每个能够利用的节日，借助各种节日促销来争取顾客。

3. 确定节日促销活动内容。

促销活动的内容应紧密围绕促销主题和目标来确定。活动成功的前提就是内容要有吸引力。包括特价（折扣、满就减）、试用、买赠、抽奖等，都是吸引目标顾客必不可少的手段。在拟定节日促销内容时，策划人员必须注意以下几点：

（1）促销的内容必须是可执行的。

不管是商品组合，还是交互式活动，或者是免费赠送，都必须锁定促销目标，并依照目标延伸出内容。

（2）促销内容必须符合促销节令的特点。

促销内容在可执行的前提下，还必须能够配合节令，如春节推出“春节礼品展”，情人节推出“情人节礼品”，而父亲节、母亲节，则分别以男士用品、化妆品为主推商品。同理，中秋节、端午节、儿童节等节日也要推出符合节令特点的促销内容。

（3）促销商品的选择应考虑气候状况。

我国东西南北地区气候差异明显，因此春节、圣诞节、儿童节，其促销商品的选择要有所不同。这就要求促销策划人员在拟定促销内容时，必须把气候对促销活动的影响也考虑进去。

（4）费用预算要在能够接受的范围内。

一般来说，促销费用和促销业绩之间有一定的比例关系，所以在拟定促销内容前，必须先了解经费的多少，是否在零售店可以接受的范围之内，以便做最有效的促销策划。

（5）其他考虑因素。

如有关公平交易的法规，当季特殊商品、地方习俗、节日约定俗成的各种习惯等，也是拟订节日促销计划必须考虑的因素。

（二）节日促销活动前的准备工作

1. 信息发布。

（1）DM 海报。DM 海报是零售店发布促销信息的最佳和最主要的媒体，在海报上可以详细地列明促销的时间、地点，以及部分促销的商品。比起其他媒体，DM 海报由于是零售店自己设计印刷的，因而版面掌握比较灵活，成本较低，而且对商品的表现度比较好。

（2）报纸。由于零售店的利润比较薄，而报纸广告的成本又较高，因此零售店往往在重大节日促销，或当节日和开业、店庆等重大庆典日在一起时，或者与公关促销等其他手段配合使用时，选择报纸来发布促销信息的可能性会比较大。

（3）电视。电视广告以滚动字幕或尾板方式配合，内容以介绍活动为主，辅以简单的产品介绍。

（4）广播。一般是利用零售店内的广播系统，提前将促销的时间、手段等有关信息传递给顾客。

2. 现场布置。

活动现场布置的好，可以使活动进行的有条不紊，增添活动气势和氛围，吸引更多人参与。以下物品在促销活动中一般是必备的：

（1）与活动主题相关的吊旗、POP。

（2）印刷有促销商品信息的 DM 海报及单页宣传单。

（3）咨询台、抽奖台、赠品（礼品）发放台等。

3. 人员安排。

（1）安排足够数量的服务人员，便于引导服务。

（2）现场要有一定数量的秩序维持人员（有时可与公安及保安公司联络让其派员协助）。

（3）现场咨询人员、销售人员既要分工明确又要相互配合。

（4）应急人员（一般由领导担任，如遇政府职能部门干涉等情况应及时公关处理）。

4. 供应商协调。

在促销前，要与供应商协调好，首先是费用的分摊问题，或者商量好提供多少促销商品以及促销的力度。另外，还要安排好促销员。

（三）节日促销注意事项

1. 找准促销定位。

准确的促销定位主要表现在主题鲜明，明确是品牌形象宣传还是现场售卖，不要陷入甩卖风、折价风的促销误区。另外也需要了解竞争对手的动态，特别是在几个重大的节日竞争对手最新的促销意图和动向。

2. 恰当的行动方案。

恰当的方案可以很好地发挥团队作战优势，齐心协力地做好工作。另外，所有的活动安排和物料准备要紧扣活动主题，总负责人要清楚活动的每个环节，了解各个环节的进度，及时发现和解决出现的新问题。

3. 时间安排和规划预算准确。

零售店促销时间应尽量早于竞争对手，特色活动最好比对手早三四天。再好的策划、再好的时机，如果没有完整准确的规划预算，届时商品不充足，促销商品不到位，顾客该买的买不到，必定会影响促销的整体效果。

4. 促销现场氛围。

现场氛围，包括气氛海报、POP 招贴、装饰物品的布置，恰到好处的播音与音乐，这些将会在很大程度上刺激顾客的购买欲望。具体而言，做好主题广告宣传，从色彩、标题到方案、活动等均突出节日氛围，以主题广告营造节日商机。

5. 严格控制促销成本。

零售店促销要理性预测和控制投入产出比，切不可盲目跟随。如果自身的规模实力有限，就尽量不要和强势的竞争对手正面对抗，尤其是不要和强势对手大打价格战。而应独辟蹊径，突出自身的优势和卖点。

6. 事后评估总结。

每次节日促销活动都应在事后进行一番细致的评估总结，才能提升节日促销策划的品质和效果。这其中包括活动销量情况、执行有效性、消费者评价、同业反应等。分析每次活动的优点和不足，总结成功之处，吸取教训，改正不足。

四、训练步骤

（1）学生分组。将学生分为两大组，分别进行情境一和情境二的训练。其中，每 5 ~ 8 人为一小组，进行独立操作，每个小组做一套策划方案。实训指导教师组织学生讨论模拟卖场的特点和优势，讨论该节日的特殊性和消费者在节日期间的消费行为，为该卖场寻找此次促销方案策划的切入点。

（2）分组讨论。每一小组的学生互相讨论确定促销主题和促销目的，并通报各小组的促销主题，激励大家进一步深入讨论。小组成员互相讨论具体促销方式的选择，以支持促销主题。

（3）制订方案。各小组学生制订出各个活动的形式和针对顾客的具体方案，并提出方案中活动的注意事项。

（4）参加促销活动的商品选择。比如，情人节可能会用到巧克力，中秋肯定会用到月饼等。

（5）促销活动宣传计划的确定。其中包括活动广告语的设计，店内气氛营造及店外广告宣传。

（6）促销费用预算。

（7）制订详细的公司内部分工计划。根据公司组织结构对各部门、各岗位制定在此次促销方案中的详细分工计划，如明确企业部负责什么、售后部负责什么、采购部负责什么等，并根据分工计划，制订出公司内部实施方案。

（8）制订评估方案。根据此次促销目的，制订评估方案，及制定有针对性的效果评估指标体系，如客流量、客品数、品单价、毛利率、净利润、现金流等。

五、注意事项

（1）同一训练情境的各小组应安排在一起依次进行方案说明，以便于做横向比较。

（2）实训报告中要体现模拟节日的特点。

（3）注意方案的可行性。

六、示例

杭州某鞋类连锁商场新年促销策划方案

一、方案背景

2001年起，杭城各大商场促销刮起"满就送"旋风，但随着各竞争主体纷纷采用这一促销方式，赠送力度越来越大，而效果越来越差。因此，谁能从千篇一律的"满就送"中拿出富有创意的促销新手段，脱颖而出，谁就能抢得先机，立于不败之地。这正是该策划方案的根本出发点。

二、总体思路

（各促销活动不是孤立存在，而应有呼应和连动，通过形式的创新使每种活动的优势互补，以求得较佳的促销效果）

例如：

满就送：主要可让"满就送"的优势继续发挥，使已购物的顾客发生重复购买行为，但要减小赠送幅度。

掏金大行动：商场购鞋，现场掏金，掏多少，送多少。主要针对想购鞋的顾客，刺激其购买欲望；返还现金，顾客看得见。此活动可考虑延续到春节，但每次掏金必须控制在一定金额以内，同时减小"满就送"的力度，以降低促销费用。

不转白不转：该活动面向所有顾客，主要是降低顾客参与门槛，提高顾客参与活动的积极性，吸引人流、增加人气。

三、确定活动主题

（活动主题应既考虑节日特点，又要考虑主题语的创新性和对消费者的吸引力）

例如："新年红包三重奏"。

四、制定各项活动细则

（根据促销活动总体思路，确定详细的促销方案。且这部分内容的写作应尽量做到详

细、可操作，避免空泛）

例如：“不转白不转”活动。

活动细则：

A. 凭各连锁商场周五、周六、周日当日购物小票满 200 元转一次，满 400 元转 2 次，限转 2 次。

B. 转盘分五种颜色，红、橙、黄、绿、白，每种颜色对应一种礼品。

C. 奖项越高，面积越小，获奖概率为百分之八十。

D. 转盘静止后，指针指向的区块为其所得礼品。

E. 当场发放礼品。

F. 顾客得到奖品后，在购物凭证上盖“已兑奖”。

活动流程：

A. 登记：顾客将购物小票给工作人员，工作人员登记商品号码、支付金额。

B. 转转盘：顾客转动转盘，顾客可获得指针指示的礼品。

C. 发放礼品：工作人员发放相应礼品，并盖章。

D. 掏金：顾客凭购物凭证掏金。

E. 发放现金：工作人员发放现金并在购物小票上盖章，交顾客签字。

五、费用计算

（费用的计算是能让促销策略制定时始终考虑成本因素）

例如：

A. 报纸媒体：101 826.60 元。

B. POP 及展板：2 804 元。

C. 海报：1 000 元。

D. 横幅：2 461.60 元。

E. 赠送礼品：14 429 元。

F. 赠送现金：34 222.70 元。

合计：156 743.90 元。

六、促销活动效果评估

（对相关数据进行简单的收集、整理、分析，并尽量得出详尽的分析结果）

例如：

A. 此次掏金大行动，赠送现金平均为 4.96 元/人（总共掏金 6 893 次，赠送现金34 222.70 元）。

B. 不转白不转活动，赠送礼品平均为 2.09 元/人（共有 6 893 人次参加，赠送礼品 5 943 份，得奖概率为 86%，赠送礼品 14 429 元）。

资料来源　佚名：《商场销售额策划全案》，天霸商场网，http：//cehua. tbshops. com/Html/news/1/282. html，2009 - 07 - 09。

七、学习天地

如果你是一家实力较弱、规模较小的零售店企划人员，在做节日促销策划时，你会将哪种形式或媒体作为促销信息发布的第一选择?

参考答案：(1) 考虑门店促销信息发布的制约因素：资金实力和人员因素。

(2) 由于实力较弱、规模较小，商圈覆盖也必定较小，因此可考虑以店外 DM、店内海报招贴为主，周围社区横幅、告示栏等方式为辅。

(3) 店面促销、DM 发放等除本店员工去实施外，可考虑雇用临时促销人员。

八、效果评价

本小组成员共同初评出组员个人实训态度成绩，教师和各小组组长共同评出组员个人实训表现成绩（见表 6—9)，教师评出小组策划效果成绩（见表 6—10)，在此基础上给出个人最终成绩。

个人最终成绩 = 个人实训态度评价 ×20% + 个人实训表现评价 ×50% + 小组策划效果评价 ×30%

表 6—9　**组员个人实训过程评价表**

小组成员个人成绩 / 小组成员姓名	态度（满分为 100 分）	表现（满分为 100 分）	
		操作 50%	技能 50%

注：考评满分为 100 分，60 分以下为不及格；60 ~ 69 分为及格；70 ~ 79 分为中等；80 ~ 89 分为良好；90 分以上为优秀。

表 6—10　**主题促销之节日促销策划效果评价表**

评价内容	分值	评分
方案的合理性、可行性、完整性	40	
讲解和演示清晰、生动，表现自然大方，语言流畅生动	40	
准备工作充分，演示文件精美，脱稿	20	
总分	100	

注：考评满分为 100 分，60 分以下为不及格；60 ~ 69 分为及格；70 ~ 79 分为中等；80 ~ 89 分为良好；90 分以上为优秀。

九、实训案例分析

××超市元宵节及妇女节促销方案

主题：快乐元宵让女人放心消费。

时间：3 月 1 日—3 月 18 日。

主要节日：元宵节（4 日）、妇女节（8 日）、3·15 消费权益保护日（15 日）。

活动内容：

一、元宵灯谜猜、猜、猜

时间：3 月 4 日。

内容：活动期间，凡光临××超市购物的顾客朋友，不论购物多少均可参加××超市猜谜活动，凡猜中者均获送惊喜礼品一份。

内部操作：搜集谜语若干，写在红纸上，悬挂于促销区或卖场内，凡有当日电脑小票的顾客均可参加，猜中者可直接到服务台领取奖品。

二、玩花灯，赏花灯，元宵佳节做花灯——花灯制作大赛

时间：3 月 1 日—4 日。

内容：3 月 1 日—4 日本公司举办花灯制作大赛，凡制作爱好者均可拿出自己的作品到××超市各分店，参加评选活动，本公司于 5 日将所有分店选手制作的灯笼聚在一起评选出一等奖、二等奖和三等奖。

奖项设置：

一等奖 1 名：奖价值 150 元礼品一份。

二等奖 2 名：奖价值 100 元礼品一份。

三等奖 3 名：奖价值 50 元礼品一份。

元宵期间每店制作一个大花灯悬挂在店内显眼处，吸引顾客注意力。

评选标准：手工是否细腻、创意是否新颖、造型是否美观等。

活动费用：500 元。

三、吃团圆饭，享团圆情，品团圆味——××超市品尝汤圆大赛

时间：3 月 4 日晚 19：00—20：00。

活动内容：元宵节当天，××超市将举办吃汤圆大赛、包汤圆大赛等活动，凡光临××超市的顾客均可参加报名，优胜者将获得奖品一份。

奖项设置：一等奖 1 名，奖价值 100 元礼品一份；二等奖 2 名，奖价值 50 元礼品一份；三等奖 3 名，奖价值 30 元礼品一份；参与奖 10 名，奖价值 5 元的毛巾一条，同时每一位包汤圆的选手均可带回自己所包的汤圆。

所需物料：汤圆面、热开水、汤圆、煮汤圆锅、筷子、碗等。

汤圆面由生鲜区赞助，煮汤圆锅由熟食档提供，汤圆由供应商赞助（采购部洽谈）。

活动费用：340 元。

四、幸运“三八”送大礼

时间：3 月 8 日当天。

内容：

1. 节日当天，凡到××超市各分店购物的女性顾客朋友，如电脑小票流水号含有“3”、“8”两个数字的顾客即可到服务台领取价值 3 元左右的幸运礼品一份（数量有限，送完即止）。礼品为毛巾、纸巾或护肤品等（由采购部与供应商洽谈赞助）。

2. 精明女人、精明选择——特价商品促销活动。活动期间，本公司各分店将推出一系列超低价的女士用品及食品，供广大女性顾客选购，也为男士们在为女士选购商品时提供了参考，希望精明的你千万别错过（商品由采购部与供应商洽谈选择）！

分析：节日主题促销活动的展开应紧紧抓住节日特点或内涵，尤其是传统节日，应与节日相对应的传统文化或活动相结合。此外，对于多项节日促销活动的联动展开，应注意节日之间的内在关系，尤其应对消费者群体和参与活动群体进行分析。如此案例中做花灯、包汤圆等活动的参与主体可能会以女性消费者居多，因此完全可以和“三八”节的促销活动进行更有机的结合。

资料来源　李玟：《元宵节促销方案》，中国农资供销网，http：//www.zgnzgx.cn/bencandy－htm－fid－831－id－49645－page－1.htm，2009－06－19。

模块七　策划书写作

实训项目　策划书写作

一、实训目的和要求

通过本实训，使学生通过完整的营销策划书的写作，能够综合运用市场营销的相关知识和策划理念、方法，从而达到系统地掌握营销策划实务操作技巧的目的。

二、情境设计

情境一：

某省级区域性乳品公司即将推出一款全新的酸奶产品，请为该公司制定一份新品上市营销策划书。

情境二：

当前正值阳春三月，作为青岛啤酒在南方某省分公司的营销企划人员，请制定一份该省青岛啤酒迎夏季销售高峰的营销策划书。

三、相关知识

随着市场竞争日益激烈，好的营销策划成为企业创名牌、迎战市场的决胜利器。而策划书是营销策划的反映。

（一）营销策划书编制的原则

为了提高策划书撰写的准确性与科学性，应首先把握其编制的几个主要原则：

1. 逻辑思维原则。策划的目的在于解决企业营销中的问题，应按照逻辑性思维的构思来编制策划书。首先是设定情况，交代策划背景，分析产品市场现状，再把策划的中心目的全盘托出；其次进行具体策划内容详细阐述；三是明确提出解决问题的对策。

2. 简洁朴实原则。要注意突出重点，抓住企业营销中所要解决的核心问题，深入分析，提出可行性的相应对策，针对性强，具有实际操作指导意义。

3. 可操作原则。编制的策划书是用于指导营销活动的具体开展，其指导性涉及营销活动中各方面工作及各环节关系的处理，因此其可操作性非常重要。不能操作的方案创意再好也无任何价值。不易于操作也必然会导致耗费大量人、财、物，管理复杂、显效差。

4. 创意新颖原则。要求策划的“点子”（创意）新、内容新、表现手法也要新，给人以全新的感受。新颖的创意是策划书的核心内容。

（二）营销策划书的基本内容

策划书按道理没有一成不变的格式，它依据产品或营销活动的不同要求，在策划的内容与编制格式上也应有变化。但是，从营销策划活动一般规律来看，其中有些要素是共同的。

1. 封面。

策划书的封面可提供以下信息：①策划书的名称；②被策划的客户；③策划机构或策划人的名称；④策划完成日期及本策划适用时间段。因为营销策划具有一定时间性，不同时间段上市场的状况不同，营销执行效果也不一样。

2. 策划书的正文部分主要包括：

（1）策划目的。

要对本营销策划所要达到的目标、宗旨树立明确的观点，作为执行本策划的动力或强调其执行的意义所在，以要求全员统一思想，协调行动，共同努力保证策划高质量地完成。

企业营销上存在的问题纷繁多样，但概而言之，大致为以下几方面，例如：

①企业开张伊始，尚无一套系统营销方略，因而需要根据市场特点策划出一套营销计划。

②企业发展壮大，原有的营销方案已不适应新的形势，因而需要重新设计新的营销方案。

③企业改革经营方向，需要相应地调整营销策略。

④企业原营销方案严重失误，不能再作为企业的营销计划。

⑤市场行情发生变化，原经销方案已不适应变化后的市场。

企业在总的营销方案下，需在不同的时段，根据市场的特征和行情变化，设计新的阶段性方案。

（2）分析当前的营销环境状况。

对同类产品市场状况、竞争状况及宏观环境要有一个清醒的认识。它是为制定相应的营销策略、采取正确的营销手段提供依据的。“知己知彼方能百战不殆”，因此这一部分需要策划者对市场有比较清晰的了解。这部分主要分析：

①当前市场状况及市场前景分析。

a. 产品的现实市场及潜在市场状况。包括潜在需求、市场占有份额、市场容量、市场拓展空间等等。

b. 市场成长状况。产品目前处于生命周期的哪一阶段上，对于不同阶段的产品，公司营销侧重点应如何，相应营销策略效果怎样，需求变化对产品和市场的影响等。

c. 消费者的接受性。这一内容需要策划者凭借已掌握的资料分析产品市场发展前景。

②对产品市场影响因素进行分析。

主要是对影响产品的不可控因素进行分析，如宏观环境、政治环境、居民经济条件（消费者收入水平、消费结构的变化、消费心理等），对一些受科技发展影响较大的产品，如计算机、家用电器等产品的营销策划中还需要考虑技术发展趋势方向的影响。

（3）市场机会与问题分析。

营销策划方案，是对市场机会的把握和策略的运用，因此分析市场机会，就成了营销策划的关键。只要找准了市场机会，策划就成功了一半。

①针对产品当前营销状况进行问题分析。一般营销中存在的具体问题，表现为以下几个方面：企业知名度不高，形象不佳影响产品销售；产品质量不过关，功能不全，被消费者冷落；产品包装太差，提不起消费者的购买兴趣；产品价格定位不当；销售渠道不畅，或渠道选择有误，使销售受阻；促销方式不当，消费者不了解企业产品；服务质量太差，令消费者不满；售后保证缺乏，消费者购后顾虑多。

②针对产品特点分析优、劣势。从问题中找劣势予以克服，从优势中找机会，发掘其市场潜力。分析各目标市场或消费群特点进行市场细分，对不同的消费需求进行甄别，抓住主要消费群作为营销重点，找出与竞争对手的差距，把握利用好市场机会。

③针对竞争对手的状况进行分析。主要包括同业的机构、同业的目标市场、同业的竞争手段、同业的营销方式等等。

(4) 营销目标。

营销目标是在前面策划目的、任务的基础上企业所要实现的具体目标，即营销策划方案执行期间，所要达到的经济效益目标，如总销售量为×××万件，预计毛利×××万元，市场占有率实现××，品牌知名度达到××等。

(5) 营销战略（具体行销方案）。

①营销宗旨。

一般企业可以注重这样几方面：以强有力的广告宣传攻势拓展市场，为产品准确定位，突出产品特色，采取差异化营销策略；以产品主要消费群体为产品的营销重点；建立起点广面宽的销售渠道，不断拓宽销售区域等。

②产品策略。

通过前面产品市场机会与问题分析，提出合理的产品策略建议，以达到最佳效果。

a. 产品定位。产品市场定位的关键主要是在顾客心目中寻找一个空位，使产品迅速启动市场。

b. 产品线决策。包括产品线分析、产品线长度、产品线特色化、产品线增加与削减。

c. 产品质量功能方案。产品质量就是产品的市场生命，企业对产品应有完善的质量保证体系。

d. 产品品牌。要形成一定知名度、美誉度，树立消费者心目中的知名品牌，必须有强烈的创牌意识。

e. 产品包装。包装作为产品给消费者的第一印象，需要有能迎合消费者并使其满意的包装策略。

f. 产品服务。策划中要注意产品服务方式、服务质量的改善和提高。

③价格策略。

这里只强调几个普遍性原则：拉大批零差价，调动批发商、中间商积极性；给予适当数量折扣，鼓励多购；以成本为基础，以同类产品价格为参考，使产品价格更具竞争力。若企业以产品价格为营销优势的则更应注重价格策略的制定。

④销售渠道。

产品目前销售渠道状况如何，对销售渠道的拓展有何计划，采取一些实惠政策鼓励中间商、代理商的销售积极性或制定适当的奖励政策。

⑤广告策略。

制定广告策略的主要原则：

a. 服从公司整体营销宣传策略，树立产品形象，同时注重树立公司形象。

b. 长期化：广告宣传商品个性不宜变来变去，变多了，消费者会不认识商品，反而使老主顾觉得陌生，所以，在一定时段上应推出一致的广告宣传。

c. 广泛化：选择广告媒介多样化的同时，注重抓信息有效到达率高的宣传方式。

d. 不定期的配合阶段性的促销活动，掌握适当时机，及时、灵活地进行广告宣传活动，如重大节假日、公司有纪念意义的日子等。

具体内容包括：

a. 广告表现策略：针对产品定位与目标消费群，决定表现的主题。

b. 媒体运用策略：媒体的种类很多，包括报纸、杂志、电视、广播、传单、户外广告等。要选择何种媒体？各占多少比率？广告的视听率与接触率有多少？

c. 广告表现计划：报纸与杂志广告稿的设计（标题、文字、图案），电视广告的创意脚本、广播稿等。

d. 媒体运用计划：选择大众化还是专业化的报纸与杂志，还有刊登日期与版面大小等；电视与广播广告选择的节目时段与次数。另外，也要考虑 CRP（总视听率）与 CPM（广告信息传达到每千人的平均成本）。

实施步骤可按以下方式进行：

a. 策划期内前期推出产品形象广告。

b. 稍后适时推出诚征代理商广告。

c. 节假日、重大活动前推出促销广告。

d. 把握时机进行公关活动，接触消费者。

e. 积极利用新闻媒介，善于创造、利用新闻事件提高企业产品知名度。

⑥公关策略。

总体原则是把握时机进行公关活动，接触消费者；积极利用新闻媒介，善于创造利用新闻事件提高企业产品知名度。具体包括：

a. 公关活动策略：公关的对象，公关活动的方式，以及举办各种公关活动所希望达到的目的是什么。

b. 公关活动计划：包括股东会、发布公司消息稿、公司内部刊物、员工联谊会、爱心活动、同传播媒体的联系等。

⑦促销策略。

a. 促销活动策略：促销的对象，促销活动的种种方式，以及采取各种促销活动所希望达成的效果是什么。

b. 促销活动计划：包括商品陈列、展览、示范、抽奖、赠送样品、品尝会、折扣等。

⑧具体行动方案。

根据策划期内各时间段特点，推出各项具体行动方案。行动方案要细致、周密，操作性强又不乏灵活性。还要考虑费用支出，一切量力而行，尽量以较低费用取得良好效果为原则。尤其应该注意季节性产品淡、旺季营销侧重点，抓住旺季营销优势。

（6）策划方案各项费用预算。

这一部分内容是关于整个营销方案推进过程中的费用投入，包括营销过程中的总费用、阶段费用、项目费用等，其原则是以较少投入获得最优效果。具体如调研费、策划费、广告费、人员促销费、公关活动费、营业推广费等，费用预算应尽量详细列出。

（7）方案调整（应急预案）。

这一部分是作为策划方案的补充部分。在方案执行中可能出现计划与现实不相适应的情况或一些突发状况，因此方案贯彻必须随时根据市场的反馈及时进行调整，并有相应的危机处理预案。

营销策划书的编制一般由以上几项内容构成。企业产品不同，营销目标不同，则所侧重的各项内容在编制上也可有详略取舍。

四、训练步骤

（1）学生进行分组。

（2）对策划书示例进行分析、讨论，结合前面已训练过的各模块相关知识，全面综合地掌握和了解营销策划的关键步骤和方法，各组分头进行策划。

（3）各组派代表在课堂进行方案说明，并回答其他各组的提问。

（4）指导教师进行点评和总结。

（5）学生撰写实训报告。

五、注意事项

（1）方案说明时每组的发言时间控制在 20 ~ 25 分钟，回答问题时间控制在 10 分钟之内。

（2）台上发言时，其余各组应认真听讲，积极准备提出问题。

六、示例

××品牌利乐包豆奶上海市场营销策划方案

一、现阶段目标市场利乐包豆奶市场环境分析

（作为营销策划方案形成的基础，首先应对上海市场的利乐包豆奶市场环境进行分析，主要包括：竞争品牌占有率分析、竞争产品价格及容量分析、竞争品牌广告促销分析等）

例如：竞争品牌广告促销分析。

电视广告：维他奶、正广和瞄准黄金时段播出的收视率极高的娱乐节目欢乐总动员、相约星期六、快乐大转盘、幸福快车、五星奖合成大擂台、智力大冲浪。在节目之前、中间插入广告，平均每天1种产品4次广告。

其他广告形式多样：公交车体广告、出租车尾粘贴广告。在高架路、地铁、车站、高速公路、交警岗亭放置显眼的灯箱，给店铺做门头，还有广告伞、衬衫、气球、横幅。另外，他们也非常重视电台、报纸杂志等媒介。

（注意：市场环境的分析，尤其是对竞争品牌的分析，可尽量利用图表来进行形象的比较和说明）

二、结合企业（产品）自身优势和缺陷进行问题与机会分析

（此处的分析也可完全参照SWOT的架构依次进行）

例如：利乐包豆奶推广的问题点与机会点分析。

利乐包推广的问题点：（1）产品价格高，同类产品的零售价仅为每袋1.3元左右；（2）无冰点销售网络；（3）产品无知名度；（4）竞争环境激烈；（5）营销费用大，产品单位成本高；（6）无针对上海市场的广告宣传。

利乐包推广的有利条件：（1）交易市场、大卖场、连锁超市、百货店、便利店渠道畅通；（2）企业知名度高；（3）新产品有第一次购买机会；（4）企业有推广实力。

（注意：问题与机会点或SWOT分析的最终目的是要对后续的各项策略制定提供指导思路，切勿陷入为了分析而分析的误区。重要的是得出有用的结论或指导意见）

例如：利乐包豆奶推广的问题与机会分析结论

综合以上营销环境分析，××豆奶要迅速在上海市场上市推广开来，必须以与竞争产品同等的价位渗透市场，利用××品牌的知名度，通过有针对性的广告宣传，引发消费者首次购买欲望。通过大面积的铺市和有吸引力的营销政策及销售点营销氛围推广产品。

三、营销组合策略

（此处可参照营销4P的架构进行分析，但不必面面俱到，可依据企业、产品、市场特点有重点地进行策划）

例如：销售渠道设计。

第一种销售渠道：

（1）充分利用现有直销优势及良好的网络体系，迅速占领交易市场，连锁超市、大卖场、连锁便利店的1 229个店面柜台。

（2）尽可能多地同81家百货商场发生业务关系，做好产品上柜。

第二种销售渠道：

以行政区或街道为单位寻找新的专业雪糕、冷饮批发商，建立冰点网络系统。

第三种销售渠道：

以寻找集团消费为重点，主要作三条线：A. 效益良好的企业防暑降温品；B. 中午写字楼办公室午餐饮品；C. 学校饮品；D. 面包房、娱乐场所饮品。

（注意：营销组合策略的特点是具有极强的操作指导意义，因此这部分内容的写作应

避免流于空谈，应尽量给出细节性可操作的具体措施）

例如：促销策略。

1. 销售点长期促销：捆绑式销售。

具体办法：

（1）通过销售协助，在每一个豆奶广告袋内装 X 包利乐包产品以每袋 Y 元的价格出售。

（2）每包标价 Z 元，对外宣传 4 赠 2 即每 4 袋利乐包送 1 袋相同产品和一个精美手提袋。

（3）商场结算以广告袋数量和实际回款相结合的办法执行。

（4）单独派出巡视员进行专业理货。

促销时间：E 月 F 日 ~ M 月 N 日。

售点选择：大卖场、连锁超市、便利店销售点。

2. 人员推销。

以街道为单位划分 50 个区域，每个区域内招聘 100 名下岗女工，逐个冰点进行铺货。铺货目标为 3 000 家冰点。

3. 销售促进。

（1）上市之初开展为期 30 天的免费品尝活动。每天选择 20 家大中型销售点。每 3 天为一个周期。

（2）选择 100 家有代表性的销售点，开展产品陈列活动。

（3）赠品促销。

四、费用预算

此部分策划的关键是要求综合考虑企业经营的成本与利润之间的平衡，而不能一味地追求营销策划方案的新奇与创意。

例如：上海市场促销费用预算。

1. 费用预算。

媒介费用：X 万元。

促销产品折价：Y 万元。

合计：Z 万元。

2. 利润平衡点计算。

利润平衡销售额 = 促销推广费用 ÷（产品单价 × 单位产品利润）× 产品单价 = W（元）

即销售额达到 W 元时投入与产出平衡，之后的销量形成利润。

资料来源　张斌、孔祥启：《维维利乐包上海市场推广方案》，载《销售与市场》，1999（12）。

七、学习天地

以头脑风暴的方式，讨论一份优秀的营销策划方案应突出哪些元素？

参考答案：（1）要突出卖点。说服是策划方案的本质特征。每个策划方案一定要有独特的卖点，让信息接收者一看就明白，一看就心动。

（2）要突出创新。不要把策划书当做计划书来写，因为计划无需创意，只处理细节，而策划必须要有创意。

（3）要突出重点。策划方案切不可面面俱到，无论是项目介绍、策划分析还是营销执行方案都要重点突出。

八、效果评价

本小组成员共同初评出组员个人实训态度成绩，教师和各小组组长共同评出组员个人实训表现成绩（见表7—1），教师评出小组策划效果成绩（见表7—2），在此基础上给出个人最终成绩。

个人最终成绩 = 个人实训态度评价 ×20% + 个人实训表现评价 ×50% + 小组策划效果评价 ×30%

表7—1 **组员个人实训过程评价表**

小组成员个人成绩 / 小组成员姓名	态度（满分为100分）	表现（满分为100分）	
		操作50%	技能50%

注：考评满分为100分，60分以下为不及格；60～69分为及格；70～79分为中等；80～89分为良好；90分以上为优秀。

表7—2 **策划书的写作效果评价表**

评价内容	分值	评分
方案的合理性、可行性、完整性	40	
讲解和演示清晰、生动，表现自然大方，语言流畅生动	40	
准备工作充分，演示文件精美，脱稿	20	
总分	100	

注：考评满分为100分，60分以下为不及格；60～69分为及格；70～79分为中等；80～89分为良好；90分以上为优秀。

九、实训案例分析

玫瑰酒产品上市策划方案

第一部分　产品上市背景

一、市场机会概述

随着经济的发展，人们追求个性化、多元化的消费特点日益突出，同时，夜间消费的人群和消费支出比例也在不断地扩大，从而使我国夜间消费场所的总体规模在不断地扩大。在这些夜间场所消费的饮品主要包括啤酒、碳酸饮料、红酒、果汁、矿泉水等。其中以啤酒、碳酸饮料为夜间场所消费的主要品种。夜间场所的消费者对啤酒的需求建立在“刺激感官”、解决“渴”和“累”的基础上，但是，啤酒“口感略苦、涩”，在一定程度上，影响了消费者与环境氛围的融合。碳酸饮料解决了啤酒“涩”的问题，但是，没有满足“含酒精”的需求。玫瑰酒的目标是碳酸饮料和啤酒之间的空白地带，可以解决啤酒的“涩”和碳酸饮料的“不含酒精”，同时，突出个性化，并传递出高贵、浪漫的信息，有效地与目前消费者的心理需求相吻合。

二、竞争产品状态

在夜间场所消费的饮品都可以笼统地归为“玫瑰酒”的竞争对手。

1. 消费啤酒的主要场所：迪厅、酒吧、KTV、餐馆、咖啡厅、夜总会。

在全国，主要的啤酒品牌为青岛、燕京、华润。其中2002年，青岛啤酒全国市场占有率为12.8%，燕京、华润各为10%左右，三家占据了全国市场的35%左右。在山东地区，主要的啤酒品牌为青岛、崂山、烟台、趵突泉、三孔、北冰洋、蓝带、克利策、克代尔、银麦、广寒宫等。在济南地区，参与市场竞争的啤酒企业有40余家，其中以青岛啤酒最为强势，克利策、克代尔、银麦等民营企业也占据了相当一部分市场。

在济南，啤酒是夜店消费量最大的一种饮品，也是玫瑰酒最主要的竞争对手。根据粗略统计，啤酒在济南夜店的年销售量为370多万瓶。销售的啤酒品牌有青岛、百威、科罗娜、燕京等。随着竞争的加剧，各啤酒品牌纷纷在终端进行人员促销，广告投入相对较少。青岛啤酒曾在山东电视台做过广告，在《齐鲁晚报》举办“百年青啤”征文活动；其他啤酒品牌在山东媒体的投入比较少。青岛啤酒的广告宣传倾向于品牌宣传，突出其历史悠久。各啤酒品牌在店面的宣传主要是POP海报。在夜店的促销手段主要是门票赠送、特价等。

2. 消费碳酸饮料（可乐）的主要场所：迪厅、KTV、餐馆。

中国碳酸饮料业的龙头位置，长期以来被百事和可口可乐霸占。在超市、便利店、街边小摊都可以看到它们的身影。这两个品牌在山东地区也有强大的品牌知名度。在玫瑰酒拟进入的销售场所中，这两种品牌的产品多以罐装出现。目前在这些场所济南每年消费的碳酸饮料（可乐）为160多万听。

百事和可口可乐的广告宣传主要集中在电视媒体广告，形成高空优势。两个品牌每年投在电视广告上的费用不下亿元，有力促进了品牌形象的树立和消费的拉动。目前，这两个品牌没有主动进攻夜店市场，在夜店出现的产品多为代理商自由发展形成，由此也导致这两个品牌在夜店几乎没有促销措施。

3. 消费红酒（葡萄酒）的主要场所：酒吧、KTV、餐馆、咖啡厅、夜总会。

作为中国葡萄酒市场的“顽疾”之一，葡萄酒的消费量不大一直被业内人士所诟病。数字显示，2002年，中国葡萄酒人均消费量约为0.35升，不足法国的20%。而每年大约30万吨的消费总量更让众厂家显得“英雄气短”：30万吨的消费量不及啤酒的1%，约相当于白酒的1/20，甚至不及食用醋年消费量的1/4。

一组来自非官方的调查数据显示，在中国经济最发达的北京、上海、广州三地，经常饮用红酒的人平均约为5%，即使在红酒消费最为火爆的广州，此数据也不过是8%。换句话说，在目前的城市居民中，拥有大量具有消费能力但由于种种原因目前没有消费红酒的消费群体。这也决定了我们的产品定位绝对不能是葡萄酒，应该定义成露酒。

在山东地区，常见的红酒有张裕、威龙、通化、王朝、长城等。其中，张裕葡萄酒是最畅销的品牌。这些葡萄酒品牌产品的主要销售点在超市、高档饭店。玫瑰酒所选择的销售点是葡萄酒产品的辅助销售网络，没有进入这些厂家的主要销售网络。

4. 消费果汁的主要场所：餐馆、夜总会。

自50年代浓缩果汁生产和贸易的诞生以来，果汁市场有了实质性的增长。由于生产技术和生产设备的改进，浓缩果汁保留新鲜水果果味的技术已趋于完善，产业链接更加紧密。在山东市场上，主要的果汁饮品有汇源、农夫、山村果园等。在济南市场上，玫瑰酒所选定的销售点中，果汁品牌主要为汇源和山村果园，采取的促销手段主要是柜台展示。

5. 消费矿泉水的主要场所：迪厅、餐馆。

我国的矿泉水产业出现得比较早，但是被消费者接受并普及开来的时间并不长。目前，全国范围内矿泉水企业发展速度比较快，竞争也越来越激烈。竞争形势从销售网络的竞争向品牌、服务、价格等全方位的竞争过渡。在济南和山东其他市场上，主要的矿泉水品牌为农夫山泉、娃哈哈、乐百氏，其销售量约占矿泉水整体销售量的75%。

三、箭在弦上，势在必发

通过前面的市场机会和竞争分析可以看出，目前在夜间场所销售的饮品还没有针对消费者层次加以专门区别，这也说明，各竞争品牌对整个夜间场所的消费还没有引起足够的重视。但是，这并不意味着厂家永远的放弃，一旦我们的竞争对手在消费环节上和产品结构上进行调整，我们“玫瑰酒”生存所依赖的“空白地带”必然受到威胁。根据先入原则，最先进入的总是被先认知的，时间就是金钱，“玫瑰酒”可以借用竞争品牌已建好的市场通路及竞争品牌目前在此方面注意力薄弱的良好契机，快速地进入市场，获取最大的经济利益。

第二部分　战略规划与市场策略

战略规划的主要目标是帮助一个企业选择和组织它的业务，使企业健康发展，即使是在它的特定领域或产品线上发生了不可预见的事件。

一、定义企业使命

企业的目标是在济南、山东、全国乃至世界范围内的每一个市场成为最具特色的企业。我们将通过向我们的分销商和最终顾客提供品种新、质量高、价格公道并且有益健康的饮品来占据各个市场的领导位置。我们将通过向特定顾客提供优质服务从而增加我们产品的价值。

二、企业战略选择

目标说明企业欲向何处发展；战略则说明如何达到目标。每个企业必须制定达到目标的恰当战略，包括技术战略和资源战略。可将战略归纳为三种类型：全面成本领先、差别化和集中化。

根据对企业整体的优势、劣势、机会和威胁分析，差别化战略应该成为企业长期发展的主要战略。

三、产品确定

玫瑰酒属于新品，要打开消费市场，前期的定位必须要准确，确实能够触动消费者的心灵或情感，本身的包装、广告、宣传品传递的感觉要单纯有力，冲击力强。

1. 产品线。

针对不同的夜店消费者需求，推出不同的产品系列：

（1）225ml 充气小瓶装。

（2）375ml 中瓶装。

（3）750ml 大瓶装。

2. 目标消费群。

酒吧、迪厅、KTV 的消费人群的年龄一般为 18 ~ 45 岁，以学生、年轻人、白领居多。这个群体重玩乐、求时尚、喜欢热闹，往往以群体消费的形式出现。该部分人群受价格因素及灵活的促销方式影响较大，合理的产品价格往往更具吸引力。

歌舞厅、夜总会的消费人群年龄基本为 25 ~ 55 岁，以各类企事业单位人员为主，消费目的多以商务应酬为主，公款消费较多，对价格因素不太敏感。

3. 产品名称。

产品的名称应该能够表示产品独特的优点与用途，并且易读、易懂、易记，还要与众不同。只有这样才能在消费者心中形成固定的“品牌记忆点”。

（1）225ml 充气小瓶装——“冰玫瑰”。

（2）375ml 中瓶装——“love rose”。

（3）750ml 大瓶装——“玫瑰庄园”。

4. 商标。

（1）225ml 充气小瓶装——商标奔放、另类。在昏暗的灯光下，“冰玫瑰”的名称和图案能够从众多的产品中突出出来。

（2）375ml 中瓶装——商标以细腻、修长为主调，突出异国风味。

（3）750ml 大瓶装——商标以高贵、大方、浪漫为主要旋律。

5. 口味。

所有的产品都以“淡淡的玫瑰花香”为统一香味，在口感上采取不同风格。

（1）225ml 充气小瓶装——强化“杀口”感，作为取代啤酒和饮料的第一替代品。在“解渴”的同时，满足“含酒量”和追求个性的需要。

（2）375ml 中瓶装和 750ml 大瓶装——酸甜，散发出的玫瑰香味不宜太浓，以“清香”为宜。

6. 颜色。

统一的颜色为“浅红色”，与常见葡萄酒的颜色保持一致。

7. 酒精度。

（1）225ml 充气小瓶装——4 或 5 度。

（2）375ml 中瓶装——8、10 或 12 度。

（3）750ml 大瓶装——10 或 12 度。

四、价格制定

企业制定产品价格的方法很多，一般采用的方法是成本导向定价、需求导向定价、竞争导向定价。玫瑰酒作为一种新产品，还应该考虑撇脂定价（获取利润）还是渗透定价（低价走量）。

我们建议采用成本导向与竞争导向两种定价方法，同时考虑撇脂定价方法对玫瑰酒系列产品进行价格确定。

1. 主要参照产品的价格。

（1）青岛啤酒。

出厂价格：2.48 元/瓶（375ml 瓶装）。

代理商出货价格：5 元/瓶或 6 元/瓶。

终端销售价格：KTV 为 10 元/瓶或 15 元/瓶；酒吧为 15 元/瓶或 20 元/瓶。

人员促销提成：1 元/瓶或 2 元/瓶。

厂家年终返利：不确定，由代理商根据销量与厂家直接协定。

操作模式：青岛啤酒在夜店的销售，主要依靠代理商自行操作。据调查，青岛啤酒对小瓶装的操作采用放权方式，没有专门的促销活动投入。厂家以最低价格转让给代理商，由代理商自行运作。

（2）葡萄酒。

在国产葡萄酒中，高档市场上仍然是以张裕、王朝、长城为主。在外地市场（如广州），同类名称的“和田玫瑰王”、“玫瑰香”卖得非常好，特别是“和田玫瑰王”，商场超市每瓶售价在 32 元左右，酒店则为 60 元左右。

这主要是由于和田目前进行了一系列促销活动，除了大力宣传外，还给予了经销商一定的优惠措施。如买 10 箱“和田玫瑰王”（每箱 186 元，6 瓶），赠一箱“玫瑰香”（每箱 108 元，6 瓶）。

张裕解百纳，超市价格约为 40 元/瓶，酒吧售价约为 130 元/瓶，其他夜店售价约为 80 元/瓶，批发价格约为 26.60 元/瓶。目前尚无有效的促销活动，主要依靠一些促销品来维持客户关系。

长城的批发价格为 23.30 元/瓶，促销活动基本与张裕相同。

2. 产品成本匡算。

初步估算：

（1）225ml 充气小瓶装——直接成本约为 4 元/瓶，机器折旧费和场地费用约为 0.30 元/瓶，包装箱费用为 0.20 元/瓶，合计成本价格约为 4.50 元/瓶。

（2）375ml 中瓶装——直接成本约为 8 元/瓶，机器折旧费和场地费用约为 0.30 元/瓶，包装箱费用为 0.20 元/瓶，合计成本价格约为 8.50 元/瓶。

（3）750ml 大瓶装——直接成本约为 11.50 元/瓶，机器折旧费和场地费用约为 0.30

元/瓶，包装箱费用为0.20元/瓶，合计成本价格约为12.00元/瓶。

3. 产品价格定位。

（1）225ml充气产品出厂价格为10元/瓶；分销商建议出货价格为12.50元/瓶；终端建议零售价为30元/瓶。

（2）375ml产品出厂价格为35元/瓶；分销商建议出货价格为42元/瓶；终端建议零售价为199元/瓶。

（3）750ml产品出厂价格为40元/瓶；分销商建议出货价格为59元/瓶；终端建议零售价为299元/瓶。

五、渠道设计

1. 市场划分。

采用原产地因素划分方法：初步划定济南市场为一类“根据地”市场，山东其他区域市场为二类“渗透”市场，省外市场为三类“辐射”市场。

2. 销售渠道结构。

企业分销渠道的选择受到市场、产品、管理、财力、中间商等影响因素的制约，因此我们在进行渠道设计时，必须认真分析、衡量各项因素，对每一个渠道及其成员的选定与布局，都应依据其所针对的目标市场的需求特点、需求潜力及盈利规模而进行。在综合考虑各种因素的基础上，我们才可以进行渠道设计。

（1）明确企业是采用直接渠道还是通过中间商分销。

考虑到夜场经营者的复杂背景及我们企业的实力，我们建议统一采用中间商进行分销。但是，选择的中间商必须要具备以下三个基本要求：

第一选择，有一定的夜店网络，无论是自己控制，还是其下线控制；

第二选择，有着较强的背景；

第三选择，有较强的资金实力。

（2）确定中间商的数目。

通常有三种策略可供选择：独家分销、密集分销、选择分销。

独家分销是在一个区域内只选择一家中间商进行独家经营。密集分销是寻找尽可能多的中间商来销售产品。选择分销是在一个区域内有条件地选择几家中间商进行分销。

企业在不同的时间和区域可以根据实际情况，实行“一地一策”。确切的中间商数量要根据中间商的实力来予以确定。

企业在进入市场前期，对于济南“根据地”市场可以根据中间商的实际情况，采用独家分销或选择分销，同时采用深度营销控制，设立区域经理，在中间商下面配备业代和驻代协助中间商开发、维护、促进终端销售网络；对于山东“渗透”市场，也采用独家分销或选择分销，同时采用半深度营销方式，设立区域经理，在中间商下面配备业代，协助其开发、维护终端销售网络；省外“辐射”市场，设立主管销售区域经理，由其根据实际情况确认独家分销或选择分销，不配备其他促销人员。

济南“根据地”市场为第一时间启动市场，同时，也要积极联系全国的代理商。特别是上海、北京、成都等大城市或南方的一些较大城市，因为这些地方夜店规模都比较大，而且当地的消费者比北方有着更强的夜店消费习惯，并且可能更能接受此类产品。因此，我们可借助成熟中间商的力量，操作这些市场，可以迅速提高我们销售额，产生较好的效益。

随着销售工作的推进，企业应该逐步调整其重点区域策略，在销量比较好的区域进行重点投入，可以逐步在这些区域增派业代和驻代，协助中间商开拓市场。

（3）如何在启动阶段找到中间商。

企业产品上市，在实力有限的情况下，借助中间商的力量是非常关键的，与中间商建立合作的第一步是如何能找到足够的中间商以供企业选择。这里面涉及许多技巧问题，在这里我们提供几种比较有效的方法，以供企业参考，也可以作为后期营销人员进行市场开拓的纲要。

媒体招商：基本的招商信息可以采用电视媒体和平面媒体。济南“根据地”市场和山东“渗透”市场的电视媒体，可以考虑济南电视台和山东电视台，平面媒体可以考虑济南时报、商报、晚报三大报业。省外“辐射”市场可以考虑地方区域的报业，同时，还要考虑在一些专业杂志上进行招商宣传。在招商前，应开始准备制作企业招商必需的工具，如公司画册、手提袋、参加相关展会的用品等。

倒追溯法：企业或销售人员根据在本地区出现的啤酒和红酒，登门拜访其销售终端，根据其销售终端提供的信息向上追溯到其中间商。

源头追索：企业或销售人员根据在本地区出现的啤酒和红酒，查询公司电话，以该地区“网络终端”身份，向厂家提出购货要求，从而获得其销售代理或销售人员的联系方式。

街头搜索：企业或销售人员采用骑车搜索的方式，在销售区域寻找酒水批发市场和“酒水销售公司”的经销者。

借鸡生蛋：利用获得的酒水企业销售人员资料，与其他销售人员接触，利用其原有的销售网络。

关系介绍：企业或销售人员利用人际关系网络，寻找酒水中间商。

3. 销售组织的建立。

企业在通过分销商的网络进行产品销售的同时，必须为打开全国市场、探索成熟市场运作模式，建立和锻炼一支能打硬仗的营销队伍。

（1）企业内部营销组织的设立。

企业需要成立专门的销售部，同时，考虑企业目前的营销能力，建议聘请职业经理人来担任销售部的负责人，而且根据上市策划时间安排，其到岗时间应该在2004年1月15日前。

职业经理人的选择条件：企业管理或营销专业本科以上学历或同等学识水平，有酒水营销工作经验；系统掌握市场营销、经济法、合同法的相关知识，熟悉本公司产品性能、行业的相关政策和市场营销特点以及销售管理、财务管理、社会公关学、消费心理学等知识；具有较强的组织与管理能力、公关能力、谈判能力、决策能力、领导能力和执行能力。

（2）外部营销组织的设立。

根据目前企业所选择的销售场所和企业长远发展的需要，组建一支强劲的营销队伍，分布到企业所选择的销售市场是非常有必要的，人员到位时间为 2004 年 3 月份以前。

“渠道为王，决胜终端”将成为企业的销售总方针。根据总方针，企业必须设立区域经理，在重要的市场增设业代和驻代。

人员推广在前期启动阶段很重要，是确保“渠道为王，决胜终端”能够贯彻进行下去的保证。通过对济南市整个市场的区域划分，对销售通路中所有网点做到定区、定点、定人、定量的细致化服务与管理，达到对市场产品销售情况、同类产品竞争状况、人员促销等方面的全面管控，使产品在销售通路中有竞争优势。其他区域如果成长势头比较好，也可以实施人员推广跟进。

实施重点：具体内容及表现形式的核心是对零售终端进行量化管理。

人员配备：根据店的规模和经营业绩，确定人员配备。

工作程式：确定工作的内容、频率、反馈信息，完成一定的销售任务、产品陈列。

地图管理：销售网点分布图，包括中间商、批发商、零售点，在地图上标明。

线路管理：根据分布图、促销人员的工作线路、客户编号位置进行管理。

表格管理：记录客户详细资料，包括编号、等级、进销存状况，店面陈列，存在问题，同类产品情况，表明促销人员的工作内容及订货。

具体操作：

第一步，与经销商一起，进行基本资料收集、收集所有夜店数量、建立档案，画出地图，档案包括：店名、负责人、地址、电话等。合理划分 A 级、B 级、C 级客户，根据以上资料确定开发目标。与经销商协商，初步确定路线及拜访频率，针对 A 级、B 级、C 级有重点地区别开发，使铺货率达 30% 以上。

第二步，主要对第一阶段进行总结、资料修订、客户等级管理，派驻促销人员，以销量为基础进行数据分析：根据销售资料，计算各店销量并进行销量百分比分析，得出产品所必需的销售信息。客户等级按销售量和潜力大小而定。对不同客户进行区别对待，对大客户长期稳固占有；对中客户要稳固占有、挖掘潜力、加强促销、提升销量；对小客户要加快周转、消化，如果有不能改变的客观原因导致难以发展，就果断放弃。

第三步，组织和实施监督：区域经理负责追踪监督，其结果作为人员工作考核、资源支持的依据。由企业专门设置的检查人员定期或不定期，按照确定的计划进度表检查覆盖情况、店面陈列宣传、中间商以及产品销售量的变化。

第三部分　新产品上市部署

一、上市时间

2003 年 1 月 15 日

二、上市区域

以济南、青岛、烟台、威海、淄博、德州等省内区域为中心，涵盖其下管辖区域，并包括成都、北京、天津、上海、深圳等省外发达城市。

三、上市策略部署

1. 宣传支持。

（1）2004 年 1 月份推出“玫瑰玫瑰，我爱你”的主题广告，以省报加市报的企业宣传和招聘代理商广告，争取覆盖最大面积；投播第一阶段主要以 225ml 和 375ml 产品为主要推销产品，2 月初，配合“情人节”开始有奖征文活动，并持续投放广告至 3 月底。

（2）2003 年 2 月推出冰玫瑰、love rose、玫瑰庄园的大海报、吊旗、横幅，用于张贴、悬挂于各零售点。

2. 通路。

（1）中间商方面

主导思想：由于本品属于新兴产品，在行销资源有限的情况下，单纯依靠企业的力量将产品推向市场，其时效性会不够显著，且风险性较大，因此决定实行企业让利，利用中间商的资金及库存由中间商将产品推向市场进行促销活动，具体如下：

第一阶段：2004 年 1 月 15 日至 3 月 31 日，其坎级分别为 225ml 系列（12 瓶/箱）300 箱、500 箱、1 000 箱，其奖励依坎级分别为 5 元/箱、7 元/箱及 10 元/箱，推出第一阶段，坎级设定较低，但奖励幅度较大，主要是考虑新品前期需要提升产品知名度。

第二阶段：2004 年 4 月 1 日至 2004 年 9 月 30 日，其坎级分别 1 000 箱、2 000 箱、3 000 箱,其奖励依坎级分别为 7 元/箱、10 元/箱及 13 元/箱。此阶段新品已在城区得到良好回应，并辐射到外埠，应提高坎级，照顾中户利益，同时，跟进我们企业的促销品系列。

第三阶段：2004 年 10 月 1 日至 2004 年 12 月 31 日，按各区域销售状况进行区域销售竞赛，设定入围资格及奖励金额（入围资格：月销量、回款量、开发网络点数达到一定数量，由企业根据市场的实际情况届时确定。奖励金额：奖励的金额应该不超出前面提到的最高坎级奖励限度)，高额奖金的利诱极大调动了客户的积极性，使客户大量囤货，最大可能的占用客户的库存及资金。此项举措旨在在淡季到来之际，利用客户的囤货来打淡季仗。销售竞赛的完满进行，为本次上市计划画上圆满的句号。

（2）零售点方面。

主导思想：尽可能提高铺货率，增加产品的曝光度，具体如下：

第一阶段：2004 年 1 月 15 日至 2004 年 3 月 31 日针对零售店进行返箱皮折现金活动，每个 225ml 箱皮可折返现金 2 元，375ml 箱皮可折返现金 5 元，750ml 箱皮可折返现金 7 元。

第二阶段：2004 年 4 月 1 日至 2004 年 10 月 31 日推出“玫瑰财神专案”，即每陈列 2 瓶/包指定产品即送玫瑰酒系列产品一瓶，“玫瑰财神专案”连续执行 7 个月。

（3）消费者促销方面

主导思想：通过消费者促销活动，提升产品的口味接受度及知名度，扩大消费群。

割箱陈列：在各零售点进行产品积箱陈列活动，增加产品曝光度。

"邂逅激情"促销活动：特定节日前后一周内，可以凭企业印刷的促销卡，到指定夜店免费饮用指定"玫瑰酒"产品。促销卡正面为"玫瑰酒"的主题和画面，要有比较强的冲击力和诱惑力。反面为本次活动联合夜店的名称和标志。可以由中间商确定夜店，企业印制促销卡后交给中间商进行发放，也可以由企业自己发放促销卡，但需要与确定的夜店达成协议。企业在活动过程中需要免费提供一部分产品；若代理商提供产品，可以根据回收的促销卡，在货款中予以抵扣。

现场活动：企业可以在特定销售终端进行"玫瑰酒掷点比赛"和"福利彩票赠送活动"。"玫瑰酒掷点比赛"是观众购买一瓶或几瓶"玫瑰酒"，即可以参加该项活动。每购买一瓶"玫瑰酒"就可以获得一次掷点的机会，最后谁的点数大，将免费获得一定数量的"玫瑰酒"和促销品。"福利彩票赠送活动"是与即开式福利彩票中心联合，或购买一定数量的即开式福利彩票。在终端夜店，凡购买"玫瑰酒"产品的消费者，均可以自由选取相应张数的即开式福利彩票，企业给予现场兑现，也可以由企业自行组织抽奖活动，设计号码和相应的兑现金额。

促销品：鉴于本酒类产品即将上市，为扩大营销渠道，短时间内在同类产品中脱颖而出，为广大消费者所熟识，我们根据掌握的情况，请济南润洁商务有限公司量身定做以下几套促销品，以配合产品的销售：合金厨房小工具；精美印章；华伦天奴·古柏心形化妆包；专业红酒封口器；五合一开封瓶器。

第四部分　业绩目标及效益分析

一、各区域市场业绩目标

1. 济南市场。

（1）市场占有率：第一年10%，第二年20%，第三年30%。

（2）销量：第一年25万瓶，第二年50万瓶，第三年75万瓶。

2. 山东其他市场。

（1）市场占有率：第一年5%，第二年10%，第三年15%。

（2）销量：第一年6万瓶，第二年12万瓶，第三年18万瓶。

3. 省外市场。

（1）市场占有率：第一年5%，第二年10%，第三年15%。

（2）销量：第一年3万瓶，第二年6万瓶，第三年9万瓶。

4. 总市场销量。

第一年34万瓶，第二年68万瓶，第三年102万瓶。

二、效益分析

根据上面的市场预计目标，进行效益分析，以第一年为例。

销售收入（扣税后）：225ml产品143万元，375ml产品239万元，750ml产品182万元，合计464万元。

制造成本：225ml产品100万元，375ml产品85万元，750ml产品36万元，合计221万元。

销售毛利：243 万元。

管理费用：30 万元。

销售费用：

（1）销售人员工资（10 人编制）：30 万元。

（2）促销活动费用：25 万元。

（3）促销人员提成：35 万元。

（4）其他人员促销：15 万元。

（5）运费：10 万元。

（6）返利：65 万元。

合计：180 万元。

税前利润：33 万元。

分析：一个新产品的上市，即意味着暂时性市场平衡状态的打破，市场份额的重新分配，而上市新品，也必然会受到各方面的考验，如竞争产品的抵制、通路拒绝、消费者不认同等等，是否能经受住考验，意味着新产品是否有生命力。因此，策划案的周密性、全局性及各类活动安排的巧妙性、有序性，是关系新品能否成功上市的关键。

资料来源　于光栋：《玫瑰酒产品上市策划方案》，易买管理学习网，http：//www.mba163.com/glwk/scyx/200512/5179_8.html，2005-12-03。

主要参考文献

1. ［美］迈克尔·利维、巴顿·韦茨：《零售管理》（第4版），俞利军、王欣红译，北京，人民邮电出版社，2004。

2. 陈放、聂德斌：《广告策划》，北京，蓝天出版社，2005。

3. 陈放：《营销策划学》，北京，蓝天出版社，2005。

4. 陈宏军：《广告定位与媒体选择》，载《销售与市场》，1995（8）。

5. 陈榴：《超市促销策划手册》，北京，经济科学出版社，2006。

6. 封展旗、黄保海：《市场营销案例分析》，北京，中国电力出版社，2008。

7. 韩光军、周宏：《零售店人员培训与管理教程》，北京，经济管理出版社，2004。

8. 李文龙、穆虹：《实战广告案例（第二辑）·品牌》，北京，中国人民大学出版社，2006。

9. 林成安：《促销管理》，北京，北京工业大学出版社，2004。

10. 彭石普：《市场营销原理与实训教程》，北京，高等教育出版社，2006。

11. 任铁军：《将"价格大战"进行到底——提价促销》，全球品牌网，http://www.globrand.com/2006/45333.shtml，2006-05-12。

12. 孙海燕：《如何进行产品定价》，北京，北京大学出版社，2006。

13. 汤定娜、万后芬：《中国企业营销案例》，2版，北京，高等教育出版社，2007。

14. 汪涛：《组织市场营销》，北京，清华大学出版社，2005。

15. 吴良平：《店铺促销必备全书》，北京，中国城市出版社，2007。

16. 徐鼎亚：《现代营销理论与实务》，上海，立信会计出版社，2007。

17. 薛辛光、孙雷红：《营销策划实务》，北京，电子工业出版社，2005。

18. 叶素贞：《节假日促销》，北京，北京大学出版社，2006。

19. 佚名：《销售谈判技巧——电话谈判》，中国销售培训网，http://www.esalestraining.com.cn/html/xiaoshoujiqiao/2009_04_02_09421537277335.html，2009-04-02。

20. 应恩德、朱姝、陆军：《人员推销》，北京，电子工业出版社，2001。

21. 郑方华：《营销策划技能案例训练手册》，北京，机械工业出版社，2006。

22. 周鸿铎：《广告策划》，北京，中国财政经济出版社，2005。

23. 朱立：《市场营销经典案例》，北京，高等教育出版社，2004。

主要参考文献

1. [美] [illegible]《[illegible]》（第[illegible]版）[illegible]. 北京：中国人民大学出版社，2009
2. [illegible]，2005
3. [illegible]，2005
4. [illegible]，1998（8）
5. [illegible]，2006
6. [illegible]，2009
7. [illegible]，2004
8. [illegible] 北京：中国人民大学出版社，2009
9. [illegible]，2004
10. [illegible]，2009
11. [illegible] http://www.[illegible].html，2006-12-12
12. [illegible]，2006
13. [illegible]，2003
14. [illegible]，2005
15. [illegible]，2007
16. [illegible]，2007
17. [illegible]，2005
18. [illegible] 北京：[illegible]大学出版社，2006
19. [illegible] http://www.[illegible].html，2009-04-22
20. [illegible]，2001
21. [illegible]，2009
22. [illegible]，2005
23. [illegible]，2004